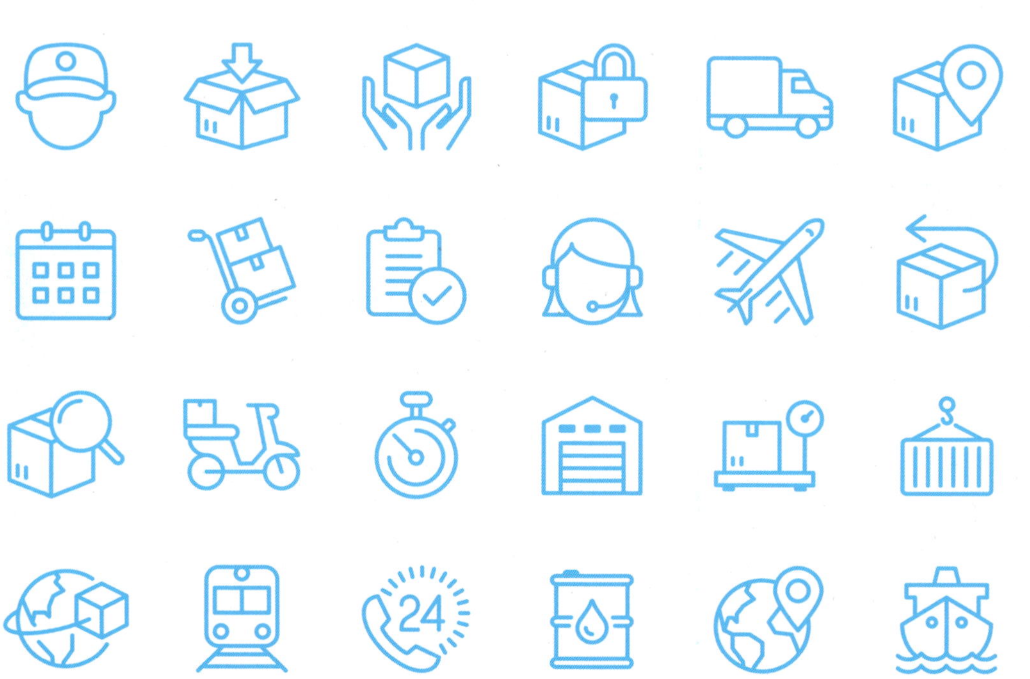

高职高专经管类精品课程

“十三五”规划教材

物流管理基础

主　编　徐媛媛　梁竹田

副主编　罗娟娟　孙碧波　黄吉聪

编　者　刘　威　林双娇　曾椿颖　黄伟明　王新敏

WULIU

GUANLI

JICHU

厦门大学出版社 XIAMEN UNIVERSITY PRESS

国家一级出版社

全国百佳图书出版单位

图书在版编目（CIP）数据

物流管理基础／徐媛媛，梁竹田主编. -- 厦门 ：厦门大学出版社，2020.9(2023.8 重印)
ISBN 978-7-5615-7838-4

Ⅰ. ①物… Ⅱ. ①徐… ②梁… Ⅲ. ①物流管理-高等职业教育-教材 Ⅳ. ①F252.1

中国版本图书馆CIP数据核字(2020)第144660号

出 版 人　郑文礼
责任编辑　姚五民　肖　越
封面设计　李嘉彬
技术编辑　许克华

出版发行　厦门大学出版社
社　　址　厦门市软件园二期望海路 39 号
邮政编码　361008
总　　机　0592-2181111　0592-2181406(传真)
营销中心　0592-2184458　0592-2181365
网　　址　http://www.xmupress.com
邮　　箱　xmup@xmupress.com
印　　刷　厦门金凯龙包装科技有限公司

开本　787 mm×1 092 mm　1/16
印张　19
插页　2
字数　402 千字
版次　2020 年 9 月第 1 版
印次　2023 年 8 月第 2 次印刷
定价　48.00 元

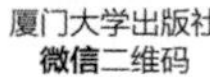

厦门大学出版社
微信二维码

厦门大学出版社
微博二维码

物流是国民经济的综合性和支柱性产业之一，是现代经济的重要组成部分。发展现代物流对于提高国民经济运行的质量和效益，优化资源配置，改善投资环境，促进企业结构调整，提高我国经济实力，具有十分重要的意义。我国的“一带一路”倡议、“互联网＋”、“供给侧结构性改革”等都与物流息息相关，直接或间接受物流发展水平的影响。近年来随着我国物流业的迅速发展，各类物流企业对物流相关岗位的人才需求缺口很大，高职物流及相关专业教育应当顺应物流行业的发展需要，培养企业适用的高素质高技能人才。

为了适应高职物流管理专业学生学习物流管理基础技能的需要，我们邀请了校企合作企业专家对物流管理专业所涵盖的岗位群进行工作任务和职业能力分析，并以此为依据确定本课程的工作任务和课程内容。本教材突出高职教育“学以致用、学做合一”的特色，建立融“教、学、做”为一体的“工学交替”的教学模式，注重理论与实践相融合，以提高学生的岗位职业适应能力。本教材具有以下特点：

1.知识学习与企业应用融为一体

课程开发团队在对企业进行广泛调研与深入探讨的基础上，确定了物流企业人才应掌握的三个学习情境的典型工作内容。学习情境一：基础篇，让学生们走进物流世界，并合理规划职业生涯；学习情境二：功能篇，以物流构成要素为主线进行编写；学习情境三：发展篇，介绍物流发展的前沿概况。本教材精心选取案例，每个案例都来源于企业实际，将理论知识与企业实际应用融为一体。

2.学习情境和职业能力融为一体

本教材以物流企业人才所需的职业核心能力为主线，阐述物流企业的物流运输、仓库存储、装卸搬运、物流包装、流通加工、配货送货、信息处理等内容。用项目模块化的结构，构建课程内容体系，以"必需和够用"为度培养职业能力。重点突出企业需要的物流管理能力的训练，实现学习情境与职业能力的融合。

本教材从案例导入、知识学习、知识链接、对点案例到课后习题、技能训练，为读者描绘了物流管理的整个生态圈，信息全面，案例真实，可作为高职院校商贸类专业学生的教材。本教材围绕"教、学、做、考"设置立体化数字资源，为教师提供配套课程标准、教案、案例库、题库及答案、PPT 课件等。若有需要可发电子邮件至 xyuanyuan@xmcu.cn。

本教材由厦门城市职业学院徐媛媛、梁竹田设计编写方案并担任本教材的主编，对全书进行总纂；厦门海洋职业技术学院罗娟娟，厦门华天涉外职业技术学院孙碧波、黄吉聪担任副主编。本教材分工如下：厦门城市职业学院徐媛媛、梁竹田负责模块一、模块十和模块七（部分）的编写；厦门海洋职业技术学院罗娟娟负责模块三的编写；厦门华天涉外职业技术学院孙碧波负责模块四、模块六的编写；厦门华天涉外职业技术学院黄吉聪负责模块五的编写；厦门大学嘉庚学院刘威负责模块八、模块九的编写；福州大学经济与管理学院林双娇负责模块十一、模块十二的编写；厦门华天涉外职业技术学院曾椿颖负责模块七（部分）的撰写；世邦集运（厦门）有限公司黄伟明负责模块二的撰写。厦门国贸物流中心临港物流部王新敏副总经理为本书的编写提供了宝贵的资料和建议。

本教材在编写过程中，参阅了大量同行专家的相关教材、著作和案例，编写者已尽可能在文中或参考文献中列出。在此，特向有关作者表示衷心的感谢。由于编者水平有限，书中难免有疏漏和差错，恳请广大读者批评指正。

编者

2020 年 4 月

学习情境一:基础篇

模块一 走进物流世界 …… 3
任务一 认识物流 …… 3
任务二 物流的起源和发展 …… 10
任务三 物流管理 …… 15
任务四 第三方物流 …… 24
任务五 物流标准化 …… 28

模块二 规划职业生涯 …… 35
任务一 物流行业人才需求 …… 35
任务二 物流职业规划引导 …… 40

学习情境二:功能篇

模块三 物流运输 …… 47
任务一 认识运输 …… 47
任务二 运输方式 …… 51
任务三 运输合理化 …… 61

模块四 仓库存储 …… 72
任务一 认识仓储 …… 72
任务二 认识仓库 …… 76
任务三 仓库管理控制方法 …… 93

模块五 装卸搬运 …… 105
任务一 认识装卸搬运 …… 105
任务二 装卸搬运的应用 …… 112
任务三 装卸搬运合理化 …… 123

模块六 物流包装 …… 134
任务一 认识物流包装 …… 134
任务二 包装技术 …… 141
任务三 包装合理化 …… 147

模块七 流通加工 …… 158
任务一 认识流通加工 …… 158
任务二 流通加工的主要应用 …… 164
任务三 流通加工合理化 …… 172

模块八 配货送货 …… 179
任务一 认识配送 …… 179
任务二 配送中心 …… 184
任务三 物流中心 …… 190
任务四 配送合理化 …… 192

模块九 信息处理 …… 199
任务一 物流信息概述 …… 199
任务二 常用的现代物流信息技术 …… 204
任务三 物流信息系统 …… 218

学习情境三:发展篇

模块十 迈向供应链管理 …… 229
任务一 认识供应链 …… 229
任务二 供应链管理 …… 239
任务三 供应链管理的方法 …… 244

模块十一 步入智慧物流 …… 252
任务一 认识智慧物流 …… 252
任务二 智慧物流信息交换业务 …… 257
任务三 我国智慧物流的现状 …… 265

模块十二 走向国际物流 …… 274
任务一 认识国际物流 …… 274
任务二 国际货物运输 …… 281

参考文献 …… 297

学习情境一：基础篇

本章介绍物流的基本概念和知识。通过本章的学习，你可以认识物流，了解物流的起源、现状和发展方向；掌握物流管理、第三方物流和物流标准化的内容；能够根据当今物流行业人才需求现状，做出自己的物流职业发展规划。

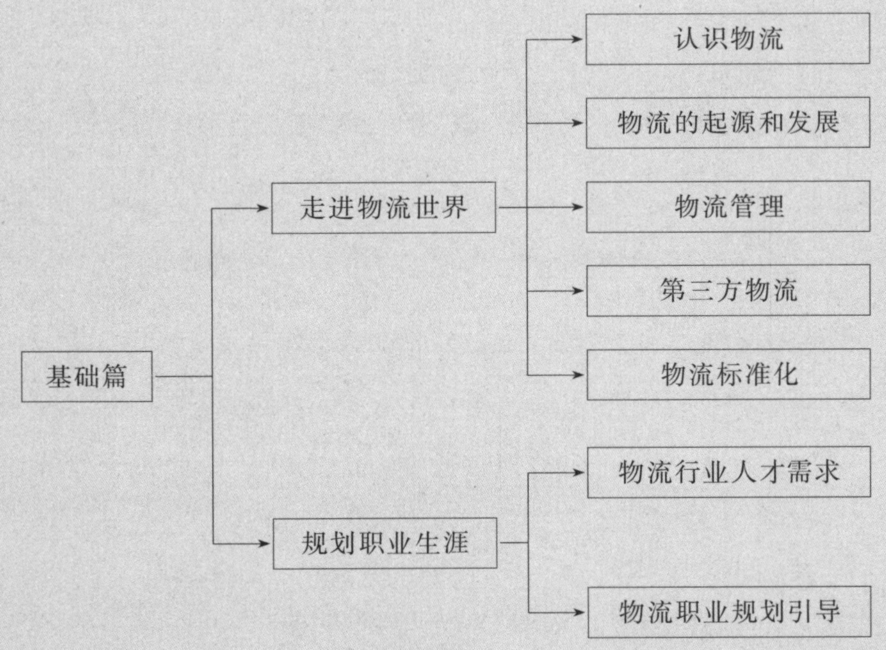

◆ 模块一 ◆
走进物流世界

学习任务

1.认识物流，理解物流对国民经济及人们生活的重要意义；

2.了解物流的起源、现状和发展方向；

3.掌握物流管理，理解物流管理的内容；

4.掌握第三方物流；

5.掌握物流的标准化。

技能目标

1.理解物流和物流管理；

2.掌握第三方物流；

3.在正确理解物流、物流管理和第三方物流的概念基础上，能够对身边的一般物流问题，提出自己的观点与见解；

4.了解物流的标准化及其对物流系统的重要作用。

任务一　认识物流

学习内容

1.物流的概念；

2.物流的功能；

3.物流的基本分类。

学习目标

完成本学习任务后，你应当能：

1.准确把握物流的概念，了解其基本功能和分类；

2.通过观察身边的物流现象，指出该现象属于实现物流的哪个功能。

案例导入

荔枝刚刚离枝

在没有任何保鲜措施的情况下，一颗刚从树上摘下来的荔枝保鲜时间为两天，因此，中国大部分地区能买到的荔枝都使用加冰的方式保鲜。彼时杨贵妃为了吃到岭南新鲜的荔枝需驱人快马加鞭，而现在，普通的消费者也能在荔枝短短十几天的成熟期中吃到产自岭南的新鲜荔枝，可谓荔枝刚刚离枝。

2014 年，顺丰优选的采购人员于 1 月开始，根据荔枝的品种、成色、种植环境在广东寻找合适的果园，驻扎现场确认荔枝品质。六、七月果实成熟期间，用户可以在顺丰优选上下单，收派员根据订单进行采购和包装，通过顺丰的飞机，将荔枝送到消费者的手中。而从采摘到消费者收货，不超过 24 小时。顺丰庞大的物流网络和速度优势，可以让千里之外的消费者品尝到真正新鲜的荔枝。这些荔枝与线下水果市场中看到的荔枝相比有三大卖点：原产地直采、航空直达以及二维码溯源。二维码溯源可追溯的信息包括荔枝品种、重量、产地、采摘时间、装箱时间和发货时间等。

（资料来源：邓明荣，张红，葛洪磊，等.现代物流管理[M].北京：高等教育出版社，2015：4.）

课前学习思考

1.什么是物流？

2.对物流企业来说，如何才能做到用最小的成本将准确的商品或服务，在准确的时间和地点，以准确的数量和良好的状态，送达客户手中？

知识学习

一、物流的概念

现如今，我们的生活非常便利，在周围的超市或者零售店，可以买到生活所需的任何东西，如衣服、食品、家电等，它们来自全球各地，每天都有新的货物上架，人们基本不用担心明天买不到东西。这种现象的背后，其实有一个庞大的流通系统支撑，包括政府制定的政策，铁路、公路、港口等基础设施，企业的经营，大量的运输设备等。

流通系统和物流活动，已经与国民经济和大家生活息息相关。以同学们的生活为例，大家已经可以感受到，我们的生活因为物流而美好，因为物流而便捷。比如餐饮物流，随着 O2O(Online to Offline)模式进入餐饮行业，同学们开始使用饿了么、百度外卖、美团外卖等软件，只要大家利用手机 App 平台，轻松地动动手指，美食便迅速送达面前。

《中华人民共和国国家标准：物流术语》(GB/T 18354—2006)(下文简称“《物流术语》”)[①]对物流(logistics)的定义是“物品从供应地向接收地的实体流动过程”。我们按照物流的功能，将物流划分为：运输、储存、搬运、装卸、信息处理、配送、流通加工和包装等基本功能。根据实际需要，将这些基本功能实施有机结合便是物流过程。物流的基本功能如图1-1所示。

图 1-1 物流的基本功能

知识链接

物流的效用

1.物流的空间效应

例如，作为燃料的煤，在漫长的历史变迁中深藏在深山里，它和泥土、石块一样，没有体现任何价值，只有经过采掘，输送到城市作为发电、取暖的燃料，才能成为重要的物资。它的使用价值需要通过运输克服空间距离才能得以实现，这就是物流的空间效应。

2.物流的时间效应

例如，大米的收获和种植是季节性的，多数地区每年收获 1～2 次，但是对消费者而言，粮食每天都要消耗，必须进行保管，以保证经常性的需要。大米供人们食用实现其使用价值。这种使用价值需要通过克服季节性生产和经常性消费的时间差后，才能得以实现，这就是物流的时间效应。

① 《中华人民共和国国家标准：物流术语》(GB/T 18354—2006)，于 2007 年 5 月 1 日，由中国物流与采购联合会、中国物流技术协会、中国物品编码中心等单位负责起草。

物品的物质实体流动是物流，而物质实体流动的前提是商流。商流是通过物品交易活动实现其所有权的转移，而物流是通过运输、储存等活动实现其物质实体从卖方向买方的转移。在商品流通过程中，物流同商流、资金流和信息流一起构成商品流通的整体。历史上商流与物流活动大多是结合在一起来完成的，但随着社会分工的发展，在现代企业的运营方式下，物流与商流大多数是分离的。例如，在连锁企业中，工厂一般与总公司签订合约，工厂按照总公司信息中心向工厂下达补充指令，直接向总公司下属的零售商店、批发商店和配送中心送货；然后，根据合同，工厂直接与总公司结账。这种方式，可以大大节约连锁企业的库存成本，也可以通过节约送货提高货物的配送效率，具体流程如图 1-2 所示。

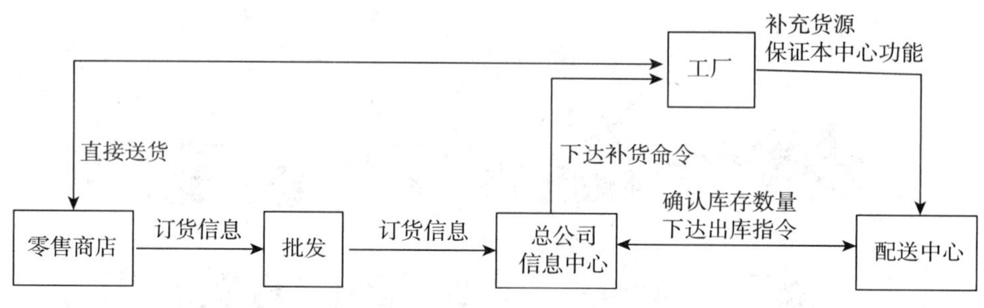

图 1-2　物流与商流分离

二、物流的功能

(一)基本功能

从现代物流的角度看，物流的基本功能应包括：运输、储存、装卸搬运、包装、流通加工、配送、信息处理 7 项。其基本功能主要包括以下内容：

(1)运输：运输方式、运输路线和车辆调度的组织管理。

(2)储存：原料、产品的库存控制管理和保管管理。

(3)装卸搬运：装卸搬运系统的设计、组织和管理。

(4)包装：包装容器、包装材料、包装标准化和系列化等。

(5)流通加工：加工方法与技术、加工场所的布局、加工流程的制定与优化。

(6)配送：配送作业流程与优化、配送的合理配置与调度、配送中心的优化布局等。

(7)信息处理：对反映物流活动内容的信息和物流要求的信息，以及物流作用的信息和反映物流特点的信息进行收集、处理、储存和传输，为物流活动服务。

以上物流的功能，我们将在后面的任务二功能篇中详细阐述。

(二)增值功能

物流增值功能，是指能够满足用户的特定需要，增加用户价值，并围绕物流服务进行的创新性服务。主要包含以下 3 个方面的内容：

1.提供便利性服务

物流效率要求物流服务要简单方便，在提供服务时，推行诸如门到门的一条龙服务。免费培训、全天候服务、自动订货补货、代办转账、货物监控跟踪等，都属于提供便利性增值服务。

2.提高反应速度的服务

在服务经济时代，快速反应已经成为物流企业的核心竞争力之一，物流企业可以通过提高运输设施设备的技术性，优化生产和流通的物流配送中心，设计最优的流通渠道等，提高物流的反应速度。

3.延伸性服务

物流的延伸性，可以向上或向下延伸。向上延伸可以延伸到采购、订单处理等；向下延伸，可以延伸到物流咨询、物流方案设计、物流教育培训、代配送代结算等。

(三)综合功能

1.空间效用

创造物品之间的空间效用，通过运输、配送等，将物品从供应方送到用户手上，实现物品之间的空间效用。

2.时间效用

创造物品之间的时间效用，通过储存、保管等，将物品从供应方送到用户手上，实现物品之间的时间效用。

3.形质效用

创造物品之间的形质效用，将物品从供应方通过加工改变成需求方需要的状态，再送到用户手上，实现物品之间的形质效用。

4.信息效用

创造物品之间的信息效用，将物流通过信息活动实现运输、储存、搬运、装卸、包装、流通加工、配送等功能，解决物品之间的信息不对称问题。

对点案例

2016年7月13日，百度公司董事长兼CEO李彦宏在发布会上谈及百度外卖时表示，看似简单的外卖里有非常多的人工智能技术的应用，比如配送顺序、时间路线规划等，都有人工智能的技术，涉及机器学习的问题。百度外卖智能物流系统4.0之所以能够实现智能化配送，其中最主要的一个原因就在于他们具备对大数据深度挖掘的能力。拿百度外卖在北京国贸的外卖配送来说，通过以招商局大厦为中心，在每天中午的繁忙时段，百度外卖都会接到从写字楼大厦的各个角落发出的上万份订单。百度外卖把每份订单当成一份数据，通过网络传送到百度云，形成一个百度的外卖数据中心。在这里，通过智能机器人代替人工，可以同时考虑多个变量。百度的人工智能正是从无数次的送餐中深度学习，汇集成大数据，最终实现了98.78%的准时率和32分钟的平均时长。

未来外卖O2O行业，将会出现以下发展趋势：

1.智能化

基于大数据的深度挖掘,能够实现外卖商家、物流人员以及订单用户三者之间的最有效匹配,实现更智慧的物流配送。

2.高效化

同样还是基于大数据的分析,物流配送能够实现更快速精准的匹配,这样便能大幅度节约各个配送环节的时间,实现最快速的配送速度,未来的外卖物流配送时间还会进一步缩短。

3.数字化

传统的物流在很多人看来是脏活、累活,但是在物流技术以及大数据的推动下,整个外卖行业的物流配送却正在变得越来越科技化、数字化。未来,无人机配送外卖很快也将会普及流行,外卖物流配送甚至将变得高大上起来。

思考题

请同学们思考,未来外卖 O2O 行业出现的发展趋势,主要是完善物流的哪些功能?

三、物流的分类

物流的分类方法很多,由于物流的对象不同、目的不同、范围不同,所以形成了不同的物流类型。①

(1)按照物流系统的层次,划分为:社会物流、行业物流和企业物流。

社会物流属宏观物流,是指超越一家一户的以一个社会为范畴、面向社会为目的的物流,带有社会性、广泛性和纵观性。

行业物流属中观物流,是在一个行业内部所发生的物流活动。

企业物流属微观物流,它是从企业角度研究有关的物流活动。

(2)按照物流活动的空间范围,可将物流分为区域物流、国内物流和国际物流。

区域物流是指在一国疆域内,根据一定的区域地理位置划分或者按市场形成的区域范围内的物流,可分为行政区域物流和经济区域物流两种。

国内物流是指在一个国家范围内开展的物流活动。

国际物流是指在两个或两个以上的国家(或地区)之间进行的物流。

(3)按照物流在企业经营过程中所处的阶段,可将物流分为供应物流、生产物流、销售物流、回收物流和废弃物物流。②

企业物流是指生产和流通企业围绕其经营活动所发生的物流活动。

供应物流是指为下游客户提供原材料、零部件或其他物品时所发生的物流活动,包括原材料等一切生产资料的采购、进货、运输、仓储、库存管理和用料管理。

---

① 舒辉.物流学[M].北京:机械工业出版社,2015.

② 宋文官.物流基础[M].北京:高等教育出版社,2014.

生产物流是指企业生产过程中的原材料、在制品、半成品、产成品等的物流活动，包括生产计划与控制、厂内运输、在制品仓储与管理等活动。

销售物流是指出售商品过程中所发生的物流活动，包括产成品的库存管理、仓储发货运输、订货处理与顾客服务等活动。

回收物流是指退货、返修物品和周转使用的包装容器等从需求方返回供方所引发的物流活动。

废弃物物流是指在经济活动中失去原有使用价值的物品，根据实际需要进行收集、分类、加工、包装、搬运、储存等，并分送到专门处理场所的物流活动。

企业物流是以购进生产所需的原材料、设备为起点，经过劳动加工形成新的产品，然后供应给社会需要部门为止的全过程，具体过程如图 1-3 所示。

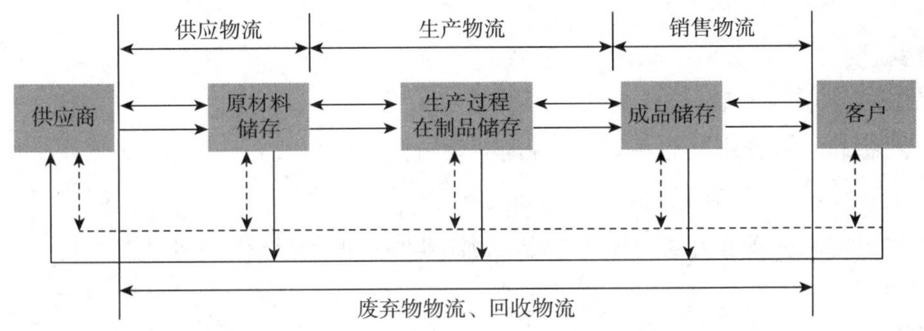

图 1-3　企业物流的水平结构

(4)按照从事物流的主体不同，可将物流分为第一方物流、第二方物流、第三方物流、第四方物流等。

第一方物流是指由供方提供的物流活动，由物资提供者(生产或流通企业)自己承担将产品或商品送到物资需求者手中的物流运作，也就是供方物流或销售物流，是由供应厂商到各个用户的物流。

第二方物流是指由需方提供的物流活动，物资需求者自己解决所需物资的物流问题。

第三方物流是指独立于供方与需方以外的物流企业提供的物流服务。

第四方物流的概念最早由 Anderson 咨询公司提出：第四方物流是一个供应链集成商，它对公司内部和具有互补性的服务供应商所拥有的资源、能力和技术进行整合和管理，提供一整套供应链解决方案。第四方物流是供应链的整合者、集成者和管理者，是在第三方物流的基础上进化发展而来的，比第三方物流功能更齐全、服务内容更多、覆盖范围更广、技术更复杂。它是供需双方及第三方的领导力量。

任务二 物流的起源和发展

学习内容

1.现代物流的起源；

2.现代物流的现状；

3.现代物流的发展趋势。

学习目标

完成本学习任务后，你应当能：

1.熟悉和了解物流的起源，了解各国对物流的不同定义；

2.了解我国物流和国外物流的发展现状；

3.掌握物流的发展趋势，能够对现在物流业存在的问题，提出自己的见解。

案例导入

A公司为国外某著名物流公司，该公司计划于2020年进军中国市场。诚然，A公司已经在国外做得非常成功，但是我国的物流业现状毕竟有别于国外。因此A公司准备分析我国物流业的现状和发展趋势，以便找准自己的定位，进军我国市场。

课前学习思考

1.请你帮助A公司分析我国物流的发展现状、发展趋势。

2.请将我国物流的现状与国外市场进行对比，找出不同点。

知识学习

一、现代物流的起源

物流的概念是美国于20世纪30年代初提出的，而早在1915年，阿奇·萧(Arch W. Shaw)在《市场流通中的若干问题》一书中就提到“物流”一词，并提出“物流是与创造需求不同的一个问题”，不过当时的物流还只是销售过程中的物流。此后，现代物流的产生与发展大体上经过了以下七个阶段。

1.第一阶段

在第二次世界大战期间，美军后勤供应系统采用托盘、集装箱、叉车等先进的运输工具和装卸手段，将大量的军用物资源源不断地从美国本土运送到指定的目的地，再有序配送到各个战场。这其中美军有效地创立和运用了“运筹学”和“后勤”的理论思想，使人们认识到，对物流的统筹管理和系统活动，可以提高运输效率，降低运送成本。机动灵活，准时有效，这便是人们首次发现物流系统功能的价值。

2.第二阶段

二战以后，人们将用于军事上的物流系统的运作方法和技术，嫁接移植到民间的经贸往来活动中，这也为企业注入了新的管理方法和结构模式。

3.第三阶段

为了追求利润，企业家发现降低物流成本，可以提高工效，引导需求，拉动生产，特别是 20 世纪 70 年代初第一次石油危机中，人们发现在物流领域中降低成本的空间非常大，从而物流管理也就被誉为“企业的第三利润源泉”。

4.第四阶段

第三方物流的出现，充分体现了社会分工理论和专业化生产的比较优势理论的价值追求，特别是 20 世纪 90 年代以后，物流的重点已由商品储运转移到了一体化物流的战略管理高度。

5.第五阶段

这一阶段，现代物流与计算机网络技术初步结合，从而使资源的使用与配置更加合理、有效和充分，进一步改善企业环境、降低污染，促进了企业的可持续发展。

6.第六阶段

在 1997 年东南亚金融风暴之后，人们发现以现代物流为支柱产业的新加坡和香港有着较强的抗御危机能力。这一发现，也奠定了物流在世界经济中的基础地位，加快了现代物流业的发展。

7.第七阶段

20 世纪 90 年代中期至今，现代物流与网络信息服务技术的结合应用，使物流实体网络与物流虚拟网络的结合日臻完善。

二、现代物流的现状

(一)国外物流的发展

从发达国家的物流发展现状看，物流业已经进入较为成熟的阶段：

1.西方国家在物流理论的提出与实践方面，发展迅猛

国外学者对国际物流研究的热点主要表现在对环境问题和绿色物流的研究，以及信息技术和智能化运输系统对全球物流产生的影响，开创性地提出和研究一些新的理论问题，如精益物流、绿色物流和逆向物流，把环保、可持续发展等经济理念带到了物流理论研究的领域。他们认为通过物流信息化和智能化管理，可实现资源的优化配置，使信息产业的现代憧憬完全落地，使高效的电子商务从可能变为现实。

2.国家支持物流业发展

发达国家把物流和商贸流通基础设施作为市政基础设施来投资兴建。例如日本，

不论是大型流通基础设施还是基地建设，都由政府直接给予资金支持。

3.加大投入、提高效率、降低成本

发达国家通过强化对流通及物流基础设施的投入，构建运行通畅的物流服务体系，提高流通效率，降低流通成本。

目前，发达国家已形成以信息技术为核心，以运输技术、配送技术、装卸搬运技术、自动化仓储技术、库存控制技术、包装技术等专业技术为支撑的现代化物流装备技术格局。其发展趋势表现为信息化、自动化、智能化和集成化。

4.物流服务领域扩大

物流服务领域已经逐步将加工、保税、仓储、金融、报关、通关、商检、卫检、中转等业务统一进来，把整个商贸流通过程作为一个完整的领域来进行通盘考虑和经营。

5.服务过程延伸

物流服务的过程经历了“港口到港口”“门到门”“货架到货架”等几个阶段，其过程在逐步延伸。由于生产企业需要实行“即时供货”和“零库存”，以加速资金和货物的周转利用，因此物流业将生产以前的计划、供应也逐渐包括在自己的服务范围之内，使服务过程向前延伸。

6.电子商务和快递业务强劲发展

企业通过互联网加强了企业内部、企业与供应商、企业与消费者、企业与政府部门的联系沟通、相互协调、相互合作。消费者不仅可以直接在网上获取有关产品和服务信息、实现网上购物，还可以在线跟踪发出货物的走向。电子物流还带动了快递业务的强劲发展，可以说电子物流已成为新世纪物流发展的大趋势。

知识链接

电子物流

电子物流也称为物流电子化或物流信息化，它是指利用电子化手段，尤其是利用互联网技术来完成物流全过程的协调、控制和管理，实现从网络前端到最终用户端的所有过程的中间服务，其最显著的特点是各种软件与物流服务的融合应用。电子物流的目的就是通过物流组织、交易、服务和管理方式的电子化，使物流商务活动能够方便、快捷地进行，以实现物流的快速、安全、可靠和低费用。电子物流具体特点包括：

1.信息化

物流信息化表现为物流信息的商品化、物流信息搜集的自动化、物流信息处理的电子化和计算机化、物流信息传递的标准化和实时化、物流信息存储的数字化等。信息化是一切的基础，没有物流的信息化，任何先进的技术设备都不可能应用于物流领域。

2.自动化

物流自动化的基础是信息化，核心是机电一体化，外在表现是物流活动的程序化批处理。物流自动化的效果是省时、省力，另外还可以扩大物流作业能力，提高劳动生产效率，减少物流作业的差错等。

3.网络化

物流网络化是物流配送系统的计算机信息网络，包括物流配送中心与供应商或制造商的联系要通过计算机网络，另外与下游顾客之间的联系也要通过计算机网络通信，比如物流配送中心向供应商提出订单这个过程，就可以使用计算机通信方式，借助增值网上的电子订货系统和电子数据交换技术来自动实现，物流配送中心通过计算机网络收集下游客户订单的过程也可以自动完成。

4.智能化

物流智能化是物流自动化、信息化的一种高层次应用，物流作业过程大量的运筹和决策，如库存水平的确定、运输路径的选择、自动导向车的运行轨迹和作业控制、自动分拣机的运行、物流配送中心的经营管理的决策支持等问题都需要借助大量的支持才能解决。在物流自动化的进程中，物流智能化是不可回避的技术难题。

(二)我国物流业发展

1.国家重视物流

我国已经把物流看作21世纪经济发展的重要组成部分和新的经济增长点。2009年，国务院发布了《物流业调整和振兴规划》，制定实施物流业调整和振兴规划，这不仅是促进物流业自身平稳较快发展和产业调整升级的需要，也是服务和支撑其他产业的调整与发展、扩大消费和吸收就业的需要，对于促进产业结构调整、转变经济发展方式和增强国民经济竞争力具有重要意义。

2.交通基础设施的投资不断加大，物流基础设施初具规模

根据交通运输部《交通运输行业发展统计公报》，2019年全年完成交通固定资产投资32451亿元，比上年增长3.1%；完成公路建设投资21895亿元，比上年增长2.6%；完成铁路固定资产投资8029亿元；完成水路建设投资1137亿元；完成民航建设固定资产投资969.4亿元。我国公路、水路、民航、邮政、快递业务等，都呈现增长态势。

3.物流技术水平和对物流的认识水平不断提高，为物流效率的提高奠定基础

我国的物流技术已经达到一定水平，可以独立设计、制造立体自动化仓库、搬运机器人等高技术水平的物流设备和产品；以光缆为主体，以数字微波和卫星通信为辅助手段的大容量数字干线传输网络也已基本形成。EDI、ERP、MRP、GPS等围绕物流信息交流、管理和控制的现代通信技术也已在物流中得到应用。

4.物流业市场竞争激烈

我国快递企业中，民营快递企业数量最为庞大。民营快递企业主要集中在长三

角、珠三角及环渤海经济圈内，民营快递企业、国有快递企业的竞争日趋白热化。

5.与国外物流业相比，我国物流业总体水平仍然偏低，还存在一些突出问题

(1)物流系统效率低，物流成本高。我国与发达国家在物流成本、周转速度以及产业化方面存在较大差距，物流水平和效率方面都比较低。

(2)物流的管理部门太多，环节太多，导致产量不大，效率低下。

(3)物流体系不健全，相当分散，没有整合，而且物流滞后于商流。

(4)物流技术、人才培养和物流标准还不能完全满足需要，物流服务的组织化和集约化程度不高，常听到消费者投诉效率低、服务差，货物破损程度高，丢货现象层出不穷，赔偿少或者不赔偿，办事不负责任等问题。

三、现代物流的发展趋势

本地化经营生产、原材料的全球采购、消费全球化已经成为全球经济发展的主流趋势，从而导致物流业出现了新的发展趋势：

(一)物流企业向集约化与协同化方向发展

整合社会物流资源，实现物流管理的系统化直至社会化，是物流业发展的大趋势，国内外物流企业向集约化与协同化方向发展，主要表现在以下两个方面：

第一，大力建设物流园区。在园区内各经营主体可通过共享相关基础设施和配套服务设施，发挥整体优势和互补优势，进而实现物流聚集的集约化和规模化，促进城市整体的可持续发展。

第二，物流企业的兼并与合作。通过并购组建新的物流联合体，可充分发挥全球信息化和互联网的优势，充分利用现代信息与通信技术的发展，构筑起全球一体化、完备化的物流信息网络，以实现规模化经营。除并购行为，物流企业之间合作与建立全球化的战略联盟是现代物流业的另一种集约化的经营方式。

(二)物流服务向优质化和全球化方向发展

物流服务优质化已经成为现代物流业发展的重要内容，确保“以合适的成本、合适的质量和合适的条件，在合适的地点、合适的时间，为合适的顾客提供合适的产品”已成为物流服务优质化的共同标准和努力的方向。

物流服务的全球化是现代物流业未来发展的又一个趋势。物流服务的全球化突出表现在制造业领域，目前制造业领域已经广泛开始实践“定制服务”的理念，例如戴尔公司，以其低成本、零库存、对市场变化的快速反应和关注客户关系管理等特点将大规模定制思想贯彻得淋漓尽致。在这种大规模定制理念下，全球物流服务业将出现一次性销售的需求，这种需求具有灵敏、快速的供应链管理方式，迫使物流服务商必须采取“一切为顾客服务”的解决办法。

(三)电子物流(E-Logistics)的迅速兴起

互联网电子商务的快速发展，促进了电子物流的兴起。电子物流是利用现代化的手段，完成物流全过程的协调、控制和管理，通过物流组织、交易、服务、管理方式的电

子化，使物流商务活动能够方便、快捷的进行。当前，基于物联网大数据的智慧物流将是现代物流的发展方向。

（四）物流信息技术和装备水平不断提高

发达国家物流行业的物流技术装备已经达到相当高的水平，物流技术装备水平目前已经形成以系统控制技术为核心，以信息技术、运输技术、配送技术、装卸搬运技术、自动仓储技术、库存控制技术、包装技术等专业技术为支撑的现代化物流装备技术格局，未来发展方向主要体现在：自动化、信息化、集成化和智能化。

（五）绿色化与低碳化是现代物流的最新发展趋势

以新能源、环保等新兴绿色产业为代表的"低碳经济"已经成为新一轮经济增长的主动力。低碳物流是符合绿色物流要求的一种新型物流形态，它要求物流系统的建设要实现低碳：一是在物流活动中，尽可能采用保护生态环境的方案；二是大力建立生产和生活废料处理的专业化物流污染处理系统；三是在物流运营管理中，尽可能通过标准化和循环利用实现低碳环保。

对点案例

2016 年 6 月 30 日，京东首批新能源货车已经在北京、上海两地上路运营，这也是国内快递业货运车辆中首批环保电动车。从低碳化角度来看，推行环保电动车具有积极意义。

思考题

请同学们思考，在当前情况下，你认为环保电动车在实际使用中需要解决什么问题呢？

任务三　物流管理

学习内容

1.物流管理的概念；

2.物流管理的内容；

3.正向物流与逆向物流。

学习目标

完成本学习任务后，你应当能：

1.熟悉和了解物流管理的内容；

2.了解正向物流与逆向物流的联系与区别；

3.掌握物流管理的内容，能够对物流企业的管理提出自己的见解。

案例导入

蒙牛的零售终端

蒙牛在每个小店、零售店、批发店等零售终端投放冰柜，以保证其低温产品的质量。由北京销往各地的低温产品，则全部采用汽车运输，虽然成本较铁路运输高出很多，但时间能够有保证。通常，超市在低温产品超过生产日期3天后就会拒绝进货，所以蒙牛必须保证其产品在2～3天内送达终端。

课前学习思考

请你分析，蒙牛公司如何进行有效的物流管理，帮助蒙牛公司减少物流费用？

知识学习

一、物流管理的概念

物流管理理论是伴随着人类对物流活动的逐渐认识而发展起来的，其大体上经历了四个发展阶段，如图1-4所示。现在普遍认为，物流从产品物流阶段向综合物流阶段的过渡，即从传统物流向现代物流的发展演变。我国国家标准《物流术语》对物流管理(logistics management)的定义是“为了以合适的物流成本达到用户满意的服务水平，对正向及反向的物流活动过程及相关信息进行的计划、组织、协调与控制”。一般物流管理所包含的主要内容有：物流服务管理、物流成本管理和物流信息管理。

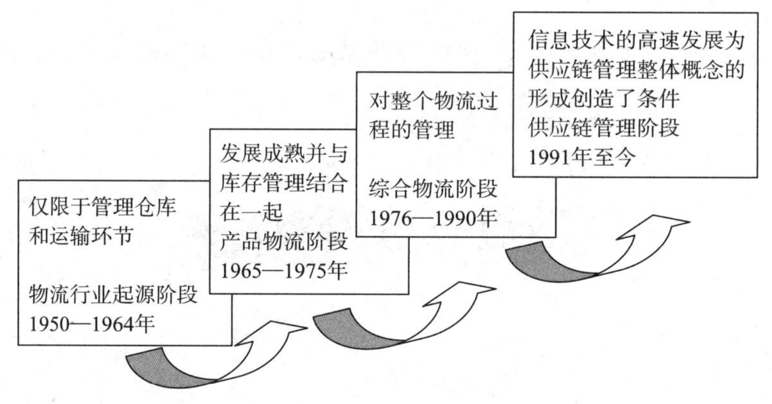

图1-4　物流管理的发展阶段

二、物流管理的内容

(一)物流服务管理

我国国家标准《物流术语》对物流服务(logistics service)的定义是“为满足客户需求所实施的一系列物流服务过程及其产生的结果”。物流服务如图1-5所示。

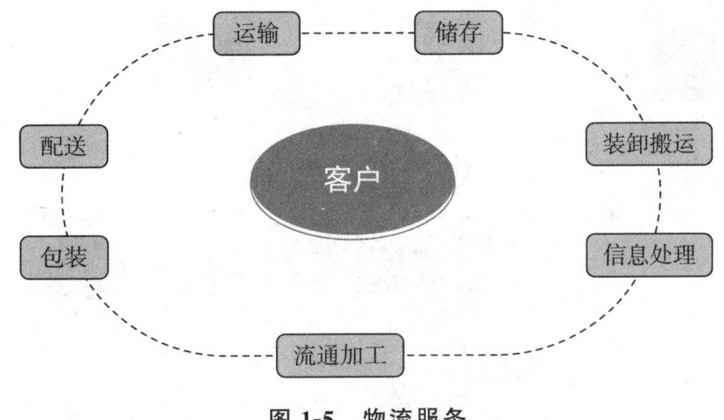

图 1-5　物流服务

物流管理的核心是在成本有限的范围内，向物流需求方及时有效地供应物品和服务。物流管理以客户满意为首要目标，在物流企业经营战略中确立客户服务的标准，通过物流服务差异化途径保证物流服务的高水平。物流服务管理包括实现物品的空间效用服务、时间效用服务和流通加工效用服务，要求具备可靠性和及时性。

1.空间效用服务

空间效用主要通过运输方式实现。物流服务选择满足客户需要的最经济的运输方式，在规定的时间内，将物品送达客户的收货地，并实时监控运输过程，合理调配运输工具，减少回程车辆放空。在为客户提高满意服务的同时，提高自身的经济效益（如图 1-6 所示）。

图 1-6　物品的空间效用服务

2.时间效用服务

时间效用主要通过仓储方式实现。物品在生产经营过程中的暂时停滞对货主是资源的被动浪费，储存功能将其转化为积极的调节功能。生产和消费不可能完全同步，当市场上物品供应过多，价格下降时，将一部分物品储存起来，减少供应，从而使价格回升；当市场物品供应减少，价格上升时，将储存物品尽快输送到市场，保证供应，实现价格稳定（如图 1-7 所示）。

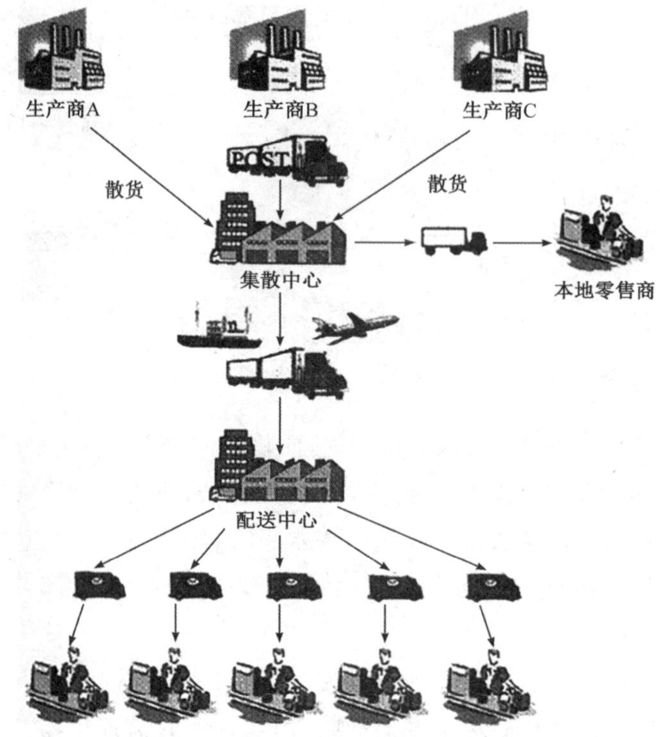

图 1-7　物品的时间效用服务

3.流通加工效用服务

流通加工是在流通过程中,应客户要求对物品进行的外形和包装加工。流通加工的作用是促进销售,维护产品质量(如图 1-8 所示)。

图 1-8　流通加工效用服务

(二)物流成本管理

我国国家标准《物流术语》对物流成本管理(logistics cost control)的定义是"对物流活动发生的相关费用进行的计划、协调与控制"。物流成本管理是一种价值管理,不单是一项具体可操作性的任务,也不仅仅是管理物流成本,而是通过成本去管理物流,可以说是以成本为手段的物流管理方法。

物流成本管理的内容一般包括:物流成本预测、物流成本计划、物流成本核算、物流成本分析、物流成本控制和物流成本决策。

1.物流成本预测

物流成本预测是根据有关物流成本数据和获得的企业相关信息，运用一定的技术方法，对未来的物流成本水平及其变动趋势做出科学的估计。在物流成本管理的运输管理、库存管理以及流通加工等环节都存在着成本预测问题。成本预测的目的在于寻找降低成本的途径，挖掘降低成本的潜力。成本预测是成本决策、成本计划和成本控制的基础，为成本决策、编制成本计划、进行成本控制提供科学的依据，可以提高物流成本管理的科学性和预见性。

2.物流成本计划

物流成本计划也叫成本预算，是指在成本预测的基础上结合有关资料，采用定性与定量的方法选择最优成本方案的过程。根据成本决策所确定的方案、计划期的生产任务、降低成本的要求以及有关资料，通过一定的程序，运用一定的方法，以货币形式规定计划期物流各环节耗费水平和成本水平，并提出保证成本计划顺利实现所采取的措施。物流成本计划的目的在于对每一个环节、每一个过程都选择最优的方案从而达到整体最优效果，为降低物流成本提出明确的目标。

3.物流成本核算

物流成本核算是根据企业确定的物流成本计算对象，采用相适应的成本计算方法，按照规定的成本项目，通过物流费用归集与分配的一定程序与方法，最终计算出各项物流活动或作业的实际总成本和单位成本。成本核算既是对物流过程中的实际耗费情况进行归集、分配及其对象化的过程，也是对各种劳动耗费进行信息反馈和控制的过程。物流成本核算是物流成本管理的前提，其目的在于通过将实际成本核算资料与计划成本、目标成本的比较，了解成本计划的完成情况，同时为编制下期成本计划、进行成本预测和决策提供资料，为制定成本价格提供依据。

4.物流成本分析

物流成本分析是在成本核算及其有关资料的基础上，运用一定的技术经济分析方法，计算成本完成情况和成本差异额，并分析产生差异的原因的过程。通过成本分析，揭示一定时期内物流成本水平变动程度，查明影响物流成本变动的各种因素。物流成本分析的目的在于总结成本管理工作中的成绩，找出存在的问题，提出解决问题的办法，为掌握成本变动的规律提出改进的措施，从而有效地控制物流成本。

5.物流成本控制

物流成本控制是根据计划目标，对成本发生和形成过程以及影响成本的各种因素和条件施加主动的影响，及时发现并纠正发生的偏差并采取措施，以保证实现物流成本控制目标的一种行为。成本控制一般按成本费用发生的时间先后分为成本的事前控制、事中控制和事后控制三个阶段。物流成本控制是物流成本管理的中心环节，其目的在于通过成本控制使物流成本按照事先测算确定的成本水平进行，防止与克服经营过程中损失和浪费现象的发生，使企业的人力、物力、财力得到合理利用，以达到减少各项消耗、保证物流成本降低目标的实现，提高经济效益。

6.物流成本决策

物流成本决策是在成本预测的基础上，结合其有关成本资料，运用定性与定量的科学方法，从若干个备选方案中选择一个最佳成本方案的过程。成本决策与成本预测紧密相连，它以成本预测为基础，是成本管理不可缺少的一项重要职能，它对于正确地制订成本计划，促使企业降低成本，提高经济效益都具有十分重要的意义。成本决策贯穿于企业整个生产经营过程，涉及面广，因此，在每个环节都应选择最优的成本决策方案，才能达到总体的最优。物流成本决策需要各部门共同参与并树立成本意识，作为控制与考核成本的重要依据。

综上所述，物流成本管理的六个步骤是相互配合、相互依存的有机整体。物流成本预测是成本决策的前提；成本计划是成本决策所确定目标的具体化；成本控制是对成本计划的实施进行监督，以保证目标的实现；成本核算是对成本形成过程与结果的记录与反映，是物流成本管理的基础工作；成本分析既是对成本目标是否实现的检验，也是对其差异成因的确定。

对点案例

仓储费用与物流成本

美国、德国、日本的运输费及管理费与GDP(国内生产总值)的比率基本不变，变化大的是保管费即仓储费与GDP比率的下降。也就是说，物流成本下降的主要空间在降低仓储费用，减少库存，加快周转。而中国，运输费、保管费及管理费与GDP的比率基本不变。

思考题

请同学们思考，中国物流仓储费与GDP的比率保持不变，而发达国家的该比率却呈下降趋势，这说明了什么？

(三)物流信息管理

物流信息管理是指运用计划、组织、指挥、协调、控制等基本职能对物流信息进行收集、检索、研究、报道、交流和提供服务的过程，并有效地运用人力、物力和财力等基本要素达到物流管理的总体目标的活动。物流信息管理的主要内容如下：

1.信息政策的制定

为了实现不同区域、不同国度、不同企业、不同部门间物流信息的相互识别和利用，实现物流供应链信息的顺畅传递与共享，必须确定一系列共同遵守和认同的物流信息规则或规范，这就是物流信息政策的制定。

2.信息规划

信息规划即从企业或行业的战略高度出发，对信息资源的管理、开发、利用进行长远发展的计划，同时确定信息管理工作的目标与方向，制定出不同阶段的任务，指导数据库系统的建立和信息系统的开发，保证信息管理工作有条不紊地进行。

3.信息收集

信息收集即应用各种手段、通过各种渠道进行物流信息的采集，以反映物流系统及其所处环境的情况，为物流信息管理提供素材和原料。信息收集是整个物流信息管理中工作量最大、最费时间、最占人力的环节。

4.信息处理

信息处理工作就是根据使用者的信息需求，对收集到的信息进行筛选、分类、加工及储存等活动，加工出对使用者有用的信息。

5.信息传递

信息传递是指信息从信息源发出，经过适当的媒介和信息通道传输给接收者的过程。

6.信息服务与应用

信息服务与应用是物流信息资料的重要特性，信息工作的目的就是将信息提供给有关方面使用。

三、正向物流与逆向物流

(一)正向物流与逆向物流的概念

正向物流(forward logistics)是制造商经制造程序将产品完成再销售到最终使用者等一连串的过程，正向物流与供应链的流程同向，所以称之为“正向”。

我国国家标准《物流术语》对逆向物流(reverse logistics)的定义是“物品从供应链下游向上游运动所引发的物流活动”。回收物流与废弃物物流都属于逆向物流。因其流动方向与传统供应链流程相反，所以称之为“逆向”。逆向物流管理是为价值恢复或处置合理而对原材料、中间库存、最终产品及相关信息从消费地到起始点的有效实际流动所进行的计划、管理和控制过程。

(二)正向物流与逆向物流的联系

正向物流和逆向物流是一个完整物流系统的两个子系统，两者相互联结、相互作用、相互制约，共同构成了一个开放式的物流循环系统。

逆向物流是在正向物流运作过程中产生和形成的，没有正向物流，就没有逆向物流；逆向物流的流量、流向、流速等特性是由正向物流的属性决定的。如果正向物流利用效率高、损耗小，则逆向物流必然流量小、成本低，反之则流量大、成本高。另外在一定条件下，正向物流与逆向物流也可以相互转化，正向物流管理不善、技术不完备就会转化成逆向物流；逆向物流经过再处理、再加工，改善管理方法制度，又会转化成正向物流，被生产者和消费者再利用。

(三)正向物流与逆向物流的区别

1.分销和运输方式

正向物流与逆向物流最大的差别之一在于：正向物流是把产品从生产商(一个起点)分销到多个客户，目的地移动是一对多；逆向物流正好相反，产品(废旧，返件)是从多个起点向一个中心目的地的多对一移动(如返品处理中心)。图1-9是汽车零部件的循环供应链例子。其正向物流是组装好的汽车从车厂分销(配送)到各个4S店;逆向物流是把返件从4S店运回(收集)到总厂进行检验和处理。

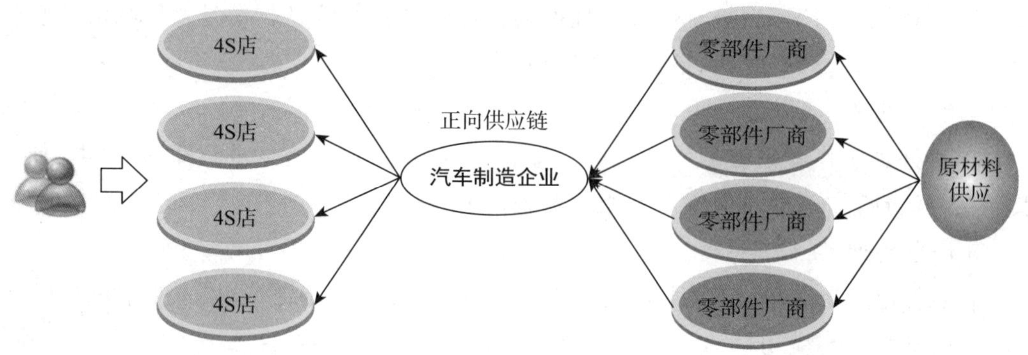

汽车制造循环供应链

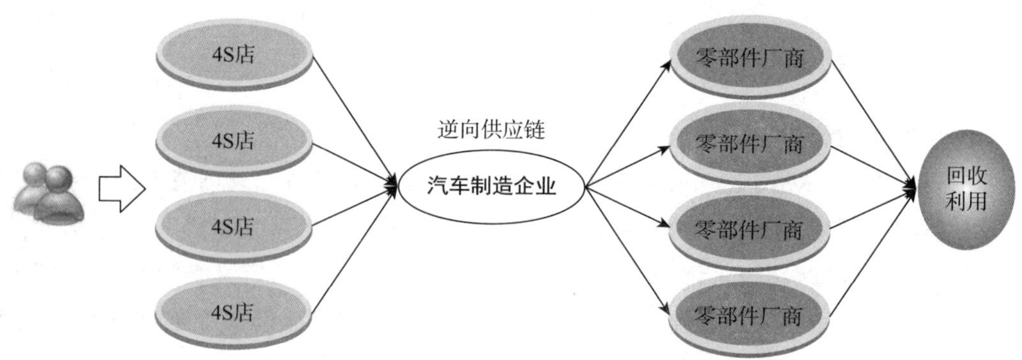

图 1-9 汽车零部件的循环供应链

2.成本的可视性

正向物流现在基本有比较统一的成本核算方法,并且一般由会计系统监控,因此相对透明。反之,逆向物流的成本多为隐性的,有些产品必须经过处理后才能二次销售,如电池回收的包装运输必须按照危险品运输的标准,因此增加了附加的成本。

3.预测困难度

典型的正向物流中,企业只需预测未来的市场需求,每一个环节的作业都是基于对市场的预测进行的,整个过程具有较强的可预测性。相比之下,逆向物流则是基于被动反应,它通常不是公司计划或决策的结果,而是对消费者行为或下游成员的产品退回行为的反应。因此,逆向物流具有更大的不确定性,预测难度也更大。

4.库存管理

一般来说,好的货物被存放在货物良品库或良品库区,正向物流处理良品库存。相反,退货/旧货存放在非良品库(退货处理中心)或非良品库区,逆向物流处理非良品库存。它们的库存管理是不同的。

5.运送速度和时效

正向物流中，迅速准确地满足客户要求是至关重要的，客户极有可能因不满意所提供的服务而减少订货或干脆取消以后的所有订货。而逆向物流中，通常不存在事先订货，运送速度、时间往往都是由生产商决定，没有人会对这些事抱怨，这也是为什么大多数厂商并未给予退货处理足够重视的原因之一。

6.信息系统的应用

与正向物流不同，几乎没有企业会对逆向物流进行物流过程的全程跟踪。由于企业通常对逆向物流不够重视，所以信息系统的应用并没有普及到这一流程中。

7.供应链各方的协调性

在正向物流中，供应链各方需要协调的仅仅是原材料或零部件的采购、加工和产品的仓储及运输方式等。逆向物流可能发生在任何一个逆向供应链环节中，产品也不一定是被送回它们的来源地，即逆向物流的终点可以是资源恢复链上的任何节点。

综上，我们通过正向物流和逆向物流的比较分析，可以发现逆向物流的管理和技术难度远大于正向物流，因此逆向物流业务对企业的生产能力、物流技术、信息技术、人员素质等都提出了更高的要求，因此企业实施逆向物流业务战略时必须采用更多的智慧，只有做到科学决策，周密计划，精心组织，并创新或采用逆向物流的信息技术，企业才能降低逆向物流的风险并有可能实现其预期的战略目标。

对点案例

菜鸟联盟的物流管理

2016 年 3 月 28 日下午，此前宣布融资 100 亿元的菜鸟网络打出了第一张牌：宣布将联合多家物流商组成“菜鸟联盟”，放话称在 5～8 年内将接入 1000 万企业，每年配送 1000 亿个包裹。菜鸟网络同时还宣布，为了鼓励商家选择菜鸟联盟，将拿出 10 亿元作为联盟启动资金。在 5 月 28 日前与菜鸟联盟合作的商家，可以享受服务价格优惠。

阿里方面给出的数据显示，近 10 年来电商包裹量从每年 8.6 亿个增加到了 206 亿个。菜鸟网络 CEO 童文红表示：虽然目前有的电商自营物流可以做到高效，但这种模式成本很高，侵蚀了大部分利润，需要靠补贴维持；而且该模式面对每天 200 万个订单就需要 11 万名快递员，并不适应电商经济爆发式增长的趋势。

此前阿里的淘系平台商家使用的大多是“四通一达”和顺丰等物流提供商的服务，服务商过多导致物流体验不完善，各家标准也不统一。而目前网络用户对物流体验的敏感度越来越高，菜鸟联盟这个略显松散的物流联盟组织则肩负着绕过自营物流、“弯道超车”的重担。

思考题

请你结合所学知识，谈谈菜鸟联盟将进行哪些方面的物流管理。

任务四 第三方物流

学习内容

1.第三方物流的概念；

2.第三方物流的特征；

3.第三方物流的运作模式。

学习目标

完成本学习任务后，你应当能：

1.了解并熟悉第三方物流的概念和运作模式；

2.熟悉第三方物流企业与传统物流作业的区别，掌握我国第三方物流的发展现状。

案例导入

企业自营还是外包

有一家销售额达6000多万元的箱包企业工厂总部位于北京，全国有9家分公司，距北京平均距离1200公里。10个城市均摊，月均销售额50万元。高标准包装箱为45厘米×33厘米×60厘米，约0.09立方米，15千克，每箱30只。平均计价144元/只，每箱货值0.432万元。每个城市每月销售126箱，约1.25立方米，计费吨数为34吨。设该公司于每个城市有100家销售网点，每个网点销售1.26箱，计0.5万元/家，约38只箱包。送货3800只/月/城，10个城市总送货3.8万只，全年送货45.6万只。设每家销售网点布货品种20种，30%为畅销品，占销量的70%，即6种箱包的每月送货量为26只，其余14种每月送货量为12只，分次送完。每个城市每月送货300次，10个城市送货3000次，全年送货3.6万次。

该箱包企业为了完成原材料采购和产品分销等物流功能可以有两种选择：采用第三方物流和企业自营物流。公司自行承担物流功能需要占用车辆、仓库、办公用房等固定资产，要负担相应的维修及折旧费用，要负担有关人员的工资奖金，全年物流费用为277万元，约占销售额的4.62%。而委托第三方提供全套的物流服务，所需物流费用为200万元，约占销售额的3.33%。两者之比为72∶100。

课前学习思考

对该案例进行分析，指出采用第三方物流服务，可以从哪些方面降低企业的物流费用？

知识学习

一、第三方物流的概念

当企业自己对于物流管理不具有核心竞争优势，特别是自营物流面临种种问题时，自然会对企业的物流活动采取对外委托的方式，即将一部分或全部物流活动委托给外部专业物流企业来完成。这类专门从事外包物流业务的企业被称为第三方物流。自20世纪90年代以来，第三方物流作为一种新的物流形态，受到广泛关注。

我国国家标准《物流术语》对第三方物流（third-party logistics，3PL）的定义是"第三方物流是指独立于供需双方，为客户提供专项或全面的物流系统设计或系统运营的物流服务模式"。这一定义明确了"第三方"的内涵，即物流服务提供者作为发货人（供方）和收货人（需方）之间的第三方，代表供方或需方来执行物流功能。

第三方物流是物流专业化的一种重要形式，是由商品的供方和需方之外的第三方提供物流服务，第三方不参与商品供、需方之间的直接买卖交易，而只是承担从生产到销售过程中的物流业务，包括商品的包装、储存、运输、配送等一系列服务活动。第三方物流已在全球物流产业市场占据一定份额，成为衡量现代物流业发展水平的重要标志。

二、第三方物流的特征

（一）第三方物流是独立于供方与需方的物流运作形式

根据运作主体的不同，可将物流的运作模式划分为第一方物流、第二方物流和第三方物流。第三方物流实际上是相对于第一方和第二方物流而言的，是专业的物流组织进行的物流。其中的"第三方"是指提供物流交易双方的部分或全部物流功能的服务提供者，是独立于第一方、第二方之外的组织，具有比这二者更明显的优势，是承担物流业务、组织物流运作的主体。

（二）以现代信息技术为基础

用于支撑第三方物流发展的信息技术包括实现信息快速交换的EDI技术，实现资金快速支付的EFT技术，实现信息快速输入的条形码技术和实现网上交易的电子商务技术等，都是第三方物流出现的必要条件。

（三）提供个性化服务

传统的物流服务项目较为单一，多是提供公共性的常规化服务，而第三方物流提供的是全方位的物流服务，一般用户会与第三方物流企业签订专门的合同，服务项目是针对某一用户设计的，极具个性化。

（四）具有增值服务特性

除具有传统物流服务的一般特征外，第三方物流最明显的特征是通过一定的加工、包装、重组等，满足客户不同需求，进行增值服务，扩展物流服务范围，给第三方物流企业带来更多利润。

(五)具有联盟的动态性

第三方物流企业之间信息共享的程度越深,与单独从事物流活动相比所取得的效果就越好。第三方物流企业通过动态联盟可弥补单一第三方物流企业自身的缺陷,从而更好地为企业客户提供优质、综合、可靠的物流服务,保证企业客户物流体系的高效运作。

三、第三方物流的运作模式

(一)传统外包型物流运作模式

传统外包型物流运作模式是第三方物流企业独立承包一家或多家生产商或经销商的部分或全部物流业务。第三方物流企业各自以契约形式与客户形成长期合作关系,保证自己稳定的业务量,避免了设备闲置。这种模式以生产商或经销商为中心,第三方物流企业几乎无须专门添置设备和进行业务训练,管理过程简单。订单由产销双方完成,第三方物流只完成承包服务,不介入企业的生产和销售计划。

目前我国大多数物流业务就是这种模式,严格来说,这种模式与传统的运输、仓储业并没有太大区别。因为这种模式以生产商或经销商为中心,第三方物流企业之间缺少协作,没有实现更大范围的资源优化。其最大的缺陷是生产企业与销售企业以及与第三方物流之间缺少沟通的信息平台,容易造成生产的盲目、运力的浪费或不足以及库存结构的不合理。

(二)战略联盟型物流运作模式

战略联盟型物流运作模式就是第三方物流包括运输、仓储配送、信息经营者等以契约形式结成战略联盟,内部信息共享和信息交流,相互间协作,形成第三方物流网络系统。联盟可包括多家同地和异地的各类运输企业、场站、仓储经营者,理论上联盟规模越大,可获得的总体效益越大。

这种模式比起传统外包型物流运作模式有两方面改善:一方面,系统中加入了信息平台,实现了信息共享和信息交流,各单项实体以信息为指导制订运营计划,在联盟内部优化资源。同时信息平台可作为交易系统,完成产销双方的订单和对第三方物流服务的预定购买。另一方面,联盟内部各实体实行协作,某些票据联盟内部通用,可减少中间手续,提高效率,使得供应链衔接更加顺畅。例如,联盟内部经营各种方式的运输企业进行合作,实现多式联运,一票到底,大大节约运输成本。

(三)综合型物流运作模式

综合型物流运作模式(synthetical logistics operation model)就是组建综合物流公司或集团。组建相应职能部门,综合物流公司集成物流的多种功能——仓储、运输、配送、信息处理和其他一些物流的辅助功能,对上家生产商可提供产品代理、管理服务和原材料供应,对下家经销商可全权代理其配货送货业务,可同时完成商流、信息流、资金流、物流的传递。

综合物流是第三方物流发展的趋势,从综合物流运作模式看,该模式的管理思路就是充分利用社会上现有的物流设施、设备人才，运用自己成熟的物流管理经验，提供多样化的客户定制的物流服务。

对点案例

宝供集团第三方物流发展案例

宝供物流企业集团有限公司创建于 1994 年，总部设于广州，1999 年经国家工商总局批准，成为国内第一家以物流名称注册的企业集团。目前已在全国 46 个城市建立了 7 个分公司、48 个办事处，形成了一个覆盖全国，并向美国、澳大利亚、泰国等地延伸的物流运作网络。企业拥有先进的物流信息平台，为全球 500 强中 50 多家大型跨国企业及国内一批大型制造企业提供物流服务，是当今国内领先的第三方物流企业。2002 年美智公司在中国物流行业的认知度调查中，宝供以 40％的认知度雄居中国物流企业之首。宝供在发展过程中积累了大量第三方物流发展的经验：

(1)不断创新经营理念。现代物流业是一门新兴产业，现代物流不同于传统意义上的仓库、运输，它是集各种现代高科技手段、网络信息通信技术以满足客户的需要而建立起来的供应链一体化物流服务。

(2)充分发挥第三方物流服务的优势，增强企业的市场竞争力。所谓第三方物流服务，是指相对于生产、消费的“第三方”，为生产和消费双方提供专业化的物流服务。宝供集团第三方物流经营模式，是以市场需求为导向，物流系统优化为基础，信息技术和管理技术为手段，推动资源的合理配置和社会优势资源的整合，构筑完整的综合价值链，为客户提供一体化、专业化、全过程的物流服务。

(3)建立先进的物流信息系统和运作网络。采用信息网络技术，构建现代物流业体系发达的神经系统，是提高物流服务效率的重要保障。宝供集团从 1997 年开始，累计投入数千万元资金，建设了基于 internet/intranet 功能强大的物流信息管理系统，实现对全国各地物流运作信息实时动态的跟踪管理，确保信息处理的及时性、准确性和有效性。这个系统也向客户开放，客户可通过 internet 或其他网络方式，利用该系统实时了解自己货物的运作信息，确保对货物的有效管理控制。

(4)努力开发智力资源，通过高起点招聘、加强培训、完善用人机制和激励机制，宝供集团逐步建立起一支高素质的专业人才队伍。

思考题

根据宝供集团第三方物流发展的案例，我们能够得到什么启示？

任务五 物流标准化

学习内容

1.物流标准化的概念；

2.物流标准化的内容。

学习目标

完成本学习任务后，你应当能：

1.了解并熟悉物流标准化的概念和内容；

2.熟悉物流标准化的工作应用范围，掌握物流技术标准、物流工作标准和物流作业标准。

知识学习

一、物流标准化的概念

物流标准化是指物流组织或行业以物流系统与物流业务为对象，专门针对运输、储存、装卸、包装、流通加工以及物流信息处理等物流活动而制定、发布和实施有关技术和工作业务流程的标准，并以此标准提出物流系统的配合性要求，从而达到统一实现整个物流系统的标准运作的过程，具体如图 1-10 所示。

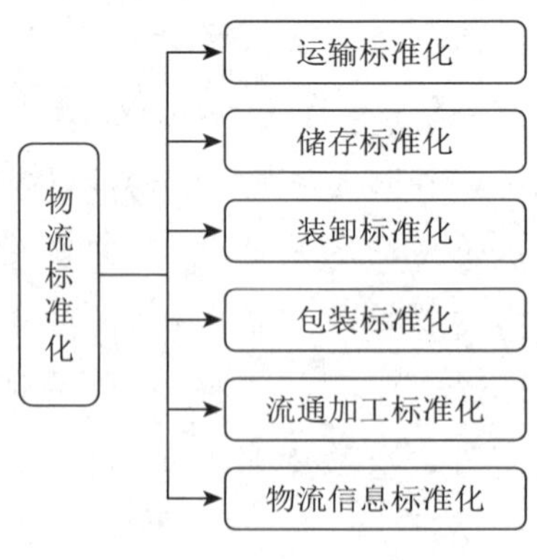

图 1-10 物流标准化

二、物流标准化的内容

按照物流标准化的工作应用范围，可以将物流标准分为技术标准、工作标准和作业标准。

（一）物流技术标准

技术标准是指对标准化领域中需要协调统一的技术事项所制定的标准。在物流系统中，技术标准主要指物流基础标准和物流活动中采购、运输、装卸、仓储、包装、配送、流通加工等。

1.物流基础标准

物流基础标准是制定物流标准应遵循的、全国统一的标准，是制定物流标准必须遵循的技术基础与方法指南。主要包括：专业计量单位标准、物流基础模数尺寸标准、集装基础模数尺寸标准、物流建筑基础模数尺寸标准、物流专业术语标准等，如图1-11所示。

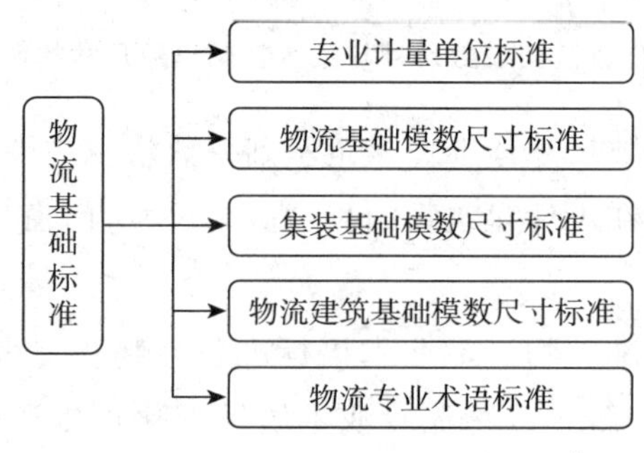

图 1-11　物流基础标准

（1）专业计量单位标准。物流标准是建立在一般标准化基础之上的专业标准化系统，除国家规定的统一计量标准外，物流系统还要有自身独特的专业计量标准。

（2）物流基础模数尺寸标准。基础模数尺寸是指标准化的共用单位尺寸，系统各标准尺寸的最小公约尺寸。在制定各个具体的尺寸标准时，要以基础模数尺寸为依据，选取其整数倍为规定的尺寸标准，这样，可以减少规格的复杂性，使物流系统各个环节协调配合，并成为系列化基础。

国际标准化组织 ISO 认定：物流基础模数尺寸为 600 毫米×400 毫米。

（3）集装基础模数尺寸标准。集装基础模数尺寸是最小的集装尺寸，是在物流基础模数尺寸的基础上，按倍数推导出来的各种集装设备的基础尺寸。在物流系统中，由于集装尺寸必须与各环节物流设施、设备相配合，在对整个物流系统设计时，通常以集装尺寸为核心进行设计。集装基础模数尺寸是物流系统各个环节标准化的核心，决定和影响着其他物流环节的标准化。

集装基础模数尺寸：1200 毫米×1000 毫米为主（优先推荐），也允许 1200 毫米×800 毫米和 1100 毫米×1100 毫米。

物流基础模数尺寸与集装基础模数尺寸的配合关系如图 1-12 所示。

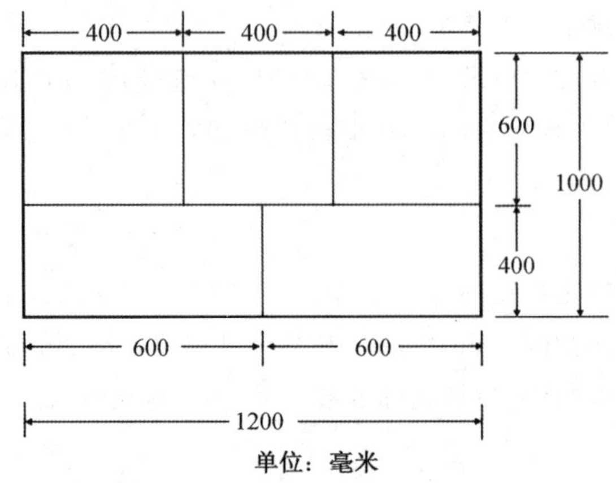

图 1-12　物流基础模数尺寸与集装基础模数尺寸的配合关系图

(4)物流建筑基础模数尺寸标准。建筑基础模数尺寸主要是指物流系统中各种建筑物所使用的基础模数，在设计建筑物的长、宽、高尺寸，门窗尺寸以及跨度、深度等尺寸时，要以此为依据。

(5)物流专业术语标准。物流专业术语标准包括物流专业的统一化、专业名词的统一编码以及定义的统一解释。物流专业术语标准化可以避免由于人们对物流词汇的不同理解而造成物流工作的混乱。

2.物流系统技术标准

(1)运输车船标准。运输车船标准主要是对火车、卡车、货船、拖挂车等运输设备制定的车厢、船舱尺寸、载重能力、运输环境条件等标准，以保证设备之间以及设备与固定设施的衔接。

(2)仓库技术标准。仓库技术标准包括仓库尺寸、建筑面积、通道比例、单位储存能力、温度、湿度、照明等技术标准。

(3)包装标准。包装标准包括尺寸、包装材料、质量要求、包装标志以及包装的技术要求等标准。

(4)传输机具标准。传输机具标准包括水平、垂直输送的各种机械式、气动式起重机、传送机、提升机的尺寸、传输能力等技术标准。

(5)站台技术标准。站台技术标准包括站台高度、作业能力等技术标准。

(6)集装箱、托盘标准。集装箱、托盘标准包括托盘、集装箱系列尺寸标准、荷重标准以及集装箱的材料等标准。

(7)货架、储罐标准。货架、储罐标准包括货架净空间、载重能力、储罐容积尺寸标准等。

2009 年 6 月，全国物流标准化技术委员会召开标准审查会，经专家组讨论，一致通过对《货架术语》《货架分类与代号》《驶入式货架》《贯通式货架》四项行业标准的审查。这是我国货架行业制定的首批标准。

(8)信息标准。例如，物流 EDI 标准、GPS 标准等就属于信息标准。

(二)物流工作标准

物流工作标准，主要是通过对物流各项工作内容、方法、程序和质量要求制定统一的标准，来提高工作效率，明确责任和权利，减少作业差错，利于监督评比。物流工作标准包括岗位职责及权限范围、工作的程序和方法、信息传递方式、工作绩效考核方法等标准。

(三)物流作业标准

物流作业标准，主要是对物流作业过程中物流设备运行标准、作业程序、作业要求等制定的标准，包括物流的运输、储存、装卸搬运、包装、流通加工和配送等要素相关作业的系列标准，是实现作业规范化、效率化及保证作业质量的基础。

项目小结

本项目主要对物流的概念、起源和发展，物流管理，第三方物流和物流标准化等内容进行认知和学习。通过学习，了解物流的概念、功能和分类，掌握物流管理和物流标准化的内容，理解第三方物流。本项目学习难点是对物流管理的理解，并能够正确区分传统物流行业与第三方物流企业的区别。建议结合企业实际案例帮助学生理解，树立学生对物流和物流管理的基本意识。明确学习“物流管理基础”这门课程的意义和作用，树立学好该门课程的信心，掌握正确的学习方法。

教学分享

1.学习课时

本项目建议学习 4 个课时。

2.教学方法

建议采用讲解、体验式教学(包括视频资料学习、参访物流企业、网络平台资源学习等)、小组讨论、案例教学等方法。应把握的知识重点包括：物流管理的认知和第三方物流的认知。

3.学习环境要求

(1)学习场地：①多媒体教室；②典型物流企业。

(2)学习资料：①视频资源；②课程网络资源。

课后习题

一、单项选择题

1.下列哪项活动不属于物流范畴？(　　)

A.属于物品物质实体的流动

B.运输、储存、装卸、搬运、包装、流通加工、配送和信息处理等基本功能的有机结合

C.商流所有权转移和物流的实体位置转移

D.不属于经济活动的物质实体流动

2.物流的概念源于(　　)。

A.日本　B.德国　C.美国　D.中国

3.商流能解决生产和消费之间出现的(　　)间隔。

A.所有权　B.空间　C.时间　D.场所

4.现代物流的对象包括(　　)。

A.物品　B.产品和半成品

C.物品和服务　D.物品、服务和信息

5.零售企业物流主要是(　　)。

A.供应物流　B.销售物流　C.回收物流　D.调拨物流

6.物流合理化的要求是(　　)。

A.通过高成本实现高水平服务

B.通过低水平服务节省成本

C.以尽可能低的总成本达到既定的服务水平

D.以最低的成本实现最高水平的服务

7.下列哪项指的是现代物流?(　　)

A.logistics　B.cargo

C.physical distribution　D.internal logistics

8.下列属于逆向物流的是(　　)。

A.电器厂收入原材料　B.纺织厂产品流向零售店

C.钢铁厂回收废钢铁　D.城市生活垃圾废弃物

9.物流活动产生(　　)使我们可以享受瑞士的咖啡和美国的计算机。

A.时间效用　B.品种效用　C.批量效用　D.空间效用

10.下列说法正确的是(　　)。

A.物流所要"流"的对象是一切物品,包括有形物品和无形物品

B.只有物品物理位置发生变化的活动,如运输、搬运和装卸等活动才属于物流活动

C.物流不仅研究物的流通与储存,还研究伴随着物的流通与储存而产生的信息处理

D.物流的起点是从某个企业原材料的供应、储存、搬运、加工和生产直至产成品销售的整个过程

11.国际标准化组织规定的物流基础模数尺寸为(　　)。

A. 400 毫米×400 毫米　B. 600 毫米×400 毫米

C. 600 厘米×400 厘米　D. 600 毫米×800 毫米

二、多项选择题

1.按照物流活动空间范围划分,可将物流分为(　　)。

A.宏观物流　B.微观物流　C.地区物流

D.国内物流　　E.国际物流

2.企业物流是由生产经营活动中的(　　　)所组成。

A.供应物流　　B.生产物流　　C.销售物流　　D.废弃物物流

3.物流系统是由运输、仓储、(　　　)等各环节组成,这些环节也称之为物流的子系统。

A.装卸搬运　　B.物流信息　　C.配送　　D.流通加工

三、简答题

1.什么是物流?你对物流概念的内涵是如何理解的?

2.简述物流的功能。

3.简述第三方物流的主要运作模式。

4.简述物流管理在企业管理中的作用。

5.请就物流管理在我国的发展现状及前景谈谈你的看法。

6.推行物流标准化对物流系统有何重要意义?

四、案例分析题

2002年1月22日,美国著名的商业连锁企业凯马特(Kmart)公司向法院提出破产保护,从而成为美国历史上申请破产保护的最大一家商业零售商。就在凯马特倒闭的同时,美国的另一家零售业巨头沃尔玛(Wal mart)却坐上了全球500强之首的宝座。

2011年,沃尔玛继续荣登全球500强之首,营业收入总额达到了4218亿美元,超过了全世界所有的银行与保险金融机构,成为全球第一大营业收入企业,创造了传统零售业"不灭的神话"。

沃尔玛获得巨大成功的原因有很多,价格营销、服务营销、形象营销都是其成功的基石。但沃尔玛成功的最重要经验之一,就是基于物流管理领域的变革。早在20世纪70年代,沃尔玛就通过激光扫描技术与计算机信息系统建立了统一配送中心与中转配送中心,改变了过去由总部直接面向各连锁店的配送模式,解决了大规模物流配送的成本和效率等"瓶颈"问题。20世纪80年代初,沃尔玛又将电子数据交换(electronic data interchange,EDI)系统应用于连锁店和总部之间进行信息交换。通过电子数据交换来自动提示和控制商品库存量,使公司总部能够全面掌握销售情况,合理安排进货结构,同时补充库存和不足,降低存货水平,大大减少了资金成本和库存费用。

此外,公司投入4亿美元巨资同休斯公司合作发射了专用卫星,用于全球店铺的信息传送与运输车辆的定位及联络。通过该系统,沃尔玛总部可在1小时之内对全球4000多家分店内每种商品的库存、上架以及销售量全部盘点一遍。当库存减少到一定量的时候,系统会发出信号提醒商店及时向总部要求进货,在商店发出订单后36小时内所需货品就会出现在货架上。公司在5500辆运输卡车上全部装备了全球卫星定位系统(GPS),对每辆车的位置、货物装载情况和货物运送目的地一目了然,可以合理安排运量和路程,最大限度地发挥运输潜力。公司还投资2400万美元建立了全美最大的私人卫星视频通信系统,可以同时和1000多家商店进行视频通话,传达总部的会议情况和决策。正是凭借上述先进的物流管理模式，沃尔玛能够喊出“天天降价”的口号，在激烈的商业竞争中以极低的库存成本、高效的物流配送体系和快速满意的客户服务水平始终保持着领先于竞争对手的优势。

思考题

1.请同学们思考，沃尔玛成功的关键是什么？

2.通过本案例，谈谈你对物流的看法。

技能训练

一、实训目标

通过实训能够将理论与实践相结合，使学生进一步了解物流企业及业务流程，掌握物流的主要功能要素。

二、组织安排

将学生分为5～10人一组，按小组完成实训任务。

三、实训内容：掌握企业概况

1.按小组考察了解某物流企业运作模式或经营战略；

2.了解物流企业各主要业务部门的职责及工作协调的基本情况；

3.通过参观掌握物流的主要功能要素，增加对物流的感性认识。

四、实训要求

根据具体情况，选择有一定代表性的物流企业，完成物流企业认识实习，限期一周。

◆模块二◆
规划职业生涯

学习任务

1.了解当今物流行业人才需求现状；

2.掌握物流职业发展规划。

技能目标

根据物流行业现状，做好物流职业发展规划。

任务一　物流行业人才需求

学习内容

1.掌握物流行业的岗位人才需求现状；

2.了解行业的人才知识储备要求。

学习目标

根据物流行业人才知识储备要求，把自己打造成为行业所需人才。

案例导入

为什么我在公司得不到重用

到公司工作快三年了，比我后来的同事陆续得到了升职的机会，我却原地不动，心里颇不是滋味。

终于有一天，冒着被解聘的危险，我找到老板理论。“老板，我有过迟到、早退或违纪的现象吗？”我问。老板干脆地回答：“没有。”

“那是公司对我有偏见吗？”老板先是一怔，继而说：“当然没有。”

“为什么比我资历浅的人都可以得到重用，而我却一直在微不足道的岗位上？”

老板一时语塞，然后笑笑说：“你的事咱们等会再说，我手头上有个急事，要不你先帮我处理一下？”

一家客户准备到公司来考察产品状况，老板叫我联系他们，问问何时过来。“这真是个重要的任务。”临出门前，我不忘调侃一句。一刻钟后，我回到老板办公室。“联系到了吗？”老板问。

“联系到了，他们说可能下周过来。”“具体是下周几？”老板问。“这个我没细问。”“他们一行多少人？”“啊！您没让我问这个啊！”“那他们是坐火车还是飞机？”“这个您也没叫我问呀！”

老板不再说什么了，他打电话叫朱政过来。朱政比我晚到公司一年，现在已是一个部门的负责人了，他接到了与我刚才相同的任务。一会儿工夫，朱政回来了。

“报告老板，是这样的，”朱政答道，“他们是乘下周五下午 3 点的飞机，大约晚上 6 点钟到，他们一行 5 人，由采购部王经理带队，我跟他们说了，我公司会派人到机场迎接。”

“另外，他们计划考察两天时间，具体行程等到了以后双方再商榷。为了方便工作，我建议把他们安置在附近的国际酒店，如果您同意，房间明天我就提前预订。”

“还有，下周天气预报有雨，我有提醒客人要带雨具，我还会随时和他们保持联系，一旦情况有变，我将随时向您汇报。”

朱政出去后，老板拍了我一下说：“现在我们来谈谈你提的问题。”

“不用了，我已经知道原因，打扰您了。”

课前学习思考

请同学们思考，本案例的主人公为何得不到重用？

知识学习

物流管理涵盖了生产、流通及生活等领域，主要包括物流企业、商品流通企业、生产制造企业等相关的物流岗位及岗位群。近年来，随着电子商务的火热及国家政策层面的大力推进，如自由贸易区、“一带一路”、跨境电商、城市配送、智慧物流等创新举措相继出台，物流业得以快速发展，并由此对物流人才形成了巨大需求。麦可思研究院撰写的《2016 年中国大学生就业报告》中指出，2015 届大学生就业率排在第一位的专业是物流管理(96.6%)。根据商务部《关于促进商贸物流发展的实施意见》(商流通函〔2014〕790 号)的指示，政府将逐渐引导流通企业向物流集成服务商转型，其中就会涌现更多综合性物流服务岗位。表 2-1 和表 2-2 是通过调查获得的物流企业相关岗位对人才的学历与工作年限的要求及专业需求。①

① 王庆先.物流基础[M].哈尔滨:哈尔滨工业大学出版社,2017:16.

表 2-1 物流企业相关岗位对人才的学历与工作年限的要求

调查统计的内容	具体项目	占比(%)
物流岗位学历要求	本科及以上	18.99
	专科(高职)	70.34
	其他	10.67
	合计	100
物流岗位工作年限要求	应届毕业生	4
	0～2 年	45
	3～5 年	46
	8～10 年	5
合　　计		100

表 2-2 物流企业相关岗位对人才的专业需求

专　　业	占比(%)
物流相关专业	50.33
管理类专业	8.67
市场营销	3.67
机械设计	0.67
经济类专业	1.67
国贸	3
英语	0.67
不限	31.32
合　　计	100

一、物流行业的岗位人才需求

一般对物流行业的需求大致可归纳为 4 类:高级物流人才、中级物流人才、初级物流人才和一般物流操作人员。

调查表明,招聘单位对于高级物流人才的要求相当高,学历要求一般为本科以上,虽然明确要求研究生的不多,但要求有较长时间的高、中层管理经验和较强的英语实际运用能力。中级物流人才主要负责企业具体事宜的计划与指挥,如物流部经理、营运主管等。中级物流人才则要求学历在专科以上,能熟练掌握物流相关专业知识,有一定的实践工作经验。初级物流人才和一般操作人员属于执行层,他们负责具体事宜的操作,偏重于体力劳动。由于招聘单位对初级物流人才的能力和经验要求不高,很多人都可以胜任这类职位,所以这类人才并不缺乏,一般只要求他们具有良好的沟通能力和团队合作精神等。目前较紧缺的是中、高级物流人才,也就是说需求比例最高的应该是高等职业院校培养的具有一定相关知识的实践型人才。

二、物流行业的人才知识储备

从知识储备角度讲,干好物流这行,至少应具备三方面的知识:一是与物流相关的基本专业知识,二是必要的贸易特别是国际贸易实务专业知识,三是掌握至少一门外语。

(一)物流相关专业知识

物流工作需要非常强的专业知识和实践技能,工作中,要把在学校学习到的基础知识,结合职场的实践加以融会贯通,并针对自己工作中的需要进行再学习、进修和提升。

(二)贸易特别是国际贸易的基础知识

随着我国改革开放的逐步深入,国际贸易成为我国国民经济的主要支柱之一,而国际贸易的顺利实现又离不开国际物流从业人员的保驾护航。因此,作为国际物流的从业人员应该掌握基本的贸易特别是国际贸易的基础知识,比如信用证、贸易条款、外汇金融、海关政策、运输条款、风险防范等,这样才能在从事国际物流的工作时,从客户的需求出发,提供优质、准确、高效、贴心的物流解决方案,成为客户事业的战略合作伙伴。

(三)掌握一门以上的外语

要成为全球性通用人才,需要与全世界的人打交道,掌握一门通用的外语,如英语,就是不可或缺的基本职场技能。伴随着全球化的深入,几乎所有的商务活动都与海外国家相关联,没有英语交流能力,就不能与其他国家的人实现无障碍交流。所以,掌握一门以上外语,是物流从业人员的又一基本要求。

三、物流行业的人才职场要求

物流从业人员的综合素质和输出品质,或者说复合型实战型人才应具备的职场能力可以归结于以下六个方面:

(一)学习能力

这里强调的学习能力,不是简单的学习书本理论知识的能力,而是一种与时俱进、根据自己职场发展的需要不断学习、探索、思考的能力。它体现在对物流行业有全局观、有敏感性、有好奇心,并通过越来越发达的互联网信息平台与物流生态圈公共平台,接触自己感兴趣的社会化物流领域,了解其中的物流政策、企业、人物、模式、流程等方方面面,然后发现行业存在的问题与挑战,进一步探索解决方案,进而解决行业存在的难点痛点，用自己的智慧为行业健康稳定地发展贡献力量。

（二）动手能力

动手能力是指在工作、学习过程中，对知识与工作要素的总结梳理能力、各种办公硬件与软件的熟练应用能力、最终有效完成工作任务的能力，特别重要的是对待工作与学习任务使命必达的正确态度。

（三）领悟能力

对于一个问题、任务或事物的理解与领悟能力，或者简称"悟性"，是人发展潜力中最重要的推动因素之一。这种领悟能力必须是建立在学习能力与动手能力基础之上的。职场上，大部分的领导或管理者都希望部属会举一反三，是永远走在上级前面的领悟力强的人。

（四）创造能力

真正的创造能力，必须是长期实践、剖析问题、理论探讨与创意智慧的有机融合。物流从业人员，要从千军万马中脱颖而出，就应该积极主动地在工作实践中进行有价值的创造，在为企业改革创新、创造效益的同时也实现自己的人生价值。

（五）沟通协调能力

良好的沟通协调能力是干好物流行业的一项重要"软技能"，物流行业涉及面广、环节多、程序复杂，尤其需要从业人员具备较好的沟通协调能力。比如在国际货代业务操作方面，货代企业担当组织者的角色，除需要取得承运人和货主这两个最大利益相关者的配合支持外，还要协调好与港口操作代理、海关商检、卡车公司、码头堆场、国外代理等诸多分供方的关系，其中沟通渠道之多，协调难度之复杂，占用货代人的精力之大，是其他服务行业所无法比拟的。

（六）逻辑思维和分析判断能力

这个能力本质上是在面对各种选择时的价值分析能力与决断能力，这对于一个人的职业生涯发展十分关键。在校期间，"是学习还是玩乐"的校园生活模式选择；毕业时"是继续深造还是就业"的选择；就业时"是进大企业或国企还是小企业或民企"的选择；就业后走哪条职业发展道路的选择；还会面临工作过程中各种矛盾冲突下的选择；也会面临是否跳槽或是自主创业的选择；等等。这里面最核心的一点就是要遵循自己的内心，对选择背后的真实价值，甚至包括未来 5～10 年的价值进行分析，并在这个分析的基础上有自己的决断思考与行动。

任务二　物流职业规划引导

学习内容

1.了解物流行业优秀员工的特质；

2.掌握物流职业生涯的规划过程；

3.了解物流行业成功的定义。

学习目标

1.掌握优秀员工的特质，把自己打造成为优秀员工；

2.做好自己的物流职业生涯规划。

知识学习

一、物流行业优秀员工的特质

一家企业要基业长青、世代传承、永续经营，最根本的因素就是人才。俗话说："铁打的营盘流水的兵。"作为企业领导者和管理者最重要的日常工作之一就是从公司每年招收的新鲜血液中发现那些符合本企业文化和核心价值观的德才兼备的有潜质的人才，然后加以培养和训练，提拔成为公司的储备人才或一线主管，进而成为公司未来永续发展的栋梁。优秀员工应具备以下四方面特质：

(一)良好的心态

在世界经济一体化的当下，特别是现阶段中国已过了经济爆发式增长的时期，每一个行业都充满了艰辛和竞争。我们应该从平凡的工作中去领悟：其实我们是在从事一项伟大的事业，如果没有我们这些航运物流从业人员辛勤地付出，国际贸易怎么得以实现？国家怎么进步繁荣？人民怎么富足快乐？我们不要简单地把日常工作当作养家糊口的手段，而应该将其视为实现自己人生价值的事业，在追求自己职业生涯梦想的过程中体会人生的快乐和实现自我价值。

(二)精湛的技能

物流行业需要一定的外语基础以及国际贸易、市场营销和物流航运知识，此外，在日常工作中还要与时俱进地终身学习最新的知识和理论，用以指导我们的工作，不断提高自我。

(三)强烈的责任心

物流行业基本是24小时运转，没有上班和下班的概念，管理者经常要求下属的手机要24小时开机，随时准备处理客户的突发事件。所以物流货代这个行业，如果没有强烈的责任感、使命感,是很难做好的。

(四)良好的沟通能力

大家要不断提升自己的沟通协调能力,有些同学生性内向,不善言辞,但物流这个行业,从总台、文件、操作、客服、财务到业务……每个岗位都需要和人打交道,如果没有有效地和客户、协作单位甚至公司内部同事交流,就很难把本职工作做好,进而使自己得到提升。

我们从事的是一个充满挑战和机遇的行业,只要同学们保持乐观、积极的心态,以饱满的激情和斗志投入到日常的工作中去,等到过了 20 年再回首往事,相信你们一定会有成就感和幸福感,尤其是当你看到自己的付出所带来的正面影响时,更是如此。

二、物流职业生涯规划过程

成功的人生需要正确规划,你今天站在哪里并不重要,但是你下一步迈向哪里却很重要。人生如果没有了规划,就会像船没有了帆一样失去方向,职业生涯与发展规划就像黑暗中的明灯,为我们照亮了前进的方向。一个完整的职业规划通常由职业定位、目标设定和通道设计等五个要素构成。

(一)了解自己,找准职业定位

一个有效的职业生涯设计,必须在充分且正确地认识自身的条件与相关环境的基础上进行。对自我及环境的了解越透彻,越能做好职业生涯设计。因为职业生涯设计的目的不只是协助你达到和实现个人目标,更重要的是帮助你真正了解自己。

详细估量内外环境的优势与劣势,设计出自己的合理且可行的职业生涯发展方向,通过对自己以往的经历及经验的分析,找出自己的专业特长与兴趣点,这是职业设计的第一步。

值得注意的是,很多人往往认为选择最热门的职业就意味着自己前途有了保障,但选择职业最重要的是要能正确地分析自己,找到自己最适合的行业,然后努力成为行业中的佼佼者。

(二)清楚目标,明确梦想

如果你不知道要到哪儿去通常你哪儿也去不了。设定自己的职业目标,并没有想象的那么难,只要考虑一下你希望在多少年之内达到什么目标,然后一步一步往回算就可以了。目标的设定要以自己的最佳才能、最优性格、最大兴趣、最有利的环境等信息为依据。通常目标分短期目标、中期目标、长期目标和人生目标。

确立目标是制定职业生涯规划的关键,有效的生涯设计需要切实可行的目标,以便排除不必要的犹豫和干扰,全心致力于目标的实现。

(三)制定行动方案,规划发展通道

正如一场战役、一场足球比赛,都需要制定作战方案一样,有效的生涯设计也需要有确实能够执行的生涯策略方案,这些具体的且可行性较强的行动方案会帮助你一步一步走向成功,实现目标。

(四)停止幻想,开始行动

行动是所有生涯设计中最艰难的一个步骤,因为行动就意味着你要停止幻想而切实地开始行动。

职业规划成功的案例都是在有明确的职业目标后,在求职过程中不断向那个目标看齐。立即行动,无论你是正在求学或处于大学毕业刚刚踏上职业路途的年轻人,还是40岁左右并且正陷在一份你不喜欢的工作之中的中年人,现在都是你进行职业规划的好时机。只要你还没有到安享晚年的地步,任何时候开始你的职业规划都不晚。

(五)计划不如变化快,适时修正规划

影响你职业生涯规划的因素很多,有的变化因素是可以预测的,而有的变化因素难以预测。要使职业生涯规划行之有效,就需不断地对职业生涯规划进行评估,修正生涯目标、生涯策略,以适应环境的改变,同时可以作为下一轮生涯设计的参考依据。

三、物流行业职场成功的定义

当今社会,普遍认为的成功标准就是赚多少钱、开什么车、住什么房,导致绝大部分年轻人都在盲目追逐金钱、地位、权利……轻者把自己搞得疲于奔命,过得很辛苦;重者就会迷失自我误入歧途,做出违法乱纪或违背良心道德的事情,这都是不可取的。我们并不反对用财富作为评价成功的标准,只是不赞同这是唯一的衡量标准。年轻人想要取得成功,首先要给自己定一个远大的、正面的、让人为之着迷、兴奋、充满激情的梦想,然后据此定下实现这个梦想的3～5年的奋斗目标,接下来就要撸起袖子、脚踏实地、身体力行地去加油干!没有行动,一切的梦想都只能是空谈,只能是白日梦。

知识链接

成功的定义

香港中文大学校长沈祖尧先生说:"成功就是你拥有高尚的情操,过着简朴的生活并且存有谦卑的心,如此你的生活必会非常充实。你会是个爱家庭、重朋友,而且是关心自己健康的人,你不会在意社会能给你什么,但会十分重视你能为社会做什么。"

北京大学陈春花教授认为,成功就是一系列的努力与进步,只要因为你,一切都变得更美好;只要因为你,周遭的人与事都变得更加进步;只要因为你,每天都有成长的痕迹。

同学们如果想赢在职场起跑线上,请把"赢"字拆开,按照其字面含义来指导自己日常的工作、生活、学习即可取得显著的成果:

亡:华为任正非先生说,唯惶者能生存。比尔·盖茨说:"微软离倒闭永远只有18个月。"只有具有危机意识的企业才能保证长盛不衰,个人才能在职场上生存并稳步发展。

口:培养自己沟通、交流、协调能力。

月:注重时间观念,岁月的积累,团队精神。

贝:要讲诚信,君子爱财取之有道;要懂得开源节流,为企业创造效益。

凡:胸怀平常淡定之心,凡事先考虑最坏结果,再往最好处努力,这样你面对的最后结果一定比你预计的最坏结果好,你的人生一定会过得很快乐!

项目小结

本项目主要对物流职业生涯规划进行认知和学习。通过学习,了解物流行业的人才需求现状,掌握物流职业发展规划的过程。通过学习,做好自己的物流职业生涯规划,为进入物流职场做准备。

教学分享

1.学习课时

本项目建议学习 2 个课时。

2.教学方法

建议采用讲解、体验式教学(包括视频资料学习、参访物流企业、网络平台的资源学习等)、小组讨论、案例教学等方法。应把握的知识重点包括:物流行业人才需求和物流职业发展规划引导。

3.学习环境要求

(1)学习场地:①多媒体教室;②典型物流企业。

(2)学习资料:①视频资源;②课程网络资源。

课后习题

一、多项选择题

1.根据调查,物流企业对学历要求,排在前两位的是(　　)。

A.本科及以上　　B.专科(高职)

C.中专　　D.其他

2.物流行业的人才应掌握以下哪些知识?(　　)

A.物流相关专业知识　　B.贸易特别是国际贸易的基础知识

C.掌握一门以上的外语　　D.处理突发事件的应急能力

3.物流行业人才应具有以下哪些职场能力?(　　)

A.学习能力　　B.动手能力

C.领悟能力　　D.创造能力

4.物流行业优秀员工应具有以下哪些特质?(　　)

A.良好的心态　　B.精湛的技能

C.强烈的责任心　　D.良好的沟通能力

5.物流专业生涯规划应包括以下哪些过程？（　　）

A.找准职业定位　　B.清晰目标，明确梦想

C.制定行动方案　　D.开始行动

技能训练

一、实训目标

通过实训能够将学校与职场相结合，使学生进一步做好物流职业生涯规划。

二、组织安排

将学生分为5～10人一组，按小组完成实训任务。

三、实训内容：物流职业生涯规划

1.按小组考察现在物流行业人才的需求现状；

2.结合自己的特质，制定物流职业生涯规划。

四、实训要求

根据物流行业的现状，结合自己的特长和发展目标，制定自己的物流从业发展规划，限期一周。

学习情境二:功能篇

物流是物品从供应地向接收地的实体流动过程,根据实际需要,将运输、存储、装卸、搬运、包装、流通加工、配送、信息处理等基本功能实施有机结合。通过本章的学习,你可以掌握物流的七大基本功能。

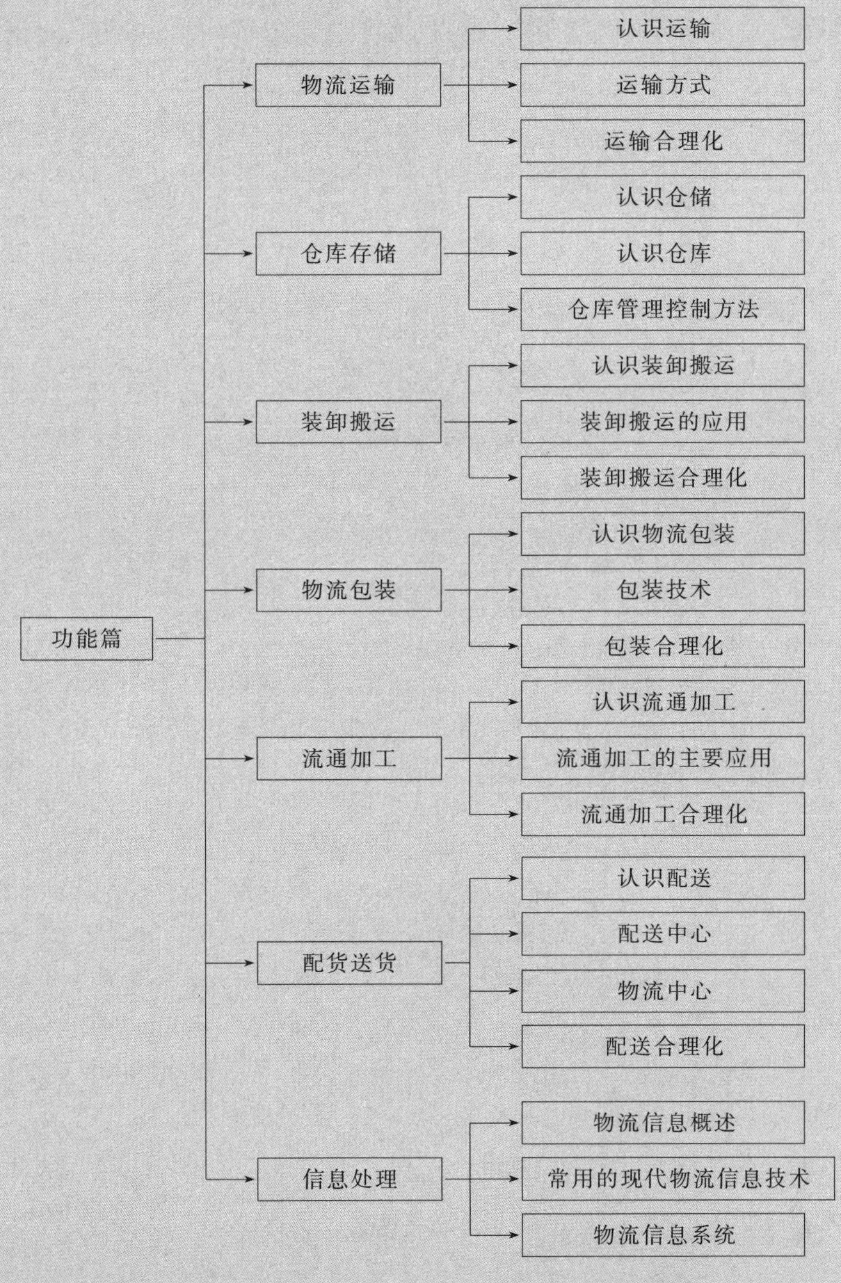

◆ 模块三 ◆
物流运输

学习任务

1.认识运输，掌握运输的功能和特征，以及运输在经济活动中的重要性；

2.掌握各种运输方式的特点及技术装备；

3.理解运输中的不合理现象，掌握影响运输合理化的因素及实现运输合理化的措施。

技能目标

1.深刻理解运输与物流之间的关系；

2.灵活选择各种运输方式；

3.运用所学知识，指出现实生活中的不合理运输现象，并能提出合理化建议。

任务一　认识运输

学习内容

1.运输的概念；

2.运输的功能；

3.运输的作用。

学习目标

完成本学习任务后，你应当能：

1.准确把握运输的概念，了解其基本功能、作用以及特征；

2.理解运输与物流之间的关系。

案例导入

运输方式转换

一列满载山西特产的专列，从位于省城太榆路的榆北物流园区出发，驶向广州。在榆北物流园内，二十多个集装箱码得整整齐齐，准备装车运输。里面所装的物品有半成品奶粉、老陈醋、太钢的不锈钢板制品等。

该趟专列定时发车,日运输总量可达1280吨,每年直接节约运费2000多万元。以前,山西省80%的铁路运力都分配给煤炭等物资,需外运的多数物资只能选汽车。当前油价居高不下,汽车的运输成本比铁路高50%,山西省产品的竞争力大大降低。有了专列,太原与广州的物流运输将得到前所未有的便利,因为这些产品如果选择汽车运输,不但运输成本每吨要多出0.15元,而且路上要耗费10天左右的时间,现在4天就可运到广州。此外,物流成本大幅降低,还可推动山西物流业的发展,广州的货物也将源源不断地运往山西,运输成本降低,人们得到更多实惠。

课前学习思考

1.什么是运输?案例里涉及什么样的运输方式?

2.运输方式转换后有什么样的好处?

知识学习

一、运输的概念

列宁说:"没有现代化的交通运输,经济活动就要停顿,社会再生产也无法进行。运输是我们整个经济的主要基础。"

我国国家标准《物流术语》对运输(transportation)的定义是"用专用运输设备将物品从一个地点向另外一个地点运送"。它是在不同地域范围内,以改变物的空间位置为目的,对物进行的空间位移。通过这种位移创造商品的空间效益,实现其使用价值,满足社会的不同需要。

运输是物流系统中不可缺少的环节。物流系统是通过运输完成对客户所需的原材料、在制品和制成品在地理上的定位的。一般来说,运输成本是目前物流总成本中所占比例最大的成本项目。从欧洲发达国家的情况看,运输成本一般会占到物流总成本的1/3以上,而在我国则高达50%。因此,运输的合理化在物流管理中十分重要。

知识链接

运输的发展历史

1.以水路运输为主的时期(18世纪中叶—19世纪初)

1807年,美国人富尔顿制造了世界上第一艘轮船"克莱门"号。

1838年,英国"西留斯"号完全依靠蒸汽动力横渡大西洋。

目前已知的世界上最早的运河是在公元前4000年由西亚美索不达米亚人开挖的运河。中国广西灵渠凿成于公元前214年,是世界上最古老的运河之一。大运河在元朝时已从大都(现今北京)通到南方的杭州,全长2400公里。1869年,苏伊士运河修建技术发展到新阶段。巴拿马运河于1881年在救国工程师雷赛主持下开始修建,他破产后,由美国人于 1914 年完成,巴拿马运河连通了太平洋和大西洋。

2.以铁路运输为主的时期(19 世纪 30 年代—20 世纪 30 年代)

1814 年,英国机械技师乔治·斯蒂芬孙发明了蒸汽机车。

1825 年,世界上第一条铁路在英国建成正式通车。

我国最早的铁路是在 19 世纪 60 年代初,在北京宣武门外由英国人杜兰德建造的约 500 米长的窄轨铁路,清代末年由詹天佑主持修建的京张铁路,是我国第一条自己建造的铁路。

3.管道、公路、航空运输大发展的时期(20 世纪 30 年代—50 年代)

1886 年,世界上第一辆汽车在德国诞生,由戴姆勒(奔驰的创始人)发明。

1903 年,莱特兄弟制造的世界上第一架飞机在美国上空试飞成功。

中国是世界上最早使用管道运输流体的国家,大约在公元前 200 多年,古人用打通的竹管连接起来的管道运送卤水。

4.建立综合运输体系的时期(20 世纪 50 年代以来)

综合运输体系是指各种运输方式在社会化的运输范围内和统一的运输过程中,按其技术经济特点组成的分工协作、有机结合、连接贯通、布局合理的交通运输综合体。

二、运输的功能

在物流过程中,运输是指用设备和工具将物品从一地点向另一地点运送的物流活动。物品的运输将空间上相隔的供应者和需求者联系起来,使供应者能在合理时间内将物品提供给需求者。因此,运输提供两大功能:物品位移和物品短期库存。

(一)物品位移运输

实现物品在空间上的位移,创造物品的"空间效用"或称"场所效用"。

物品在不同的位置,其使用价值实现的程度是不同的,即效用价值是不同的。通过运输活动,将物品从效用价值低的地方转移到效用价值高的地方,物品的使用价值得到更好的实现,也就是创造物品的最佳效用价值。

(二)物品短期库存运输

运输还可以对物品进行临时储存。一方面,如果运输中的物品需要储存且在短时间内又将再次运输,卸货和装货的费用可能会超过储存在运输工具(如汽车)中的费用时,就可考虑将运输工具作为物品暂时的储存地点。另一方面,当仓库空间有限时,也可考虑选择利用运输工具作为物品暂时的储存地点,如图 3-1 所示。

图 3-1 运输的基本功能

三、运输的作用

运输在社会经济和人们生活中占有重要的地位和作用。企业的发展必须依靠高效的生产和大量的销售,商品运输在企业的交易中发挥着举足轻重的作用。

(一)商品运输可以创造出商品的空间效用

商品生产出来之后,如果不被消费者所消费,就不能够实现自己的价值。而为了能够被消费者所消费,商品首先必须要到达消费者手中,这必须通过商品运输来实现。通过运输,把“物”运到场所效用最高的地方,就能发挥“物”的潜力,实现资源的优化配置。从这个意义来讲,也相当于通过运输提高了物的使用价值。

(二)商品运输可以扩大商品的市场范围

在传统的市场交易过程中,商品只在本地进行销售,每个企业所面对的市场都是有限的,因此,每个企业的发展机会都是有限的。但随着各种运输工具的出现,企业的商品可以运输到很远的地方去销售,因而,企业的市场范围可以大大地扩展,企业的发展机会也会大大增加。要想扩大市场就必须使企业的商品能够顺利地送达各个地区的市场,而这一过程是借助运输过程来完成的。因此,商品运输可以帮助企业扩大市场范围,并给企业带来无限发展的机会。

(三)商品运输可以保证商品价格的稳定性

各个地区因为地理条件的不同,拥有的资源也各不相同。如果没有一个顺畅的商品运输体系,其他地区的商品就不能到达本地市场,那么,本地市场所需要的商品也就只能由本地企业来供应。正是因为这种资源的地域不平衡性,造成了商品供给的不平衡性,商品价格可能会出现很大的波动。但是,如果拥有了一个顺畅的商品运输体系,那么,当本地市场对商品的供给不足时,外地的商品就能够通过这个运输体系进入本地市场,从而能够保持供给的动态平衡,保持价格的稳定。

(四)商品运输能够促进社会分工的发展

社会的发展要求社会分工的发展,社会分工的发展同时也促进了社会的发展。对于商品的生产和销售来说,有必要进行分工,以提高效率。但是,当商品的生产和销售两大功能分开之后,如果没有一个高效的商品运输系统,那么,这两大功能都不能实现。商品运输是商品生产和商品销售之间不可缺少的联系纽带,只有有了它,才能真正地实现生产和销售的分离,促进社会分工的发展。

(五)运输是人们日常生活的重要保证

人们的日常生活需要消费商品,而运输是商品从生产地向消费地转移的保证。另外,运输还直接或间接地影响商品的价格,从而影响人们的生活。随着电子商务的兴起,网上购物离不开运输,邮政和包裹快递已成为现代物流业的重要组成部分,为人们提供了极大的便利。

商品运输在整个物流系统中发挥着重要的作用,为了提高整个物流系统的效率,必须加强对商品运输系统的管理,争取用最低的成本将商品在适当的时间送到消费者所要求的地点。但是,因为物流系统是一个整体,也不能单纯地去追求这个目标,应该把商品运输放到整个物流系统中去考虑。

对点案例

据新华社报道,粤西地区,尤其是广宁县、佛冈县、清新区、德庆县、郁南县、云安区等地盛产砂糖橘,当地农民主要以种橘为生,许多农户根本没有种其他农作物。由于雪灾中断了交通,许多果农直接把橘子拉到东莞去卖,运气好的以一块多甚至几毛钱每斤的价格卖掉,运气不好的,找不到愿意收购的贩子,只得又拉回家。由于南方雪灾,广东、广西等地的砂糖橘运输受阻,三、四月份时,成都市面砂糖橘的价格一度飙升到每公斤16～18元。

思考题

请同学们思考,这个案例体现了运输的哪些作用?

任务二　运输方式

学习内容

1.公路运输;

2.铁路运输;

3.水路运输;

4.航空运输;

5.管道运输;

6.运输方式的选择。

学习目标

完成本学习任务后,你应当能:

1.准确掌握各种运输方式的优缺点;

2.了解各种运输方式的技术装备与设施;

3.根据不同的情境选择不同的运输方式。

案例导入

生活直通车

1.南京的一位特殊病患者急需输入一种特别血型的血,而该市血库中暂时没有,经联系在北京的一家医院找到该血型的血。

2.近几年中非贸易往来不断加强,现有15万吨石油需要从非洲运到我国上海。

3.近几年赣榆有许多外出打工的人,现有40多位打工者要到青岛某建筑工地打工。

4.连云港的林先生最近在我国的西藏拉萨购进数量50吨的藏药,按照经济、快捷的原则运到连云港。

5.我国南方由于水热条件好,即使是隆冬季节也能生产出许多热带水果和蔬菜。冬季,广州现有一批上千吨的新鲜蔬菜要求尽快运到北京。

6.我国西部大量的天然气运到以上海为主的东部地区。

课前学习思考

以上是生活中的具体案例,试着讨论分析各案例中该选择哪种运输方式,为什么?

知识学习

按运输设备及运输工具的不同,可以将运输分为铁路运输、公路运输、水路运输、航空运输和管道运输等五种基本运输方式。这五种运输方式各有优缺点,可以相互补充,组成综合交通运输网。

一、铁路运输

铁路运输是用机车牵引车辆,行驶于铺设钢轨线路的一种运输方式。

(一)铁路运输的优点

1.运输能力大

一般每列客车可以运输上千旅客,一列货车可装几千吨货物,重载列车甚至可装上万吨货物。据《2017年铁道统计公报》所显示的数据:旅客运输方面,2017年全国铁路旅客发送量完成30.84亿人,全国铁路旅客周转量完成13456.92亿人公里;货物运输方面,全国铁路货运总发送量完成36.89亿吨,全国铁路货运总周转量完成26962.20亿吨公里;换算周转量方面,全国铁路总换算周转量完成40419.12亿吨公里。由此可以看出铁路巨大的运输能力。

2.速度快,行驶具有自动控制性

铁路运输行驶速度快,2002年上海开通的磁悬浮列车速度就已经达到430公里/

小时。2017 年,来自日本 JR 公司的 L0 型磁悬浮列车最快时速达到 603 公里/小时。同时,铁路运输具有专用的路线,而且列车在轨道上行驶,具有高度导向性,因此可以采用列车自动控制方式控制列车运行,以达到车辆自动驾驶的目的。

3.节省土地

铁路运输能够在有限的土地上进行大量的运输,可以节省很多的土地,有效利用了土地资源。

4.污染小、能耗低、运价低

与其他的运输方式相比较,铁路运输尤其是电气化铁路的污染非常小。能耗和运价也低于汽车。

5.受气候影响小

只要不是特别恶劣的气候,铁路运输都能够规律、准确、守时地进行运输。只要是能够修建铁路的地方,都能够进行运输。

6.安全性好

2004—2016 年铁路运输中,每 1 亿人公里客运周转量中死亡人数为 0.0025 人,安全性很好。

(二)铁路运输的缺点

1.资本密集,固定资产庞大,需要大量的资金

铁路投入建设的大都是固定的资产,不可移做他用,固定资产比例较大。据统计我国目前每修建 1 公里铁路,需要投资 400 万元以上。高速铁路的公里造价甚至上亿。

2.货损较高

铁路行驶时振幅比较大,容易造成货物损坏,且中转站较多,货物容易遗失。

3.营运缺乏弹性

铁路运输缺乏灵活性,不能因为货源或客源而灵活地改变路线,往往会有空车返回,导致成本增加。

4.设备庞大,不易维修

铁路上的设备都比较庞大,维修起来较为困难。

(三)铁路运输的适用性

(1)国土幅员辽阔的大陆国家,铁路运输是陆地交通运输的主力,比其他运输方式更加具有优越性。

(2)适用于稳定的大宗货物、中长距离的一般货物运输。

(四)铁路运输的技术装备

铁路运输的技术装备和设施主要包括铁路机车、铁路车辆及铁路线路。

(1)铁路机车是铁路运输的动力装置,包括蒸汽机车、内燃机车和电力机车。目前主要发展电力机车,动力好,污染小。

(2)铁路车辆就是装运货物、运送旅客的运载工具,没有动力装置,需要把车辆连

挂在一起由机车牵引，才能完成客货运输任务。

(3)铁路线路是支撑列车重量、引导列车前进的基础，主要由路基和轨道两部分组成。

二、公路运输

公路运输是主要使用汽车，也使用其他车辆（如人、畜力车）在公路上进行运输的一种方式。现代公路运输是指汽车运输。

(一)公路运输的优点

1.机动灵活、适应性强

汽车一人一车运输，体型小，控制方便，无须铁路那样的专门轨道，因此机动灵活、适应性强。

2.投资少

公路每公里的造价远低于铁路，并且资金回转快。

3.可实现"门到门"直达运输

公路的大量修建以及汽车的机动性使得公路运输能够上门取货以及送货上门，货损货差少。

(二)公路运输的缺点

1.运载能力小

普通载重货车只能运输几吨到几十吨货物，长途客车可运输 60 位旅客，仅为一列普通火车的几十分之一。

2.运输成本高、能耗高

公路运输的运输成本和能耗远高于铁路、水运以及管道运输，但是却低于航空运输。

(三)公路运输的适用性

1.近距离的独立运输作业

公路运输主要是中短途运输，由于高速公路的兴建，远程运输也越来越有市场。

2.补充和衔接其他运输方式

由于公路运输可以实现"门到门"运输，可以实现多种运输方式间的"无缝衔接"。

(四)公路运输的技术装备

公路运输的技术装备与设施主要由运输车辆、公路和货运站组成。

1.公路货运车辆按其载运功能可以分为载货汽车、牵引车和挂车

(1)载货汽车是专门用于运送货物的汽车，按其载重量可以分为微型（最大载重量 0.75 吨）、轻型（载重量为 0.75～3 吨）、中型（载重量为 3～8 吨）、重型（载重量 8 吨以上）四种。目前我国公路运输主要车型是中型载货汽车，数量较多。

(2)牵引车和挂车是汽车列车的组合。牵引车也称拖车，是专门用于拖挂或牵引挂车的汽车，可分为半挂和全挂两种。挂车本身没有发动机驱动，由牵引车或其他汽

车牵引行驶。

2.公路:为行驶汽车而按一定技术规范修建的道路称为公路

公路等级是根据公路的使用任务、功能和流量进行划分的,公路技术等级划分的定量指标主要有交通量和行车速度。交通量是指单位时间内(每小时或每昼夜)通过两地间某公路段面处来往的实际车辆数。行车速度是指车辆驶过某一区间,全行程内单位时间正常运行的距离。

知识链接

公路等级的详细划分

我国将公路划分为高速公路、一级公路、二级公路、三级公路、四级公路五个等级。

一级公路是供汽车分向、分车道行驶的公路,一般能适应按各种汽车折合成小客车的远景设计年限,年平均昼夜交通量为15000~30000辆。

二级公路一般能适应按各种车辆折合成中型载重汽车的远景设置年限,年平均昼夜交通量为3000~7500辆。

三级公路一般能适应按各种车辆折合成中型载重汽车的远景设置年限,年平均昼夜交通量为1000~4000辆。

四级公路一般能适应按各种车辆折合成中型载重汽车的远景设置年限,年平均昼夜交通量为双车道1500辆以下,单车道200辆以下。

高速公路是指能适应年平均昼夜小客车交通量为25000辆以上,专供汽车分道高速行驶并全部控制出入的公路。高速公路要求路线顺畅,纵坡平缓,路面有四个以上车道的宽度。中间设置分隔带,采用沥青混凝土或水泥混凝土高级路面,为保证行车安全设有齐全的标志、标线、信号及照明装置;禁止行人或非机动车在路上行走,与其他线路采用立体交叉、行人跨线桥或地道通行。

3.公路货运站

公路货运站是货物运输过程中进行货物集结、暂存、装卸搬运、信息处理、车辆检修等活动的场所。

三、航空运输

航空运输简称空运(如图3-2所示),是指使用飞机运送客货的运输方式。

(一)航空运输的优点

1.高速性

飞机的速度远高于其他四种,能够快速地将旅客或者货物送达目的地。

2.高度的机动灵活性

飞机的线路在空中,没有障碍物,可以机动灵活地进行飞行。

3.建设周期短、投资少、资金回收快

机场的建设非常快,投资不用非常多,通过高昂的机票费用可以快速地回收资金。

(二)航空运输的缺点

1.运输能力低,运输能耗高,运输成本高

由于航空运输载运量较少,目前最大的货机仅能装载250吨货物,能耗较高,所以运输成本较高。

2.受天气影响大

空中气流对飞机飞行影响很大,由于飞行受气象条件的限制,所以天气因素影响飞机的正常起飞和准点到达。

(三)航空运输的适用性

航空运输主要适用于以下几种情况:(1)体积小,价值高,运费承担能力强的货物,如贵重设备的零部件、高档产品等;(2)鲜活货物、易腐货物、时令货物,如鲜花、水果等;(3)紧急需要的货物,如抢险救灾物资等;(4)跨国、跨洲运输。

(四)航空运输的技术装备与设施

航空运输的技术装备与设施主要包括飞机及航空港。

图3-2 航空运输

1.飞机

飞机按照机身尺寸可分为窄体飞机和宽体飞机。窄体飞机是指机身宽度约为3米,舱内只有一条通道,一般只能在下舱内装载包装尺寸较小的散件货的飞机。宽体飞机是指机身宽度不小于4.72米,舱内至少有两条通道,下舱可装载集装箱的飞机。

按照机舱载货方式可分为全货机和客货两用机。全货机就是机舱全都用于装载货物的飞机。客货两用机就是上舱(主舱)用于载客,下舱(腹舱)用于载货的飞机。

2.航空港

现代的航空港是航空运输的重要设施，是民用航空运输交通网络中使用的飞机场及其附属设施。航空港体系主要包括飞机活动区和地面工作区两部分。

四、水路运输

水路运输是指利用船舶、排筏和其他浮运工具，在江、河、湖泊、人工水道以及海洋上运送旅客和货物的一种运输方式。

(一)水路运输的优点

1.建设投资小

水路运输只需利用江河湖海等自然水利资源，除必须投资购造船舶，建设港口之外，沿海航道几乎无须投资。

2.运输成本低

我国沿海运输成本只有铁路运输的40%，美国沿海运输成本只有铁路运输的12.5%，长江干线运输成本只有铁路运输的84%。

3.远洋运输在我国对外经济贸易方面占独特的重要地位

我国有超过90%的外贸货物采用远洋运输，是发展国际贸易的强大支柱，战时又可以增强国防能力，这是其他任何运输方式都无法代替的。

4.运输能力大

在五种运输方式中，水路运输能力最大。在长江干线，一支拖驳或顶推驳船队的载运能力已超过万吨，国外最大的顶推驳船队的载运能力达3万～4万吨，世界上最大的油船已超过50万吨。

(二)水路运输的缺点

1.受自然条件影响较大

内河航道和某些港口受季节影响较大，冬季结冰，枯水期水位变低，难以保证全年通航，而且在大风暴雨天气运输难以进行。

2.运送速度慢

水路运输受制于船舶的速度，但是船舶的速度比较慢，使运输的时间变长。

(三)水路运输的适用性

水路运输主要适用于以下几种情况：(1)距离远、运输量大的货物，尤其是进行跨洋运输非常有优势；(2)对时间要求不高的货物。

(四)水路运输的技术装备和设施

水路运输的技术装备和设施主要包括船舶和港口。

1.船舶

按船舶的功能分可以分为杂货船(如图3-3所示)、散装船、多用途船、冷藏船、油轮、集装箱船(如图3-4所示)、滚装船、载驳船等。

图 3-3　杂货船

图 3-4　集装箱船

知识链接

各种船舶的用途如表 3-1 所示。

表 3-1　各种船舶的用途

船舶	用途
杂货船	以装运零星件杂货为主
散装船	多用于装运煤炭、粮食、矿砂等
多用途船	根据营运需要，可以改变其运载功能，能够装运油类、散货及矿砂
冷藏船	船上有制冷设备，温度可调节，可以满足对温度有要求的货物，如蔬菜、海鲜等
油轮	船体分隔为若干油舱，用于装运石油、原油以及动植物油等
集装箱船	上甲板平直，无梁拱与舷弧，舱内设隔栅结构，舱内和甲板都可用于装运集装箱
滚装船	船的一侧或尾部可以打开并有伸缩跳板，装卸时，货物由拖车拖带驶进驶出船舱，装载速度很快
载驳船	又称为子母船。每条母船可载 70～100 条不等的子船，每条子船载重 300～600 吨不等。用于港口拥挤或需要江海联运的运输

2.港口

港口是具有一定面积的水域和陆域，供船舶出入和停泊、货物集散的场所。它是水陆交通的集结点和枢纽，既为水路运输服务，又为内陆运输服务。

五、管道运输

管道运输是利用运输管道，通过一定的压力差而完成气体、液体和粉状固定运输的一种现代运输方式。管道运输是随着石油和天然气产量的增长而发展起来的，目前已成为陆上油、气运输的主要运输方式。如图 3-5 所示。

图 3-5　管道运输

(一)管道运输的优点

1.运输量大

管道可以不分昼夜地持续进行运输,因此运量大。

2.不受气候影响

气候的变化基本影响不到管道运输,因此可以在各种气候下进行运输。

3.运输成本低、占地少、能耗小、无污染

管道运输除了初期铺设线路需要资金以外,运行时基本无须资金和成本。而且管道的占地面积小,有的埋在地下甚至不会对地面造成影响。运输时基本不需人工提供动力,因此能耗极小,并且不会造成污染。

4.运输所需距离短

管道基本可以直线铺设,因此运输的东西是直线到达的,运输所需的距离短。

(二)管道运输的缺点

1.专用性强

管道只能用来运输天然气、石油、粉末状以及颗粒状货物。

2.灵活性差

管道运输线路专一,不易改动,只能单向运输,不能反向进行运输。

(三)管道运输的适用性

管道运输主要适用于以下几种情况:(1)单向、定点、量大的流体状且连续不断的货物;(2)货物由原产地向所需地定向运输。

(四)管道运输的技术装备和设施

管道运输的技术装备和设施主要包括管道作业站场(输油站等各种泵站)和运输管线。

知识链接

我国管道运输建设的发展

我国在1985年建设了第一条长输油管道——克拉玛依至独山子炼油厂双线输油管道，全长300千米，管径159毫米。1963年建成第一条输气管道，将四川南部的天然气输送至重庆市，全程54.7千米。我国于1975年建成了庆抚线、庆铁线、铁大线等8条管道，总长2471千米，率先在东北地区建成了输油管网。

20世纪90年代以来，我国管道运输得到了快速发展。西气东输工程横贯中国西东，放射型支线构成天然气管道环网。2016年年底，中国油气长输管道总里程累计约为12.6万千米，其中天然气管道约7.43万千米（已扣减退役封存管道），原油管道约2.62万千米，成品油管道约2.55万千米。

六、影响运输方式选择的因素

（一）商品性能特征

商品性能特征是影响企业选择运输工具的重要因素。一般来说，粮食、煤炭等大宗货物适宜选择水路运输；水果、蔬菜、鲜花等鲜活商品，电子产品、宝石以及节令性商品等适宜选择航空运输；石油、天然气、碎煤浆等适宜选择管道运输。

（二）运输速度和路程

运输速度的快慢、运输路程的远近决定了货物运送时间的长短；而在途运输货物如企业的库存商品，会形成资金占用。一般来说，批量大、价值低、运距长的商品适宜选择水路或铁路运输；而批量小、价值高、运距长的商品适宜选择航空运输；批量小、距离近的适宜选择公路运输。

（三）运输的可得性

不同方式的运输可得性有很大的差异，公路运输的可得性较高，其次是铁路，水路运输与航空运输只有在港口城市与航空港所在地才可得。

（四）运输的一致性

运输的一致性是运输可靠性的反映。如果给定的一项运输服务第一次花费2天，第二次花费了6天，这种意想不到的变化就会给生产企业产生严重的物流作业问题。如果运输缺乏一致性，就需要安全储备存货，以防预料不到的服务故障。运输一致性还会影响买卖双方承担的存货义务和有关风险。

（五）运输的可靠性

运输的可靠性涉及运输服务的质量属性，包括按时发货、到货、安全、无遗失，能顺利地解决仓库存储、搬运等问题。

（六）运输费用

企业开展商品运输工作，必然要支出一定的财力、物力和人力，各种运输工具的运用都要企业支出一定的费用。因此，企业进行运输决策时，要受其经济实力以及运输费用的制约。例如企业经济实力弱，就不可能使用运费高的运输工具，如航空运输。

（七）市场需求的缓急程度

在某些情况下，市场需求的缓急程度也决定着企业应当选择何种运输工具。如市场急需的商品须选择速度快的运输工具，如航空或汽车直达运输，以免贻误时机；反之则可选择成本较低且速度较慢的运输工具。

对点案例

李大力在广州市一家物流公司工作，该公司主要经营货运业务，在一次的业务洽谈中，客户咨询以下情况该采用什么运输方式？

1.把鲜花从广州市运到北京市，若换成2箱急救药又如何？

2.把煤炭从山西省运到秦皇岛市？

3.把小白菜从广州市从化区运到广州市区？

4.把一批钢材，从重庆市运到武汉市？

任务三　运输合理化

学习内容

1.运输合理化的因素；

2.运输不合理现象；

3.运输合理化措施。

学习目标

完成本学习任务后，你应当能：

1.掌握影响运输合理化的因素；

2.识别现实中不合理的运输现象；

3.针对运输中的不合理情况提出合理化的建议。

案例导入

沃尔玛降低运输成本的学问

沃尔玛公司是世界上最大的商业零售企业，在物流运营过程中，尽可能地降低成本是其经营的哲学。

沃尔玛有时采用空运，有时采用船运，还有一些货物采用卡车公路运输。在中国，沃尔玛百分之百地采用公路运输，所以如何降低卡车运输成本，是沃尔玛物流管理面临的一个重要问题，为此他们主要采取了以下措施：

(1)沃尔玛使用一种尽可能大的卡车，大约有16米加长的货柜，比集装箱运输卡车更长或更高。沃尔玛把卡车装得非常满，产品从车厢的底部一直装到最高，这样非常有助于节约成本。

(2)沃尔玛的车辆都是自有的，司机也是公司的员工。沃尔玛的车队大约有5000名非司机员工，还有3700多名司机员工，车队每周一次运输可达7000～8000千米。沃尔玛知道，卡车运输是比较危险的，有可能会出交通事故。因此，对于运输车队来说，保证安全是节约成本最重要的环节。沃尔玛的口号是“安全第一，礼貌第一”，而不是“速度第一”。在运输过程中，卡车司机们都非常遵守交通规则。沃尔玛定期在公路上对运输车队进行调查，卡车上面都带有公司的号码，如果看到司机违章驾驶，调查人员就可以根据车上的号码报告，以便于进行惩处。沃尔玛认为，卡车不出事故，就是节省公司的费用，就是最大限度地降低物流成本。由于狠抓安全驾驶，运输车队已经创造了300万公里无事故的纪录。

(3)沃尔玛采用全球定位系统对车辆进行定位，因此在任何时候，调度中心都可以知道这些车辆在什么地方，离商店有多远，还需要多长时间才能将货物运到商店，这种估算可以精确到小时。沃尔玛知道卡车在哪里，产品在哪里，就可以提高整个物流系统的效率，有助于降低成本。

(4)沃尔玛的连锁商场的物流部门24小时进行工作，无论白天晚上，都能为卡车及时卸货。另外，沃尔玛的运输车队利用夜间进行从出发地到目的地的运输，从而做到了当日下午进行集货，夜间进行异地运输，翌日上午即可送货上门，保证在15～18个小时内完成整个运输过程，这是沃尔玛在速度上取得优势的重要措施。

(5)沃尔玛的卡车把产品运到商场后，商场可以把它整个卸下来，而不用对每个产品逐个检查，这样就可以节省很多时间和精力，加快沃尔玛物流的循环过程，从而降低了成本。这里有一个非常重要的先决条件，就是沃尔玛的物流系统能够确保商场所得到的产品是与发货单完全一致的产品。

(6)沃尔玛的运输成本比供货厂商自己运输产品要低，所以厂商也使用沃尔玛的卡车来运输货物，从而做到了把产品从工厂直接运送到商场，大大节省了产品流通过程中的仓储成本和转运成本。

沃尔玛的集中配送中心把上述措施有机地组合在一起，做出最经济合理的安排，从而使沃尔玛的运输车队能以最低的成本而高效率地进行运输。

思考题

1.沃尔玛降低运输成本的措施有哪些？

2.你认为还可以采取哪些措施？

知识学习

运输合理化就是在一定的条件下以最少的物流运作成本而获得最大的效率和效益。物流合理化是一个动态过程，其趋势是从合理到更加合理。具体来说，物流合理化就是用最少的劳动消耗，走最少的路程，经最少的环节，用最少的运力，花最少的费用，以最短的时间把货物从生产地运到消费地。

一、运输合理化的因素

影响物流运输合理化的因素很多，起决定作用的有以下五个方面，称作合理运输的"五要素"。

（一）运输距离

在运输时，运输时间、运输货损、运费、车辆或船舶周转等运输的若干技术经济指标，都与运距有一定的比例关系，运距长短是运输是否合理的一个最基本因素。缩短运输距离从宏观和微观来看都会带来好处。

（二）运输环节

每增加一次运输，不但会增加起运的运费和总运费，而且必然要增加运输的附属活动，如装卸、包装等，各项技术经济指标也会因此下降。所以，减少运输环节，尤其是同类运输工具的环节，对合理运输有促进作用。

（三）运输工具

各种运输工具都有其使用的优势领域，对运输工具进行优化选择，按运输工具特点进行装卸运输作业，最大程度地发挥所用运输工具的作用，是运输合理化的重要一环。

（四）运输时间

运输是物流过程中需要花费较多时间的环节，尤其是远程运输。在全部物流时间中，运输时间占绝大部分，因此，运输时间的缩短对整个流通时间的缩短有着决定性的作用。此外，运输时间短，有利于运输工具的加速周转，从而充分发挥运力的作用，有利于货主资金的周转和运输路线通过能力的提高，对运输合理化具有很大的贡献。

（五）运输费用

运输费用占物流费的比重很大，它是衡量运输经济效益的一项重要指标，也是组织合理运输的主要目的之一。运输费用的高低，不仅关系到物流企业或运输部门的经济核算，而且也影响商品的销售成本。实际上，运输费用的降低，无论对货主企业还是对物流经营企业都是运输合理化的一个重要目标。运费的判断，也是各种合理化措施是否行之有效的最终判断依据之一。

对点案例

从温州到宁波的外贸集装箱每年有 30 万～40 万个标准箱，基本上是通过汽车走"上三（上虞—三门）高速公路"运到宁波，如果走铁路，需要绕道金华、杭州等地，运输成本高。而甬台温铁路通车后，从金温铁路温州西站—甬台温铁路温州南站—宁波站，路程不足300公里，运输时间可节省一半。

思考题

这个案例从哪些方面体现了运输合理化？

二、运输不合理化现象

不合理运输是指在现有条件下可以达到的运输水平而未达到，从而造成了运力浪费、运输时间增加、运费超支等问题的运输形式。

目前我国主要存在的不合理运输形式有：

(一)与运输方向有关的不合理运输

1.对流运输

对流运输亦称“相向运输”“交错运输”，指同一种货物，或彼此间可以互相代用而不影响管理、技术及效益的货物，在同一线路上或不同运输方式的平行线路上做相对方向的运送，而与对方运程的全部或一部分发生重叠交错的运输。

对点案例

有一条公路A—D，全长400千米，其中B、D为煤炭供应点，B点供应量为500T，D点供应量为3000T；A、C为煤炭销售点，A点销售量为3000T，C点销售量为500T；各站点煤炭供应数量及站间距离如图3-6所示。请思考如果按甲方案（如图3-7所示）进行运输合理吗？如果不合理，是属于哪种不合理？应该怎样运输才算合理呢？

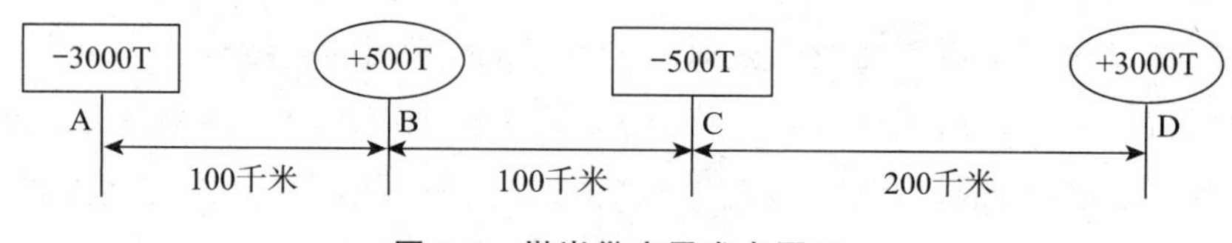

图3-6 煤炭供应需求点图示

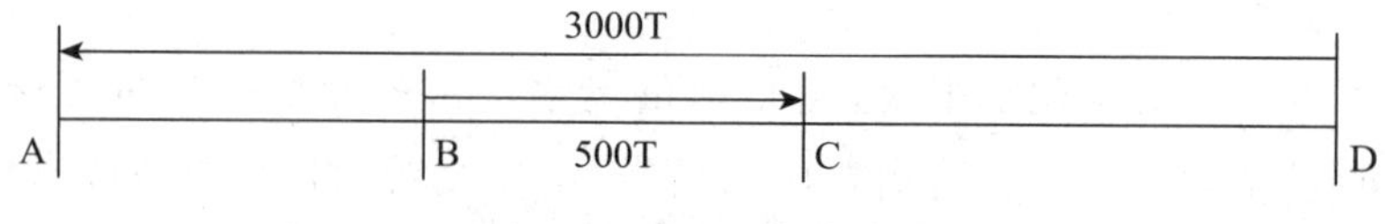

图3-7 煤炭供应的甲方案

2.倒流运输

倒流运输是指货物从销地或中转地向产地或起运地回流的一种运输现象。倒流运输的不合理程度要高于对流运输，其原因在于，往返两程的运输都是不必要的，形成了双程的浪费。倒流运输也可以看成是隐蔽对流的一种特殊形式。

3.返程或起程空载运输

空车无载货行驶，可以说是最严重的不合理运输形式。在实际运输组织中，有时候必须调运空车，从管理上不能将其看成不合理运输。但是，因调运不当，货源计划不周，不采用运输社会化而形成的空驶，是不合理运输的表现。造成空载的不合理运输主要有以下几种原因：

(1)能利用社会化的运输体系而不利用，却依靠自备车送货提货，这往往出现单程重车，单程空驶的不合理运输。

(2)由于工作失误或计划不周，造成货源不实，车辆空去空回，形成双程空驶。

(3)由于车辆过分专用，无法搭运回程货，只能单程实车，单程回空周转。

4.交叉运输

凡同种物资有两对以上的供销关系，在路网密集地区运送而又产生多余行驶里程时的运输，称为交叉运输。

(二)与运输距离有关的不合理运输

1.过远运输

过远运输是指调运物资舍近求远，近处有资源不调而从远处调，这就造成可采取近程运输而未采取，拉长了货物运距的浪费现象。过远运输占用运力时间长、运输工具周转慢、物资占压资金时间长，远距离自然条件相差大，又易出现货损，增加了费用支出。

2.迂回运输

迂回运输是指不利用最短距离的线路而绕道运送货物至目的地的运输。迂回运输有一定的复杂性，不能简单处之，只有当计划不周、地理不熟、组织不当而发生的迂回，才属于不合理运输，如果最短距离有交通阻塞、道路情况不好或有对噪声、排气等特殊限制而不能使用时发生的迂回，不能称为不合理运输。

(三)与运量有关的不合理运输

1.重复运输

本来可以直接将货物运到目的地，但是在未达目的地，或目的地之外的其他场所将货卸下，再重复装运送达目的地，这是重复运输的一种形式。另一种形式是，同品种货物在同一地点一边运进，一边又向外运出。重复运输的最大弊端是增加了非必要的中间环节，这就降低了流通速度，浪费了运力，增加了费用，增大了货损。

2.无效运输

凡装运的物资中有无使用价值的杂质(如煤炭中的矸石、原油中的水分、矿石中的泥土和沙石)含量过多或含量超过规定的标准的运输称为无效运输。

(四)运力选择不当的运输

运力选择不当的运输指未选择各种运输工具优势，不正确地利用运输工具造成的不合理现象，常见有以下若干形式：

1.弃水走陆

弃水走陆是指在同时可以利用水运及陆运时，不利用成本较低的水运或水陆联运，而选择成本较高的铁路运输或汽车运输，使水运优势不能发挥的运输方式。

2.铁路、大型船舶的过近运输

铁路、大型船舶的过近运输是指不是铁路及大型船舶的经济运行里程却利用这些运力进行运输的不合理做法。主要不合理之处在于火车及大型船舶起运及到达目的地的准备、装卸时间长，且机动灵活性不足，在过近距离中利用，发挥不了运速快的优势。相反，由于装卸时间长，反而会延长运输时间。另外，和小型运输设备相比，火车及大型船舶装卸难度大、费用也较高。

3.运输工具承载能力选择不当

运输工具承载能力选择不当是指不根据承运货物数量及重量进行选择，而盲目决定运输工具，造成过分超载、损坏车辆及货物不满载、浪费运力的现象。尤其是“大马拉小车”现象发生较多。由于装货量小，单位货物运输成本必然增加。

(五)托运方式选择不当的不合理运输

托运方式选择不当的不合理运输是指对于货主而言，在可以选择最好的托运方式而未选择，造成运力浪费及费用支出加大的一种不合理运输现象。例如，应选择整车未选择，反而采取零担托运，应当直达而选择了中转运输等都属于这一类型的不合理运输。

上述的各种不合理运输形式都是在特定条件下表现出来的，在进行判断时必须注意其不合理的前提条件，否则就容易出现判断失误。在实践中，必须将其放在物流系统中做综合判断，在不做系统分析和综合判断时，很可能出现“效益背反”现象。单从一种情况来看，避免了不合理，做到了合理，但它的合理却使其他部分出现不合理。只有从系统角度，综合进行判断才能有效避免“效益背反”现象，从而优化物流系统。

对点案例

不合理运输的判断

1.广州某生产企业，有一批货发往长沙，企业用自有车将货送交客户后车辆返回。

2.深圳某学校，从哈尔滨某文具制造公司订购了一批作业本和文具，用铁路运输到深圳。

3.某建筑工地需要沙子，但运来的沙子中有10%的水和其他杂质。

4.一卷普通的餐巾纸10元钱，从上海调运一车餐巾纸到新疆。

5.小张送货由于不认识路导致车辆绕路，行程耽误30分钟。

6.小王从温州购买了100箱鞋子，准备运往乌鲁木齐销售。他雇了一辆15吨的载货汽车运输。

7.从重庆运送200吨土产品到上海，采用铁路运输。

8.某客户有3吨货物发到A地，货物发出后发现单据忘拿，又返回起点拿了单据后重新出发。

思考题

以上现象分别属于哪种方式的不合理运输？

三、物流运输合理化的有效措施

(一)合理选择运输方式

由于铁路、公路、水路、航空、管道等运输方式各具特点，所以在货物运输中要根据实际情况选用适宜的运输方式。例如，长距离、大批量的货物运输宜采用铁路或水路运输；小批量、多品种、近距离的货物运输宜采用公路运输；体积小、价值高的货物和紧急救灾、抢险物资的运输适合航空运输方式。

(二)合理选择运输工具

根据不同商品的性质、数量及特殊要求来进行选择，注意运输工具的额定吨位、技术条件等。同时可以考虑采用特殊运输技术和运输工具。例如，专用散装及罐车，解决粉状、液状物运输损耗大、安全性差等问题；各种大型专用半挂车解决大型设备整体运输问题；"滚装船"解决车载货的运输问题等，都是通过采用先进的科学技术和运输工具实现合理化。

(三)提高货物包装质量，改进运输中的包装方法

货物运输线路的长短、装卸次数的多少都会影响商品的完好性，所以，应合理地选择包装物料，以提高包装质量。另外，有些商品的运输线路较短，且要采取特殊放置方法(如烫好的衣服应垂挂)，则应改变相应的包装，货物包装的改进，对减少货物损失、降低运费支出和商品成本有明显的效果。

(四)通过配载运输，提高运输工具的实载率

配载运输是充分利用运输工具的载重量和容积，合理安排装载的货物及方法以求合理化的一种运输方式。配载运输往往是轻重商品的合理配载，在以重质货物运输为主的情况下，同时搭载一些轻泡货物，使其在基本不增加运力和减少重质货物运输的情况下，解决了轻泡货的搭运，因而效果显著。提高实载率的意义在于充分利用运输工具的额定能力，减少车船空驶和不满载行驶的时间，减少浪费，从而求得物流运输合理化。

运输工具的实载率＝行程利用率×吨位利用率×100%

(行程利用率＝载重里程/循环总里程×100%)

对点案例

某物流公司车辆额定吨位均为6吨，在全年统计考核中，发现每辆车实际平均载重4.8吨，行驶总里程8000千米，载重里程6000千米，请问甲公司车辆实载率为多少？

（五）减少动力投入，增加运输能力

运输的投入主要是能耗和基础设施的建设，在运输设施固定的情况下，尽量减少能源动力投入，从而大大节约运费，降低单位货物的运输成本，达到合理化的目的。

知识链接

国内外减少运输动力投入措施

1.“满载超轴”

“满载”的含义是充分利用货车的容积和载重量，多载货，不空驶，从而达到运输合理化的目的。“超轴”的含义是铁路机车在能力允许的情况下，多加挂车皮。我国在客运紧张时，也采取加长列车，多挂车皮的办法，在不增加机车情况下增加运输量。

2.水路运输拖排和拖带法

水路运输拖排和拖带法指在竹、木等物品的运输中，不用运输工具本身的动力消耗，或者将无动力驳船编成一定队形（一般是纵列），用拖轮拖带行驶，加大船舶的运载能力。

3.顶推法

内河运输的顶推法是将内河驳船编成一定队形，由机动船顶推前进。其优点是航行阻力小，顶推量大，速度较快，运输成本低。这是我国内河货运采取的一种有效方法。

4.汽车挂车

公路运输的挂车法，这种方法的原理与船舶拖带、火车加挂基本相同，都是在充分利用动力能力的基础上，增加运输能力。

（六）发展社会化的运输体系

运输社会化的含义是发展运输的大生产优势，实行专业化分工，打破物流企业自成运输体系的状况。单个物流公司车辆自有，自我服务，不能形成规模，且运量需求有限，难于自我调剂，因而经常容易出现空缺、运力选择不当、不能满载等浪费现象，且配套的接、发货设施，装卸搬运设施也很难有效地运行，所以浪费颇大。实行运输社会化，可以统一安排运输工具，避免迂回、倒流、空驶，运力选择不当等多种不合理现象的发生，不但可以追求组织效益而且可以追求规模效益，所以发展社会化的运输体系是运输合理化的非常重要的措施。

（七）开展中短距离铁路公路分流

这种运输合理化的表现主要有两点：一是对于比较紧张的铁路运输，用公路分流后，可以得到一定程度的缓解，从而加大这一区段的运输通过能力；二是充分利用公路运输“门到门”和在短途运输中速度快且灵活机动的优势，实现铁路运输难以达到的水平。

(八)尽量发展直达运输

直达运输,就是在组织货物运输过程中,越过商业、物资仓库或交通中转环节,把货物从产地或起运地直接运到销地或用户处,以减少中间环节。直达的优势,尤其是在一次运输批量和用户一次需求量达到一整车时表现最为突出。此外,在生产、生活资料运输中,通过直达,建立稳定的产销关系和运输系统,有利于提高运输的计划水平。

(九)"四就"直拨运输

"四就"直拨运输是指包括就厂直拨、就车站直拨、就仓库直拨、就车船直拨的运输方式。"四就"直拨运输减少了中转运输环节和中转次数,提高了运输作业效率。一般批量到站或到港的货物,先进批发仓库,再按程序销售给用户,容易出现不合理运输。"四就"直拨运输由管理机构先行筹划,其后就厂、就车站、就仓库、就车船将货物分拨给用户,而不需要再入库。

(十)通过流通加工,使运输合理化

有不少产品由于自身形态及特性问题,很难实现运输合理化,如果进行适当加工,就能够解决不合理运输问题。例如,将造纸材料在产地预先加工成干纸浆,然后压缩体积运输,就能解决造纸材料运输不满载的问题;轻质产品预先捆紧包装成规定尺寸,就可以提高装载量;水产品和肉类预先冷冻,就可以提高车辆装载率并降低运输损耗。

项目小结

本项目主要对运输的概念、功能、方式、合理化进行认知和学习。通过学习,了解运输的概念、功能,掌握运输方式的选择,理解不合理运输的形态,学会如何克服不合理运输,能够针对实际情境提出运输的合理化措施。本项目的学习难点是运输方式的选择和对不合理运输状态的判断,建议结合实际情境帮助学生理解,激发学生学习运输的兴趣,掌握正确的学习方法。

教学分享

1.学习课时

本项目建议学习 4 个课时。

2.教学方法

建议采用讲解、体验式教学(包括视频资料学习、网络平台的资源学习、运输企业体验等)、小组讨论、案例教学等方法。应把握的知识重点包括:运输方式的认知、运输不合理化的判断以及运输合理化的改进。

3.学习环境要求

(1)学习场地:①多媒体教室;②典型运输企业。

(2)学习资料:①视频资源;②课程网络资源。

课后习题

一、单项选择题

1.有一批机器要从南京运往长江三峡，最经济和便利的运输方式是(　　)。

A.公路运输　　B.水路运输　　C.航空运输　　D.铁路运输

2.(　　)是调运物资舍近取远，近处有资源不调而从远处调。

A.过远运输　　B.倒流运输　　C.迂回运输　　D.重复运输

3.在下列运输方式中，运输成本相对较高的是(　　)。

A.陆路运输　　B.航空运输　　C.水路运输　　D.管道运输

4.下列哪一项是公路运输的优点？(　　)

A.载重量　　B.长途运输

C.实现“门到门”运输　　D.车辆运行中震动较大

5.运输主要实现物流的(　　)效用。

A.时间　　B.社会　　C.可得性　　D.空间

6.航空运输适用于(　　)的运输。

A.运距长，运量小，时间性不太强　　B.运距短，运量大，时间性不太强

C.运距长，运量大，时间性强　　D.运距长，运量小，时间性强

7.充分利用运输工具的载重量和容积，合理安排装载的物品及载运方法，以求运输合理化的一种活动是(　　)。

A.流通加工　　B.“四就”直拨运输　　C.配载运输　　D.托运

二、多项选择题

1.下列各项中一般属于合理运输的是(　　　　)。

A.倒流运输

B.轻重商品配载运输

C.可以利用水运和陆运时，选择陆运

D.特殊货物采用专用运输工具运输

E.远销的鲜花采用航空运输

2.下列各项中被列入合理运输“五要素”的有(　　　　)。

A.运输距离　　B.运输环节　　C.货物品种

D.货物质量　　E.运输工具

3.下列各项中一般属于不合理运输的有(　　　　)。

A.只依靠自有车辆送货提货

B.根据货物的载重量选择车辆

C.超载运输以提高运输工具利用率

D.调运物资舍近求远，以获得质量较好的商品

E.因为交通阻塞、道路情况不好，而选择迂回运输

4.铁路运输的优点有(　　　　)。

A.运载量大　　B.速度快　　C.连续性强

D.灵活性好　　E.适合短距离

三、简答题

1.举例说明运输所创造的空间效用。

2.简述各种运输方式的主要特征。

3.选择运输方式时要考虑的因素有哪些?

4.运输合理化的有效措施有哪些?

四、案例分析题

假如你是一家物流公司的运输管理人员,你的客户向你咨询以下问题,请你从客户利益角度出发,为其选择合适的运输方式,并阐述理由。

1.从上海至赞比亚(非洲)重量为50千克的发电厂急需零件。

2.从青岛市至美国各主要城市的1000台冰箱。

3.从天津市某食用油工厂到乌鲁木齐市的500箱食用油。

4.某牛奶厂在方圆50公里内收购牛奶,然后将生产好的包装牛奶运送到本市的超市。

五、计算题

某物流集团甲、乙两运输子公司均有10辆车,每辆车额定吨位均为5吨。在全年统计考核中,甲公司每辆车实际载重仅4吨,行驶里程6000千米(载重里程5000千米);乙公司车辆满载,行驶里程7600千米(载重里程5000千米),请问甲、乙公司的车辆实载率哪个高?

技能训练

一、实训目标

组织一次调查活动,认知运输型物流企业的主要业务类型及运输业务流程;提交一份运输型物流企业的调查分析报告,能正确描述所调研企业的部门设置、岗位设置、业务情况等。

二、组织安排

将学生分为5~10人一组,按小组完成实训任务。

三、实训内容

1.上网了解运输企业;

2.以小组的方式进行现场实地调研,并由小组长负责组织各组成员,每小组需对所见所闻进行拍摄或记录;

3.了解运输企业所涉及的运输方式。

四、实训要求

1.调研报告展示、陈述;

2.教师进行实习评价。

◆ 模块四 ◆
仓库存储

学习任务

1.认识仓储,理解仓储对物流经济及人们生活的重要意义;

2.了解仓库的种类、现状和发展方向;

3.熟悉仓储管理,掌握仓库管理控制方法。

技能目标

1.理解仓储和仓储管理;

2.掌握仓库的分类;

3.在正确理解仓储、仓储管理和仓库的概念的基础上,能够对身边的一些企业进行判断,分析它们仓储的类型和功能,提出自己的观点与见解。

任务一 认识仓储

学习内容

1.仓储的概念;

2.仓储的作用;

3.仓储的基本作业内容。

学习目标

完成本学习任务后,你应当能:

1.准确把握仓储的概念,了解其基本功能和作业内容;

2.通过观察身边的仓储企业,熟悉仓储作业的流程。

案例导入

汽车零部件的物流仓储

某企业为普通汽车制造公司,近年来企业发展良好,销售规模不断扩大,在整车组装周边都设置有仓库。由于零部件生产企业比较分散，并且覆盖范围比较广，所以货运周期相对较长，各个协作厂为了及时将配套零部件向整车组装厂供应，纷纷在整车组装厂周边设置了仓库，对零部件进行存储，并由第三方仓储物流企业将零部件配送至整车组装厂。

在汽车生产过程中，其所需要的零部件一般超过15000个。该汽车制造企业在长期发展中，为了充分满足新时期汽车用户对汽车提出的多元化使用需求，其生产的车型具有多种细分类型，而不同的车型所需零件也有所差异，所以同样的一个零部件也会有多种版本型号。因此，汽车零部件在仓储管理中，仓库内有数千种乃至上万种零部件种类，为了有序、高效地对零部件实现物流仓储管理，需要完善地建立汽车分类制度，为具体的物流仓储工作提供参考。

目前该汽车生产企业在对汽车零部件进行物流仓储管理中，很多仓储设备比较落后和陈旧，管理人员对物流仓储管理工作缺乏深刻认识，导致实际仓库建设在简易房或者闲置房当中，周边道路交通比较杂乱无章，缺乏信息化管理手段，并且汽车零部件在仓库当中也是随意乱堆乱放，实际仓储物流管理工作效率低下，严重影响整车组装厂的生产和运行效率。该企业要想保持良性发展，进一步扩大经营规模，就要针对汽车零部件系统化地建设仓储物流基地，对仓库产品进行合理规划和科学摆放，纠正目前仓储物流管理的恶性循环状态。

该汽车制造企业对汽车零部件长期进行的物流仓储管理，在装备与技术方面存在诸多不足，受到硬件配备缺陷影响，导致物流仓储管理效率较低，长期占用大量流动资金，对管理成本的控制也造成一定负面影响。汽车零部件在实际物流仓储管理过程中，仓储布局不够合理，加上近年来企业汽车零部件仓储量需求一直持续增加，而仓储建设方面缺乏资金投入，导致仓储数量相对较少，难以对汽车零部件进行大批量存储。同时，新型库房在集装技术、制造技术以及信息技术等应用方面，存在严重的不均衡问题，一定程度上也影响着物流仓储发展。当前该企业整车组装厂周边建立的仓库，大多年代久远，并且长期使用过程中没有定期修缮，导致现有仓库存储面积相对较小，能够存储的数量也不多，仓库内部的湿度很难科学控制，安全管理系数较低，很难满足新时期对于汽车零部件提出的物流仓储管理要求。

（资料来源：孙玉华，汽车零部件物流仓储管理探索[J].新财经，2019(08):174-175.）

课前学习思考

1.什么是仓储？

2.仓储对物流和经济的发展能起到什么作用？

知识学习

一、仓储的概念

“仓”是指仓库,是存放、保管物品的建筑物或场所的总称。它可以是房屋建筑物、大型容器、洞穴或特定的场地等,具有存放和保护物品的功能。“储”表示将储存对象存起来以备使用,有收存、保管、交付使用的意思。我国国家标准《物流术语》对仓储(warehousing)的定义是“利用仓库及相关设施设备进行物品的入库、存贮、出库的活动”。

物资的储存和运输是整个物流过程中的两个关键环节,被人们称之为“物流的支柱”。仓储是物质产品的生产持续过程,物质的仓储也能创造产品的价值。

二、仓储的作用

(一)仓储是现代物流中不可缺少的重要环节

关于仓储对于物流系统的重要意义我们还可以从供应链的角度来进一步认识。从供应链的角度,物流过程可以看作是由一系列的“供给”和“需求”组成,当供给和需求节奏不一致,也就是两个过程不能够很好地衔接,出现生产的产品不能即时消费或者存在需求却没有产品满足,在这个时候,就需要建立产品的储备,将不能即时消费的产品储存起来以备满足后来的需求。供给和需求之间既存在实物的“流动”,同时也存在实物的“静止”,静止状态即是将实物进行储存,实物处于静止是为了更好地衔接供给和需求这两个动态的过程。

(二)仓储能对货物进入下一个环节前的质量起保证作用

在货物仓储环节对产品质量进行检验能够有效地防止伪劣产品流入市场,保护了消费者权益,也在一定程度上保护了生产厂家的信誉。通过仓储来保证产品质量主要要进行两个环节:一是在货物入库时进行质量检验,看货物是否符合仓储要求,严禁不合格产品混入库场;二是在货物的储存期间内,要尽量使产品不发生物理以及化学变化,尽量减少库存货物的损失。

(三)仓储是保证社会生产过程顺利进行的必要条件

货物的仓储过程不仅是商品流通过程顺利进行的必要保证,也是社会在生产过程中得以进行的保证。

(四)仓储是加快商品流通,节约流通费用的重要手段

虽然货物在仓库中进行储存时,是处于静止的状态,会带来时间成本和财务成本的增加,但事实上从整体上而言,它不仅不会带来时间的损耗和财务成本的增加,相反它能够帮助加快流通,并且节约运营成本。

(五)仓储能够为货物进入市场做好准备

仓储能够在货物进入市场前完成整理、包装、质检、分拣等程序,这样就可以缩短后续环节的工作时间,加快货物的流通速度。

知识链接

仓储的功能

1.仓储的基本功能

仓储的基本功能指为了满足市场的基本储存需求，仓库所具有的基本的操作或行为，包括储存、保管、拼装、分类等基础作业。

2.仓储的增值功能

仓储的增值功能指通过仓储进行高质量地作业和服务，使经营方或供需方获取除这一部分以外的利益，这个过程称为附加增值。

3.仓储的社会功能

仓储的基础作业和增值作业会给整个社会物流过程的运转带来不同的影响，良好的仓储作业与管理会带来正面的影响，反之则会带来负面的效应。这些功能被称为仓储的社会功能，可以从这三个方面来理解：第一，时间调整功能；第二，价格调整功能；第三，衔接商品流通的功能。

三、仓储的基本作业内容

概括来讲，仓储作业流程包括三个步骤：第一，入库作业流程；第二，在库作业流程；第三，出库作业流程。

仓储活动的实物流和信息流过程如图 4-1 和图 4-2 所示。

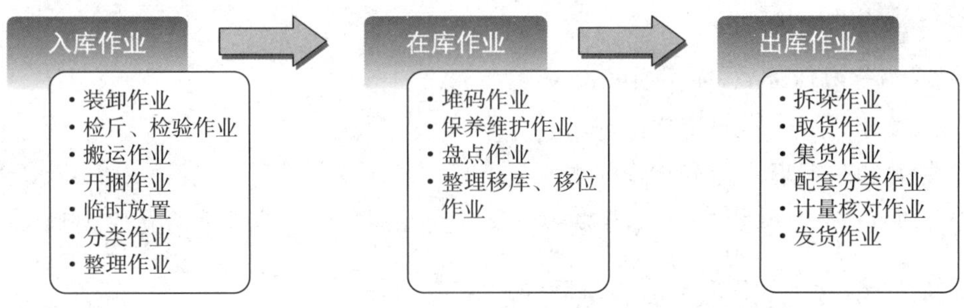

图 4-1　仓储活动的实物流过程

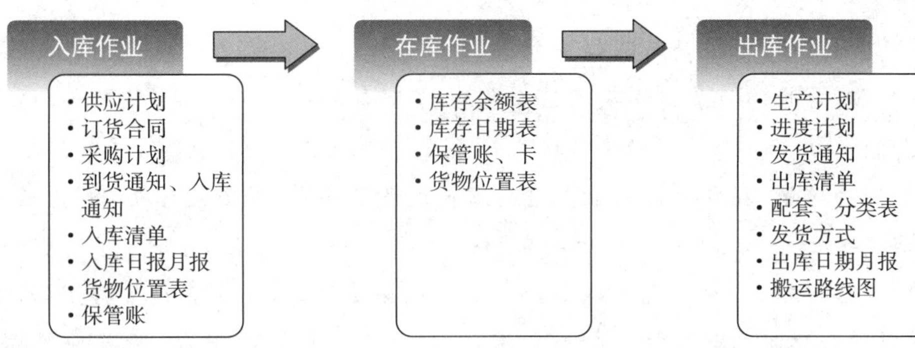

图 4-2　仓储活动的信息流过程

对点案例

小明成功应聘上一家一体化的仓储配送物流公司。因为表现出色，被老板提拔为某仓库主管，独立负责仓库部的日常工作。小明在成为仓库主管后，发现仓库入库管理的某些环节并不是很完善，比如在货物的交接环节并不是很规范，某些货物单证没有经过审核就直接入库，或某些货物在检验的时候没有严格的检验标准，事后发现货物存在货损货差，难以对责任方进行认定，给公司造成很大的经济损失。

思考题

为了解决以上问题，小明应该做些什么呢？

任务二　认识仓库

学习内容

1.现代仓库的概念；

2.现代仓库的分类；

3.现代仓库的设施与设备。

学习目标

完成本学习任务后，你应当能：

1.熟悉和了解仓库的概念；

2.熟悉和掌握现代物流仓库的主要分类；

3.掌握仓库的设施与设备，能够针对某种商品，提出它所适用的仓库类型和设施设备。

案例导入

普洱茶的核心价值是越陈越浓越香，这一点，不但得到了消费者公认，且早在约100年前，当时的商贾就发现了这个价值:《云南文史资料选辑》第九辑，内容讲述的是大约100年前，商人们便发现了普洱茶越陈越浓越香的特点，并利用这一特点，通过储存增值，获取更高利益。这是目前关于普洱茶“越陈越浓越香”的最早记录。普洱茶的这一价值，引发了近年来的一股存茶潮，人们认为：普洱茶越陈越香，相应的，茶存得越久，价值也就越高。产生了存茶的行为，就要有存茶的空间，于是各式各样的仓库概念就诞生了：干仓、湿仓、技术仓、自然仓、窖藏、原产地窖藏、大马仓、东莞仓、香港仓、北美仓、昆明仓、云茶仓……不胜枚举。有人认为，高湿高热能加速普洱茶的陈化速度；有人认为，普洱茶需要日照，附着阳光的味道才是普洱茶……各种概念和类型的仓库的产生，归根结底就是因为仓储环境的差异造成的。

那是不是不管什么仓，都能存出好茶呢？当然不是。在保证原料优质、工艺正确的前提下，还必须要确保仓储环境安全、卫生、稳定。茶叶的吸附能力很强，所以存储空间就要求隔绝异杂气息，否则茶叶品质会下降。同时，茶叶的吸潮能力也很强，因此又要避免湿度过高，当然也不能过度干燥。因此，存茶应该选择避光、避风、安全、洁净、温湿度稳定的空间。

（资料来源：http://www.prcfe.com/web/2018/1025/318734.html）

课前学习思考

仓库作为普洱茶流通贸易的重要组成部分，可以为茶叶提供哪些价值？

知识学习

一、仓库的概念

仓库是保管、存储物品的建筑物和场所的总称。由于存储对象的多样性，存储目标的多元化，一个国家、一个地区、一个企业的物流系统中需要各种各样的仓库。这些仓库在形态结构上各有特点，服务范围上存在差异。以不同标准对企业进行分类，研究不同类型仓库的特征，为不同企业选择仓库提供依据，这也是仓储管理的基本内容。

仓库曾经被认为只具备仓储功能，而现在库存的“流速”已成为评价仓库功能的重要指标。仓库是“河流”而不再是“水库”或“蓄水池”；仓储管理已从静态管理转变为动态管理，对仓储管理的基础工作也提出了更高的要求。从现代物流系统的角度看，仓库是从事储存、包装、分拣、流通加工、配送等物流作业活动的物流节点设施。

知识链接

仓库的功能

1.储存和保管功能

仓库具有一定的空间，用于储存物品，并根据储存物品的特性，配备相应的设备，以保持储存物品的完好性。

2.调节供需的功能

创造物质的时间效用是物流的两大基本职能之一，这一职能是由物流系统的仓库来完成的。

3.调节货物运输能力

各种运输工具的运输能力不同，它们之间的运输衔接是很困难的，而这种运输能力的差异，也是通过仓库进行调节和衔接的。

4.配送和流通加工的功能

仓库不仅要有储存、保管货物的设备，还要增加分拣、配套、捆绑、流通加工、信息处理等设置。

5.信息传递功能

在处理仓库活动有关的各项事务时，需要依靠计算机和互联网，通过电子数据交换(EDI)和条形码技术来提高仓库物品信息的传递速度，取得及时而准确的仓库信息。

二、仓库的分类

(一)按使用范围分类

1.自用仓库

自用仓库是指生产或流通企业为本企业经营需要而修建的附属仓库，完全用于储存本企业的原材料、燃料、产成品等货物。

2.营业仓库

营业仓库是指一些企业专门为了经营储运业务而修建的仓库，例如第三方物流企业的仓库。

3.公用仓库

公用仓库是指由国家或某个主管部门修建的为社会服务的仓库，如机场、港口、铁路的货场、库房等仓库。

4.出口监管仓库

出口监管仓库是指对已办结海关出口手续的货物进行存储、保税物流配送、提供流通性增值服务的海关专用监管仓库。

5.保税仓库

保税仓库是指经海关核准的专门存放保税货物的专用仓库。保税仓库按照使用对象不同可分为三种：一是公用型保税仓库；二是自用型保税仓库；三是专用型保税仓库。

6.战略储备仓库

战略储备仓库是指国家根据国防安全、社会稳定的需要，对战略物资实行储备而产生的仓储。战略储备由国家政府进行控制，通过立法、行政命令的方式进行。

对点案例

美国机械公司是一家以机械制造为主的企业，该企业长期以来一直以满足顾客需求为宗旨。为了保证供货，该公司在美国本土建立了500多个仓库。但是仓库管理成本一直居高不下，每年大约有2000万美元。所以该公司聘请一调查公司做了一项细致调查，结果显示：以目前情况，如果减少202个仓库，会使总仓库管理成本下降200万～300万美元，但是由于可能会造成供货不足，销售收入会下降18%。

思考题

如果你是企业总裁，你是否会依据调查公司的结果减少仓库？为什么？

(二)按保管物品的种类分类

1.专业仓库

专业仓库是用于存放一种或某一大类物品的仓库，例如医药品仓库、烟草仓库等。

2.综合仓库

综合仓库是用于存放多种不同属性物品的仓库。

(三)按保管方式分类

1.普通仓库

普通仓库用于储备各种物质、通用商品。

2.专用仓库

专用仓库用于储存粮食、棉花、木材、煤炭、军用物资、海产品、水果、皮毛制品等，要求使用特殊设施和保管手段。严格防潮、防火、防腐、防串味、防变质。

3.保温仓库

(1)冷藏仓库(如图4-3所示)：储存肉类、海产品等需保鲜的食品。

图 4-3　冷藏仓库

(2)恒温仓库：储存罐头、水果、蔬菜、鲜花等(适用于寒冷或酷热的地区和季节)。

4.危险品仓库(特种仓库)

危险品仓库(如图4-4所示)用以储存油料、炸药、烟花爆竹、化学药品、天然气等易燃易爆物质。仓库设置在远离人群的偏僻地带。

图 4-4　危险品仓库

5.水上仓库、水面仓库

水上仓库、水面仓库用来储存原木、竹排等商品。水上仓库如图 4-5 所示。

图 4-5 水上仓库

6.散装仓库

散装仓库是专门保管散粒状、粉状物资的容器式仓库(以筒仓为代表)。

7.露天仓库

露天仓库是用来置放不怕风尘雨货物的仓库,如厚木材仓库、钢材仓库等。露天仓库如图 4-6 所示。

图 4-6 露天仓库

(四)按建筑结构分类

1.单层仓库

单层仓库是最常见的,也是使用最广泛的一种仓库建筑类型。设计简单,所需投资较少,在仓库内搬运、装卸货物比较方便。单层仓库如图 4-7 所示。

图 4-7 单层仓库

2.多层仓库

多层仓库是指两层或两层以上,适合在土地紧缺的地方建设的仓库。

多层仓库可以扩大使用面积,缓解土地资源短缺的问题。多层仓库如图 4-8 所示。

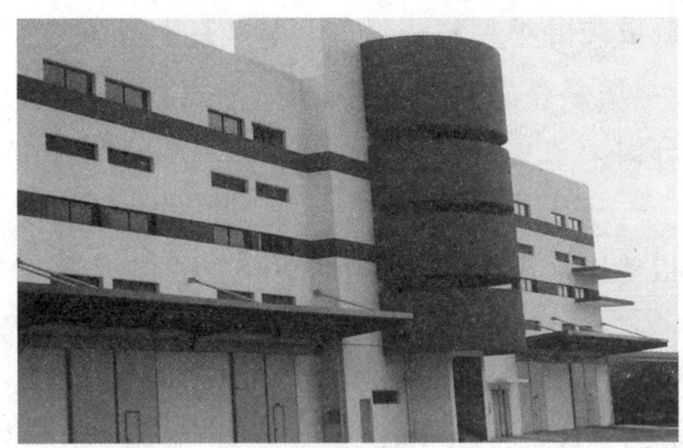

图 4-8　多层仓库

3.高层货架仓库

高层货架仓库即立体仓库,是特殊的单层仓库,一般不超 30 米。配套有自动化、机械化的搬运设备。如图 4-9 所示。

图 4-9　高层货架仓库

4.罐式仓库

罐式仓库主要储存石油、天然气和液体化工产品等。如图 4-10 所示。

图 4-10　罐式仓库

5.简仓

简仓就是用于存放散装的小颗粒或粉末状货物的封闭式仓库,一般这种仓库被置于高架上,例如简仓经常用来存储粮食、水泥和化肥等。

(五)按库内形态分类

1.地面型仓库

地面型仓库一般指单层地面库,多使用非货架型的保管设备。如图 4-11 所示。

图 4-11 地面型仓库

2.货架型仓库

货架型仓库是指采用多层货架保管的仓库。如图 4-12 所示,在货架上摆放着货物和托盘,货物和托盘可在货架上滑动。

图 4-12 货架型仓库

3.自动化立体仓库

自动化立体仓库是指出入库用运送机械存放取出,用堆垛机等设备进行机械化、自动化作业的高层货架仓库。如图 4-13 所示。

图 4-13　自动化立体仓库

三、仓库设施与设备

仓库设施与设备主要是指现代化仓库中除了仓库主体建筑外,进行仓储业务所需的一切设备、工具和用品。仓库管理离不开仓库硬件设施的配置,仓库作业人员借助仓储设备,可以合理地组织商品在库转运,妥善维护商品的质量,保障人和财物的安全。

现代化的仓储设施设备可以根据用途分为六大类,如图 4-14 所示。

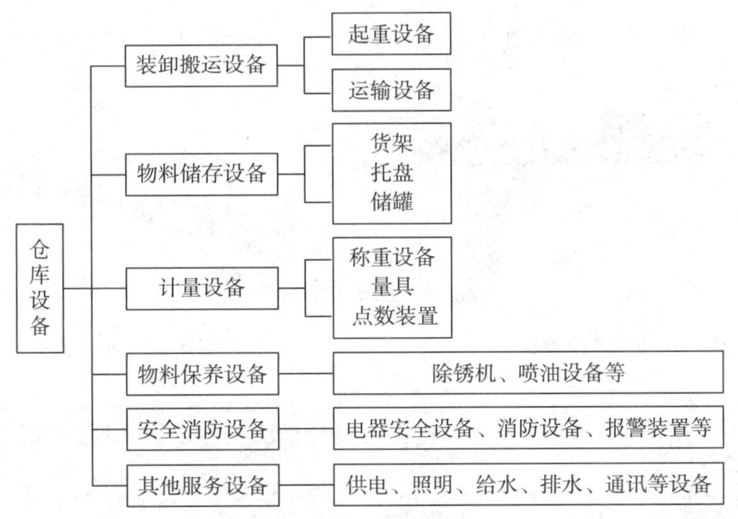

图 4-14　仓库设备分类

(一)装卸搬运设备

装卸搬运设备是指物流作业活动中用来搬移、升降、装卸和短距离输送货物的机械设备,是实现装卸搬运机械化、自动化的基础,是仓储作业中重要的机械设备,在货品出入库、组托上架、拣选、整仓、补货等作业中发挥重大的作用。[①]

① 王先庆.仓储作业与管理[M].哈尔滨:哈尔滨工业大学出版社,2017.

1.起重机

起重机(crane):也称吊车,是起重机械的总称,是一种利用动力或人力将包装物吊起,并可上下、左右、前后进行搬运的装运机械。

(1)简单起重机械:一般只作升降运动或一个直线方向的运动,只需要具备一个运动机构,而且大多数是手动的,如绞车、葫芦等。

(2)通用起重机械:除需要一个使物品升降的起升机构外,还有使物品做水平方向的直线运动或旋转运动的机构。

常用的较为复杂的装卸用起重机有 6 种:汽车起重机、履带起重机、门式起重机、桥式起重机、岸边集装箱起重机和船吊(浮吊),如图 4-15 至图 4-20 所示。

图 4-15 汽车起重机

图 4-16 履带起重机

图 4-17 门式起重机

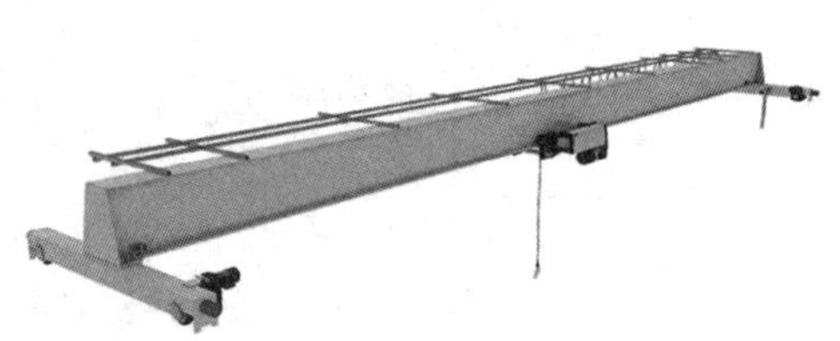

图 4-18 桥式起重机

图 4-19 岸边集装箱起重机

图 4-20 船吊(浮吊)

2.叉车

我国国家标准《物流术语》对叉车(fork lift truck)的定义是“具有各种叉具,能够对货物进行升降和移动以及装卸作业的搬运车辆”。叉车是一种用来装卸、搬运和堆码单元货物的车辆，是仓库装卸搬运机械中应用最广泛的一种设备，具有选用性强、机动灵活、效率高的优点。

(1)叉车的分类：

叉车按照功能和功用进行分类，可分为：平衡重式叉车、侧面式叉车、插腿式叉车、前移式叉车、集装箱叉车、电动托盘叉车等，如图 4-21 至图 4-26 所示。

图 4-21　平衡重式叉车

图 4-22　侧面式叉车

图 4-23　插腿式叉车

图 4-24　前移式叉车

图 4-25　集装箱叉车

图 4-26　电动托盘叉车

(2)叉车的特点：

①叉车将装卸和搬运两种作业合二为一，机械化程度高；

②可以一机多用，有很强的通用性，在仓库、车站、码头和港口等货物搬运装卸的场所都要应用叉车进行作业；

③成本低、投资少，与大型起重机械相比，经济效益好；

④机动灵活性好，与汽车相比较，它的轮距小，外形尺寸小，重量轻；

⑤有利于开展托盘成组运输和集装箱运输。

3.输送机

输送机是指在一定线路上连续输送物料的传送搬运机械。输送机的输送线路一般是固定的，输送能力大、运距长、持续性强，可以在输送过程中完成加工、包装、拣选等作业，在仓储作业过程中应用广泛。

(1)输送机的特点：

①工作连续不断，装卸过程无须停车，生产率很高；

②设备简单、操作简便；

③一定类型的连续输送机只适合输送一定种类的物品；

④只能沿一定线路定向输送。

(2)常用的输送机类型有 7 种：

①皮带输送机(包括固定式、移动式、往复式)，固定式和移动式皮带输送机如图 4-27和图 4-28 所示；

②辊式输送机；

③滚轮式输送机；

④振动式输送机；

⑤斗式提升机；

⑥气力输送机；

⑦悬挂式输送机(包括固定式和推动式)。

图 4-27 固定式皮带输送机

图 4-28 移动式皮带输送机

(二)物料储存设备

1.货架

货架是典型的仓储设备，是用支架、隔板或托架组成的立体储存货物的设施。货架的应用方便了货物管理，提高了存储功能，促进了仓储作业机械化、自动化水平。

(1)货架的作用及功能：

①增加货架高度，扩大仓库储存能力；

②使存放的货物互相不接触、不挤压，货损少；

③便于盘点和计量，实现先进先出；

④易于防潮、防尘、防盗、防破坏;

⑤根据要求可实现仓库管理现代化和自动化。

(2)常用货架主要有以下 7 种:

①层架。

层架由立柱、横梁、层板构成,层间用于存放货物,如图 4-29 所示。层架可以分为重型、中型和轻型,层架有层格式、抽屉式等类型。

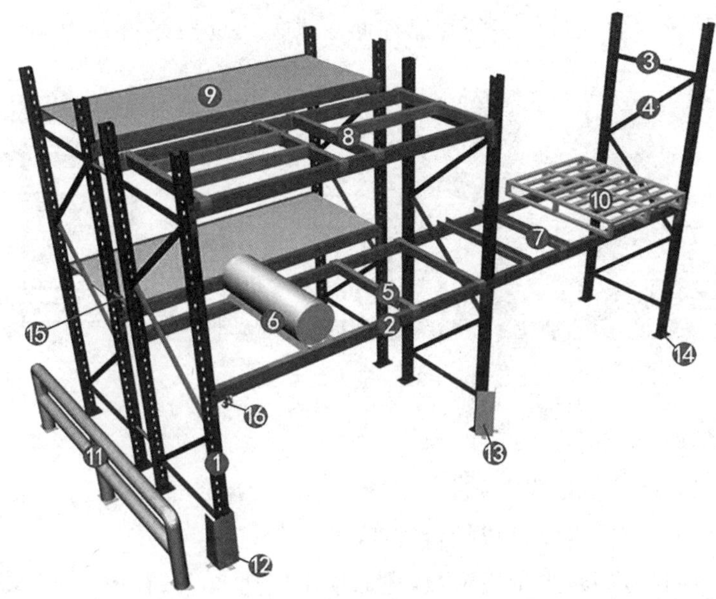

1—立柱;2—横梁;3—横支;4—斜支;5—支撑梁;6—滚筒支架;7—托盘支架;8—工字支撑;9—层板;10—卡板;11—防护栏;12—U型防护脚;13—V型防护脚;14—地脚板;15—连接杆;16—安全扣。

图 4-29 层架结构图

②托盘货架。

托盘货架专门用于存放堆码在托盘上的货物,其结构简单,可调整组合,安装简易,费用经济,出入库不受先后顺序的限制,储物形态为托盘装载货物,配合升降式叉车存取,仓容利用率高。托盘货架用材多为钢材结构,也可用钢筋混凝土结构,可做单排型连接,也可做双排型连接,如图 4-30、图 4-31 所示。

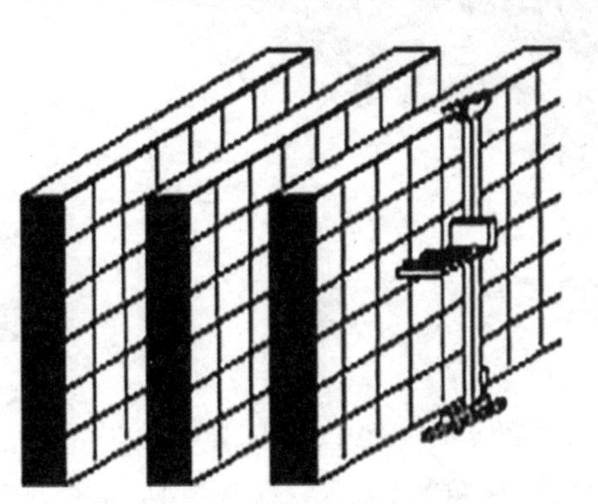

图 4-30 单排型货架

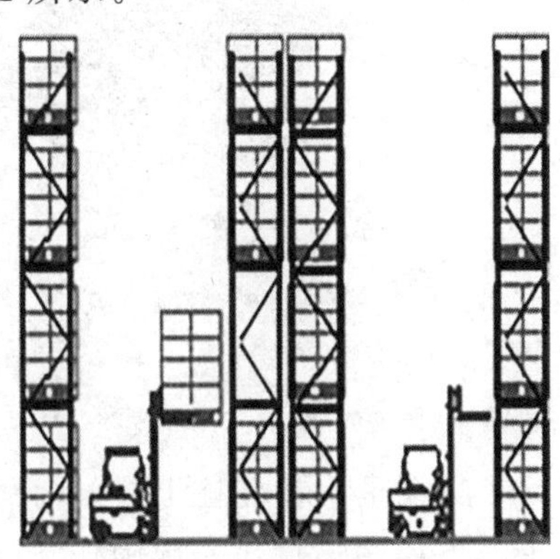

图 4-31 双排型货架

③重力式货架。

重力式货架存货通道具有一定的坡度，装入通道的货物单元能够在自重作用下，自动地从入库端向出库端移动，当货物到达通道的出库端或者碰上已有的货物单元时停住。当位于通道出库端的第一个货物单元被取走之后，位于它后面的各个货物单元便在重力的作用下依次向出库端移动。

由于在重力式货架中，每个单位存货通道只能存放同一种货物，所以这种类型的仓库适用于品种较少而数量较多的货物存储。重力式货架如图 4-32 所示。

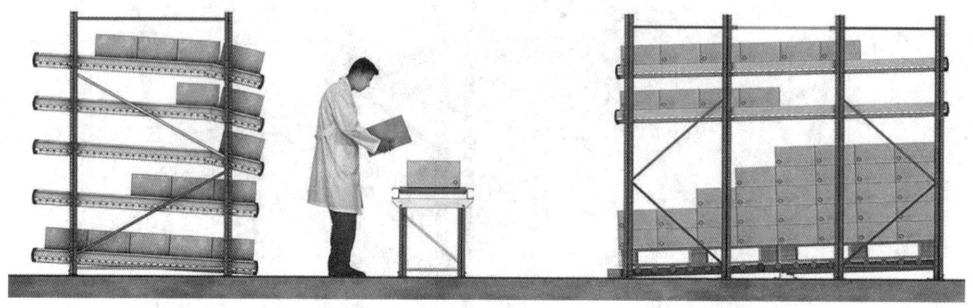

图 4-32　重力式货架

④移动式货架。

移动式货架底部装有滚轮，通过开启控制装置，滚轮可沿轨道滑动。货架结构可以设计成普通层架，也可以设计成托盘货架。

移动式货架的特点：减少了通道数，地面使用率达 80%；存取方便，可先进先出；建造成本较高，维护比较困难；主要适用于仓库面积有限，但数量众多的货物存储。移动式架货如图 4-33 所示。

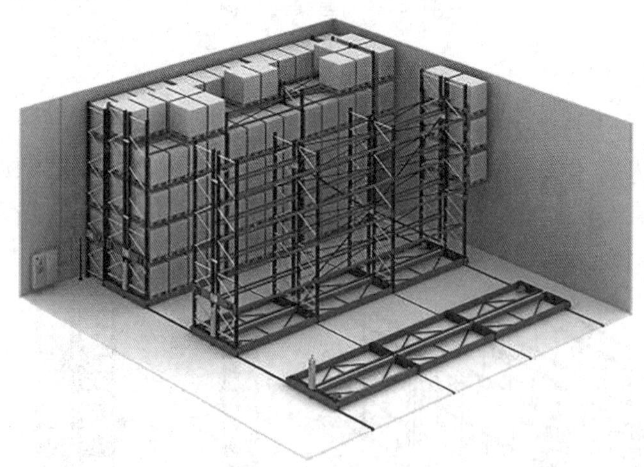

图 4-33　移动式货架

⑤悬臂式货架。

悬臂式货架是由在立柱上装设悬臂来构成的，悬臂可以是固定的，也可以是移动的。主要用于长形物料和不规则物料的存放，如型材、管材、板材等。适用于人力存取操作，不便于机械化作业，适合空间小、密度低的库房，管理方便，视野宽阔。悬臂式货架如图 4-34 所示。

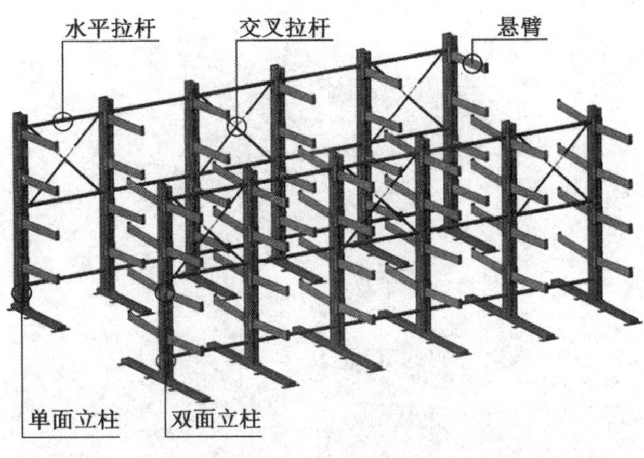

图 4-34 悬臂式货架

⑥驶入/驶出式货架。

驶入、驶出式货架又称“贯通式货架”或“通廊型货架”，这是一种不以通道分割的、连续性的整栋式货架，在支律导轨上，托盘按照深度方向存放，一个存满放下一个，这使得高密度存储成为可能。驶入式货架如图 4-35 所示。

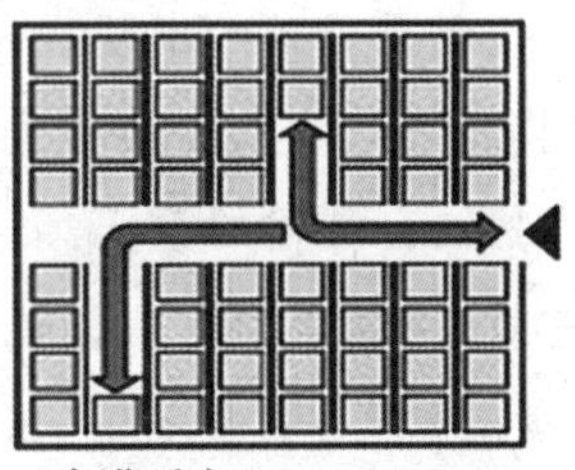

A. 先进后出：
适合于少品种、多批量存储，
存取频次要求不高的场合。

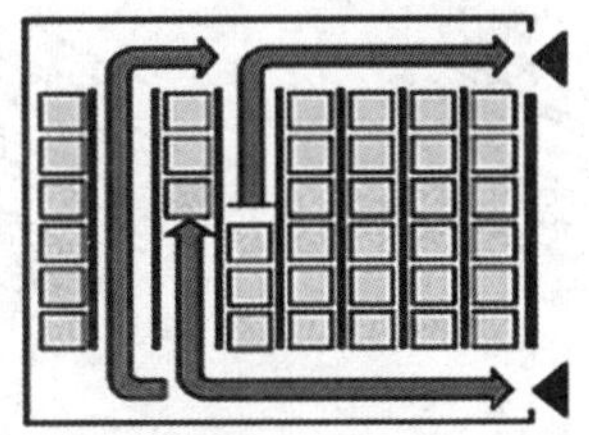

B. 先入先出：
适合于少品种、多批量存储，
可以达到很高的作业效率。

图 4-35 驶入式货架

⑦阁楼式货架。

阁楼式货架是将储存空间做上、下两层规划，利用钢架和楼板将空间间隔为两层，上层货架适合储放轻量货品，不适合重型搬运设备行走；下层货架结构支撑上层楼板，在仓库场地有限的情形下，该货架能够提高仓储高度，可做立体规划，充分有效地利用空间。适用于仓库场地有限而存放货品品种很多的仓库，用于存放储存期较长的中小件货物。阁楼式货架如图 4-36 所示。

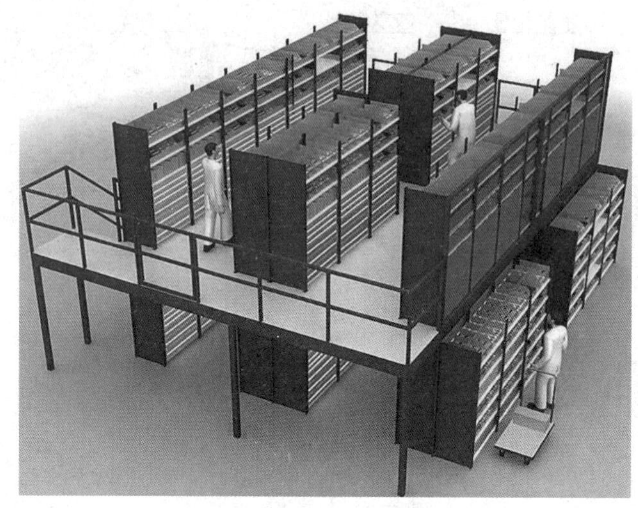

图 4-36 阁楼式货架

2.托盘

托盘又称栈板,是指用于集装、堆放、搬运、运输和放置,作为单元负荷物品的水平平台装置。托盘是重要的集装设备,与叉车配合使用,形成了科学高效的装卸搬运系统,在提高装卸搬运效率的同时也提高了装卸搬运作业的机械化水平。目前,托盘作为单元化货物储存运输的重要集装形式,极大地提高了仓储、运输、配送、装卸搬运等物流作业的效率,其应用范围也越来越广泛。①

(1)托盘的种类:平板托盘(如图 4-37 所示)、立柱托盘(如图 4-38 所示)、箱式托盘(如图 4-39 所示)、滑片托盘(如图 4-40 所示)、轮式托盘(如图 4-41 所示)、特种专用托盘、塑料垫板托盘。

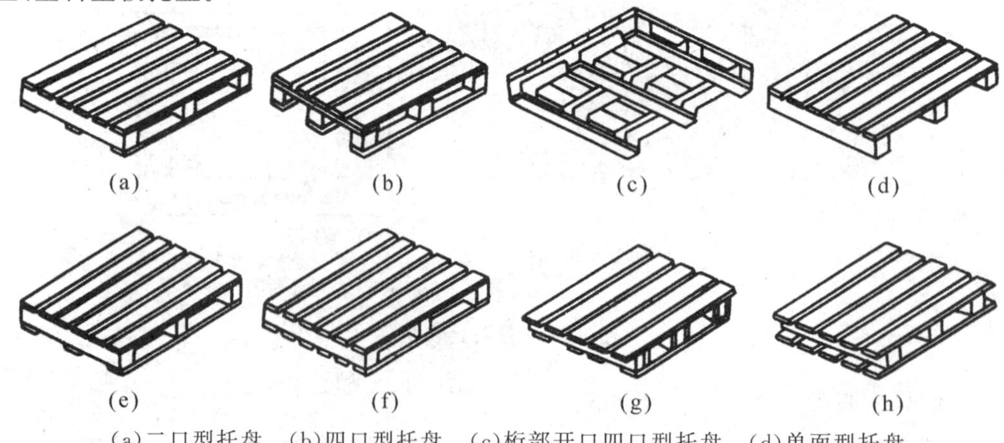

(a)二口型托盘 (b)四口型托盘 (c)桁部开口四口型托盘 (d)单面型托盘
(e)单面使用型托盘 (f)两面使用型托盘 (g)单翼型托盘 (h)复翼型托盘

图 4-37 八种常见的平板托盘

① 王先庆.仓储作业与管理[M].哈尔滨:哈尔滨工业大学出版社,2017.

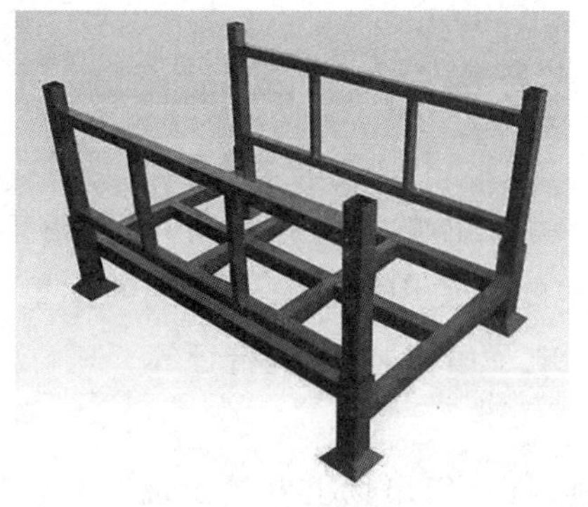

图 4-38　立柱托盘

图 4-39　箱式托盘

图 4-40　滑片托盘

图 4-41　轮式托盘

(2)托盘的规格：

①1200 系列，1200 毫米×800 毫米用于欧洲，1200 毫米×1000 毫米用于化学工业；

②1100 系列(1100 毫米×1100 毫米)，用于日本、韩国、新加坡、中国台湾；

③1140 系列(1140 毫米×1140 毫米)，用于澳大利亚(对 1100 系列的改进，充分利用集装箱内部空间)；

④1219 系列(1219 毫米×1016 毫米)(48 英寸×40 英寸)，用于美国、加拿大。

ISO 承认的托盘规格：

①1200 毫米×800 毫米(欧洲规格)；

②1200 毫米×1000 毫米(欧洲一部分、加拿大、墨西哥规格)；

③1219 毫米×1016 毫米(美国规格)；

④1100 毫米×1100 毫米(亚洲规格)。

我国国家标准：

托盘 1：800 毫米×1000 毫米；托盘 2：800 毫米×1200 毫米；托盘 3：1000 毫米×1200 毫米(提倡)。

(3)使用托盘应注意的事项：

①不是所有货物都可以用托盘运输；②使用托盘必须符合托盘积载的规定；③每一托盘货载，必须捆扎牢固以具有足够的强度、稳定性和平衡性；④货物以托盘运输

时,必须在所有运输单证上注明“托盘运输”字样。

(三)计量设备

1.称重设备

称重设备通常说的是用于工业或贸易的大型物体的重量称量器具,是指集程控、群控、电传打印记录、屏幕显示等现代电子技术配套使用的器具。常见的称重设备包括:电子秤、地重衡、地磅、轨道衡、自动检重秤、电子吊秤、电子皮带秤等。

2.量具、点数装置

大部分物流场合使用普通钢卷尺作为量具,近几年市场上开始出现智能自动称重扫码测体一体机(如图 4-42 所示),在京东物流、菜鸟物流、亚马逊等企业仓库中普遍应用,这是一种集合了动态称重、体积测量、条码扫描、货物信息处理的全自动系统。该系统采用激光扫描、动态皮带秤及工业读码技术,实现称重、计方、读码要求,能及时准确地获得货物的重量、体积、条码数据并实时上传。

智能自动称重扫码测体一体机自动化程度高,无须工作人员,称重、量积、扫码、数据记录等工作系统可自动完成,条码识别率高,计量精度高,采集融合快,整体流量大。

图 4-42 智能自动称重扫码测体一体机

(四)物料保养设备

物料保养设备一般应用于对仓库产品质量的维护和监控以及设备的维护,常见的有:温湿度控制器、自动喷淋装置、除锈机、烘干机等。

(五)安全消防设备

1.消防设备

仓库消防设备包括灭火器具,例如二氧化碳灭火器、干粉灭火器、酸碱泡沫灭火器、灭火器挂具、机械泡沫灭火器等;其次是消火栓,包括室内消火栓系统和室外灭火栓系统。还包括破拆工具类,包括消防斧、切割工具等。

2.报警装置

仓库报警装置包括:火灾探测器、报警按钮、报警器、火灾报警控制器等。

(六)其他服务设施

其他服务设施包括正常的供电、照明、给水、排水、通信等设备设施。

任务三　仓库管理控制方法

学习内容

1.ABC 分类法；

2.准时制存货管理方式；

3.物料需求计划；

4.经济订货批量。

学习目标

完成本学习任务后，你应当能：

1.熟悉和掌握 ABC 分类法的概念，能够针对具体仓库案例进行应用；

2.熟悉和掌握准时制存货管理方式；

3.熟悉和掌握物料需求计划的理念，能够针对某些实际仓储案例进行分析；

4.熟悉和掌握经济订货批量模型及其对控制库存的作用。

案例导入

广东三洋科龙冷柜有限公司的 JIT 试验

广东三洋科龙冷柜有限公司由日本三洋株式会社和国内制冷龙头企业科龙集团于 1996 年合资组建，日资控股。员工 600 多人，主要产品为冷柜和冰箱，设计产能 35 万台/年。实施全面的日式管理体系。所有设计工作与生产管理，都采用计算机作业，以保证高效率。制冷业均采取批量生产。

三洋科龙公司的生产流程是：根据订单以及销售预测安排生产计划，提出材料清单，以采购各种原材料来满足生产需要。但此生产模式常遭遇生产周期长、交货周期长、生产现场产品囤积、库存过高等问题，造成成本积压与浪费。因此三洋科龙决定进一步引入 JIT 体制来改善生产作业。

从公司的车间现场来看，由于是规划为大批量生产，因此引进了多部精密数控机床，而且生产线上使用的专用设备居多。将 JIT 导入生产线，必须有合理的规划布置。作业的小部件与箱体板金件能否配合是 JIT 运用成功的关键所在。首先，依产品作业特性，将生产流程划分为两个阶段作业：

第一阶段：小构件加工及冰箱门板和箱体制造。由于配备了先进的自动化设备，所以工序可迅速地调整。当作业有所延误时，则以加班方式来弥补生产不足之量。此外，为了防止误用及便于工作，采用颜色管理方式，将周一至周六要取用的小构件及箱体板于特定部位涂上不同颜色，以利目视管理。

第二阶段：组装作业。组装工序采用生产流水线方式。为了缩短等待时间，必须使生产线平衡化。因此要求现场领班训练工人熟悉标准作业及操作程序，并具备互相帮助精神，弥补一部分工序中的作业延误。

其次，三洋科龙公司在计划阶段尽量安排每日相对固定的作业数量和稳定的作业内容，使得企业快速进入稳定生产阶段，减少了学习过程造成的生产力损失。依据现场实作统计结果，生产效率能优化约13%。

传统的作业方式，工人为了方便会事先加工多余的小构件，是一种生产过剩的浪费。采用JIT体系，箱体制造所需的小构件和箱体板完全配合生产排程，因而每月半成品库存下降30%，每月成品库存下降60%，因此每月可减少利息支出及搬运费用约22万元。

课前学习思考

对该案例进行分析，指出针对像广东三洋科龙这样的制造企业，如何有效实现产品的零库存？

知识学习

一、ABC分类法

仓库中一般储存的物资品种繁多，不同品种价格各异，库存数量和价值也不尽相同。为了使有限的企业资源能得到更为有效的利用，应对库存物资进行分类，将管理重点放在重要的物资上。

我国国家标准《物流术语》对ABC分类法(activity based classification)的定义是“将库存物品按照设定的分类标准和要求分为特别重要的库存(A)类、一般重要的库存(B)类和不重要的库存(C)类3个等级，然后针对不同等级分别进行控制的管理方法”。ABC分类法的分类依据见表4-1。

表4-1 ABC分类法的分类依据

库存	物品特点	品种比重	占总价值比	管理类别
A类	价值高，品种少	15%～20%	65%～80%	重点管理
B类	价值中，品种中	20%～25%	15%～20%	介于A、C之间
C类	价值低，品种多	60%～65%	5%～15%	一般管理

ABC分类法步骤与举例分析：

小王是某大学毕业生，毕业后到武汉某仓储公司担任仓库主管一职，刚进仓库，就有员工反映仓库内原材料不足，当小王看到仓库库存明细表并得知仓库内所有物品均统一进货时，小王就发现仓库管理中存在的问题了，他认为可以使用ABC分类法对仓库物品进行管理。

1.收集数据

按分析对象和分析内容，收集有关数据。例如，打算分析产品成本，则应收集产品成本因素、产品成本构成等方面的数据。仓库库存数据如表 4-2 所示。

表 4-2　仓库库存数据

仓库库存明细表		
产品序号	数量(件)	单价(元)
1	20	20
2	20	10
3	20	10
4	10	680
5	20	100
6	10	20
7	25	20
8	15	10
9	30	5
10	20	10

2.处理数据

处理数据即对收集的数据进行加工，并按要求进行计算，包括计算特征数值，特征数值占总计特征数值的百分数，累计百分数；因素数目及其占总因素数目的百分数，累计百分数等。

(1)根据产品序号计算每种产品总价值：

产品序号 1：20×20＝400 元，产品序号 2：20×10＝200 元

依此类推：产品 3＝200 元，产品 4＝6800 元，产品 5＝2000 元，产品 6＝200 元，

产品 7＝500 元，产品 8＝150 元，产品 9＝150 元，产品 10＝200 元

(2)计算仓库中产品总金额为：400＋200＋200＋6800＋2000＋200＋500＋150＋150＋200＝10800(元)

3.制作 ABC 分析表

如表 4-3 所示，制作 ABC 分析表，统计各产品数量占总产品数量的百分数、累计产品数量百分数、各产品库存金额占库存总金额的百分数、资金累计百分比等数据。

A 类库存品：库存资金占比约 65%～80%；

B 类库存品：库存资金占比约 15%～20%；

C 类库存品：库存资金占比约 5%～15%。

表 4-3 ABC 分析表

产品序号	数量	单价	总资金	资金百分比	资金累计百分比	数量百分比	数量累计百分比	分类
4	10	680	6800	63%	63%	5.3%	5.3%	A
5	20	100	2000	18.5%	81.5%	10.5%	15.8%	B
7	25	20	500	4.6%	86.1%	13.2%	29%	C
1	20	20	400	3.7%	89.8%	10.5%	39.5%	C
6	10	20	200	1.9%	91.7%	5.3%	44.8%	C
2	20	10	200	1.9%	93.6%	10.5%	55.3%	C
3	20	10	200	1.9%	95.5%	10.5%	65.8%	C
10	20	10	200	1.9%	97.4%	10.5%	76.3%	C
8	15	10	150	1.3%	98.7%	7.9%	84.2%	C
9	30	5	150	1.3%	100%	15.8%	100%	C
合计	190		10800	100%	100%	100%	100%	

4.绘制 ABC 分析图

以累计因素百分比数为横坐标，累计主要特征值百分数为纵坐标，按 ABC 分析依据表(表 4-1)所列求的对应关系，在坐标图上取点，并连接各点成曲线，即绘制成 ABC 分析图，如图 4-43 所示。

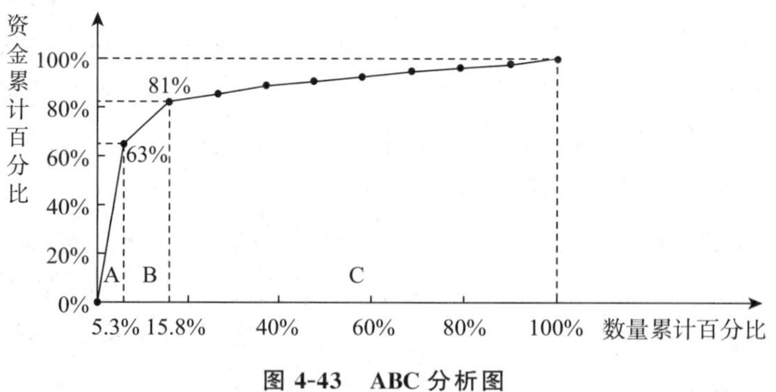

图 4-43 ABC 分析图

5.根据 ABC 分析的结果，制定相应管理标准

A 类物品的管理方法：按需求、小批量、多批次采购入库，做到准时制管理。尽可能缩短订货提前期，加强对交货期限的控制。

B 类物品的管理方法：前置期时间较长，每周要进行盘点和检查，中量采购。

C 类物品的管理方法：大量采购，获得价格上的优惠，简化库存管理，每月循环盘点一遍。

ABC 分类法在企业库存管理中的应用只是一种手段，其标准过于单一，主要按库存物品所占资金数量进行分类，没有考虑到采购难易度、采购提前期、生产依赖性等因素，具有一定的片面性。其真正的目的是针对不同的分类采取不同的措施，在控制程度、配置、订货方式、记录检查方式、保管条件等方面提供不同的规划，使库存管理更加合理、更加优化。

二、准时制存货管理方式（JIT）

准时制生产方式（just in time，下文简称"JIT"）是20世纪50年代初日本丰田汽车公司创立的，是继泰勒的科学管理（Taylor's scientific management）和福特的大规模装配线生产系统（Ford's mass assembly line production）之后的又一革命性的企业管理模式。以丰田为代表的日本汽车制造业通过实施JIT生产模式，以低成本、高质量的突出优势迅速占领美国汽车市场，引发了美日之间长达十年的汽车贸易战。JIT因其经营效率极限化被美国学者赞誉为"精益生产"，并对人类的生产革命产生了长远影响。

（一）JIT的基本思想

JIT的基本思想：只在需要的时候，按需要的量，生产所需的产品。也就是通过生产计划的控制及库存的管理，追求一种无库存，或库存达到最小的生产系统。故又被称为准时制生产、适时生产方式、看板生产方式。

JIT的核心：零库存和快速应对市场变化。

（二）JIT的出发点

JIT的出发点：不断消除浪费，进行永无休止地优化改进。

（1）与传统采购面向库存不同，准时化采购是一种直接面向需求的采购模式，它的采购送货是直接送到需求点上。

（2）用户需要什么，就送什么，品种规格符合客户需要。

（3）用户需要什么质量，就送什么质量，品种质量符合客户需要，拒绝次品和废品。

（4）用户需要多少就送多少，不少送，也不多送。

（5）用户什么时候需要，就什么时候送货，不晚送，也不早送，非常准时。

（6）用户在什么地点需要，就送到什么地点。

（三）与传统采购相比JIT采购的主要优点

（1）有利于发现生产过程隐藏的问题，从深层次上提高生产效率。

（2）消除了生产过程的不增值过程，提高了生产效率。

（3）进一步减少并最终消除原材料和外购件库存。

（4）有利于提高采购物资的质量。

（5）使企业真正实现柔性生产。

（6）有利于降低原材料和外购件的采购价格。

（四）准时制物流

我国国家标准《物流术语》对准时制物流（just-in-time logistics）的定义是"与准时制管理模式相适应的物流管理方式。准时制物流是准时生产方式在物流领域的延伸，其实质是要求企业在各个环节做到在准确的时间、准确的地点提供准确的产品”。在一些发达国家,许多企业看到了 JIT 的好处。有一项对欧洲 200 家企业进行的研究表明,JIT 管理对企业能力的改善包括库存平均减少 50%,产品生产周期缩短 50%~70%,供货时间缩短 50%,生产效率提高 20%~50%,JIT 的投资回收期也少于 9 个月。可见 JIT 技术因物流业的发展而日趋成熟,将会给企业创造更大的价值。

对点案例

JIT 配送在生鲜农产品批发市场中的应用

基于“互联网+”和物联网的协同运用,以及对大数据的深度探索和开发,我国的物流供应链已经逐步从传统模式向新型高效的现代化模式迈进。在消费升级和消费需求个性化以及对健康更深层次的理解和追求的作用下,生鲜农产品在整个饮食体系中所占的比例逐步增长。同时由于生鲜农产品具有生命周期短、易腐烂、不能挤压等特点,且终端客户可能具有小批量、多品种、高时效性、高新鲜度等购买需求,以及企业对经济订货批量和经济效益的追求,导致生鲜农产品在物流供应链中较为特殊。因此,在追求效率和效益的目标需求下,基于客户满意度的 JIT 准时制配送在生鲜物流供应链中得到广泛应用。

当前生鲜农产品批发市场存在批发市场价格信息不对称、基础设施不健全、市场管理不规范等问题。生鲜农产品在流通过程中容易损坏,相比于发达国家 5% 的损耗率,我国 20%~30% 的损耗率不仅降低了生鲜农产品的收入、提高了城市居民等终端客户的支出,也增加了人工清理费用、降低整个供应链的效益。JIT 是一种以市场需求为核心的“拉动式”管理体系,JIT 管理严格按照客户需求组织采购、运输、流通、配送等活动,最大限度地减少库存积压,节约资金、消除浪费、降低成本。另外,JIT 生鲜农产品配送基于当代物流信息技术,如条形码技术、自动分拣系统、GPS 系统、信息共享中心等来实现货物的快速识别、分拣、搬运、跟踪,确保送货的准确、及时、高效。

(资料来源:肖婷婷.JIT 配送下生鲜农产品批发市场的探讨[J].物流工程与管理,2020,42(03):42-43.)

思考题

请你结合所学知识,谈谈 JIT 管理模式在生鲜农产品物流供应链中的重要性。

三、物料需求计划

(一)MRP 概述

我国国家标准《物流术语》对物料需求计划(material requirements planning, MRP)的定义是“制造企业内的物料计划管理模式”。根据产品结构各层次物品的从属和数量关系,以每个物品为计划对象,以完工日期为时间基准倒排计划,按提前期长短区别各个物品下达计划时间的先后顺序。

物料需求计划是20世纪60年代发展起来的一种计划物料需求量和需求时间的系统。这里的“物料”是泛指所有的材料、在制品、半成品、外购件和产成品。开始时，它只计算需求量，是开环的。后来，从原料供应厂商和生产现场取得了信息反馈，形成了闭环的MRP，这才开始成为一种生产方式。20世纪80年代发展起来的制造资源计划(manufacturing resource planning，MRPⅡ)，不仅涉及物料，而且涉及生产能力和一切制造资源，是一种广泛的资源协调系统。它代表了一种新的生产管理思想，又是一种新的组织生产的方式。MRP应包括在MRPⅡ中。MRP和MRPⅡ具有广泛的适用性，但它们的主要优点能在多品种、小批量生产类型的加工装配企业得到最有效的发挥。

(二)MRP的基本思想

MRP的基本思想是由产品的交货期展开零部件的生产进度日程与原材料、外构件的需求数量和需求日期，即将主生产计划转换成物料需求表，并为编制能力需求计划提供信息。

(三)MRP主要输入信息

MRP的输入主要有三个部分：(1)主生产计划(或产品出产计划，MPS)；(2)物料清单(产品结构文件，BOM)；(3)库存状态文件。MRP的逻辑业务流程如图4-44所示。

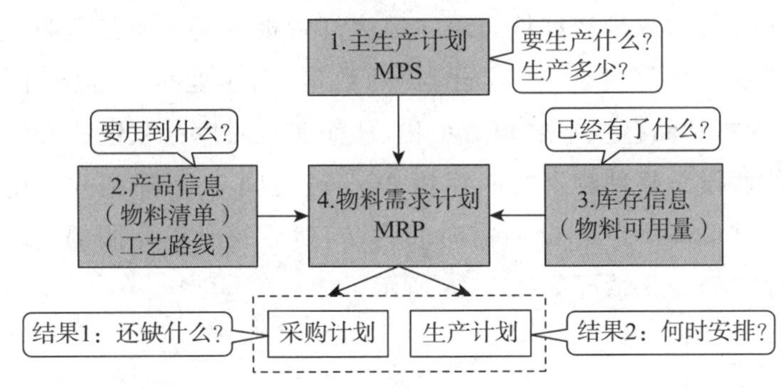

图4-44　MRP的逻辑业务流程

(四)确认MRP

每项物料有各自的MRP计划报表，单从这样的报表还不能判定MRP计划是否可行。MRP计划是否可行，要通过能力需求计划来验证。运行能力需求计划时，要根据各个物料的工艺路线，把各个时段企业要生产的全部物料占用各个工作中心的负荷同工作中心的可用能力进行对比，经过调整，使负荷与能力平衡后，计划才是可行的，只有可执行的计划才能下达。

然后，企业根据确认的MRP执行、下达制造订单和采购订单(建议订货量和交货期)。

四、经济订货批量

在仓储管理中，订货成本与库存持有成本之间存在交替损益关系，如图 4-45 所示。因此，我们通常就要思考到底保有多少库存才是合理的，包括什么时间进行订货、每次订货量多少和订货次数多少才是合理的问题。经济订货批量方法可以初步解决这一问题。

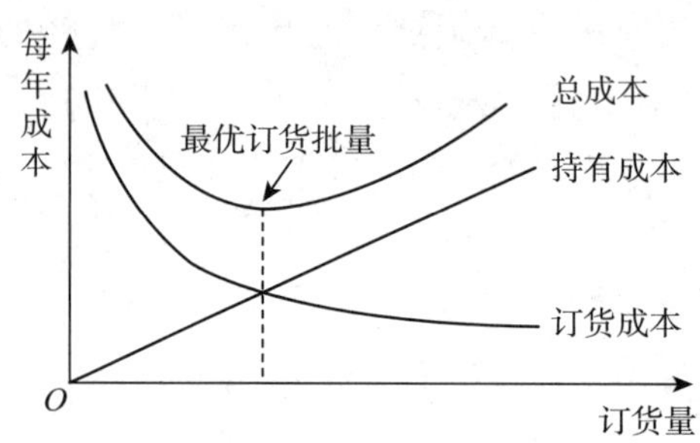

图 4-45 订货成本与库存持有成本的交替损益关系

经济订货批量(economic order quantity，EOQ)方法原理：通过平衡采购进货成本和保管仓储成本，确定一个最佳订货数量来实现最低总库存成本的方法。

经济订货批量是指订购费用与保管费用总和最低的一次订购批量。对订货和库存控制集中可能发生的费用进行综合分析，以总费用最低的订货批量为经济批量，按此批量决定每次订货的数量和订货间隔。经济订货批量是固定订货批量模型的一种，可以用来确定企业一次订货(外购或自制)的数量，当企业按照经济订货批量来订货时，可实现订货成本和储存成本之和最小化，从而实现对库存数量的有效控制。

这种情况的假设是某种物资的库存量 Q 经过时间 T 下降到 0 时随即定购到货，库存量由 0 恢复到最高库存量 Q 所需时间为 T，然后每天以相同的需求量供应，而不发生缺货。库存量的变化情况如图 4-46 所示。

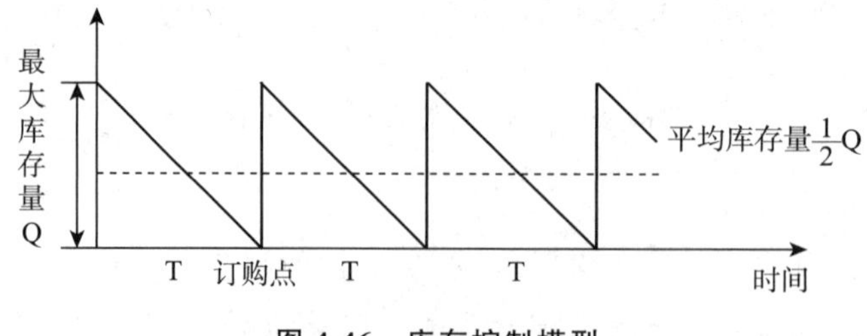

图 4-46 库存控制模型

根据模型建立的基本假设条件，库存模型如下：

$$库存总费用=订货费用+保管费用$$

将有关费用代入，则上式变为：

$$TC=\frac{R}{Q}\times C_O+\frac{Q}{2}\times C_H$$

其中：TC 为库存总费用，R 为年总需求量，Q 为订货批量，C_O 为一次订货费用，

C_H 为单位保管费用。

为求得经济订货批量，使库存费用最小，根据优化原理，可令上式的一阶导数为 0，即：

$$\frac{\mathrm{dTC}}{\mathrm{d}Q}=0$$

经微分得：

$$-\frac{R}{Q^2}C_O+\frac{C_H}{2}=0$$

$$Q^*=\sqrt{\frac{2RC_O}{C_H}}$$

由此可求得最小的库存量费用为：

$$\mathrm{TC}^*=\sqrt{2RC_HC_O}$$

每年最佳订货次数：$N=\frac{D}{Q}$

应用举例：某仓库某种商品年需求量为 16000 箱，单位商品年保管费 2 元，每次订货成本为 40 元，求经济订货批量 Q^* 和最小库存费用。

解：$Q^*=\sqrt{\frac{2\times 16000\times 40}{2}}=800$(箱)

$$\begin{aligned}\mathrm{TC}^*&=\sqrt{2RC_HC_O}\\&=\sqrt{2\times 16000\times 40\times 2}\\&=1600(元)\end{aligned}$$

每年最佳订货次数：$N=\frac{D}{Q}=\frac{16000}{800}=20$(次)

项目小结

本项目主要对仓储的概念、仓库的概念和仓库管理控制方法进行认知和学习。通过学习，了解仓储的概念、作用和基本作业内容，掌握仓库的分类，熟悉仓库的设施设备。本项目学习难点是对仓库管理控制方法的理解，能够结合企业实际正确运用 ABC 分类法、JIT、MRP、经济订货批量等仓库管理控制方法。

教学分享

1.学习课时

本项目建议学习 6 个课时。

2.教学方法

建议采用讲解、体验式教学(包括实训室实训学习、参访物流企业、网络平台的资源学习等)、案例教学等方法。应把握的知识重点包括：仓库设施设备的认知和仓库管理控制方法的认知。

3.学习环境要求

(1)学习场地:①多媒体教室;②实训教室;③典型物流企业。

(2)学习资料:①视频资源;②课程网络资源。

课后习题

一、单项选择题

1.特别贵重的商品宜采用(　　)的盘点方法。

A.动态盘点　　B.重点盘点　　C.定期盘点　　D.循环盘点

2.当物料低于(　　)时要及时通知采购部订购。

A.零存量　　B.合理库存　　C.安全存量　　D.最低存量

3.下列不属于商品出库方式的是(　　)。

A.客户自提　　B.委托发货　　C.公司送货　　D.低价转让

4.出入库用运送机械存放取出,用堆垛机等设备进行机械化、自动化作业的高层货架仓库是指以下哪种仓库?(　　)

A.地面型仓库　　B.货架型仓库　　C.自动化立体仓库　　D.储备仓库

5.下列哪项说法正确?(　　)

A.仓库只具备仓储功能

B.恒温仓库用来储存罐头、水果、蔬菜、鲜花等

C.流通仓库是指处在生产领域里的物资仓库

D.叉车按其动力装置的不同可分为电动式叉车、手动式叉车

二、多项选择题

1.ISO 承认的托盘的国际规格有(　　　)。

A.1200 毫米×800 毫米　　B.1200 毫米×1000 毫米

C.1219 毫米×1016 毫米　　D.1100 毫米×1100 毫米

E.1000 毫米×1200 毫米

2.出库要求"三不",即发货时要认真做到(　　　)。

A.未接单据不翻账　　B.未经审核不备货

C.未经复核不出库　　D.未入库货物不出库

3.以下关于 ABC 分类法说法正确的是(　　　)。

A.特别重要的库存,品种少,占用资金多,采购较难的,属于 A 类物料

B.一般重要的库存,品种较多,占用资金一般,属于 B 类物料

C.不重要的库存,占用资金少,采购容易的,属于 A 类物料

D.不重要的库存,占用资金少,采购容易的,属于 C 类物料

4.商品出库要求中的"三核"指的是(　　　)。

A.核对单号　　B.核对凭证　　C.核对账卡　　D.核对实物

5.商品检查的内容包括(　　　　)。

A.查质量　　B.查数量　　C.查安全

D.查设备　　E.查保管条件

三、判断题

1.仓储既有积极的一面也有消极的一面。只有考虑到仓储作用的两面性,尽量使仓储合理化才能有利于物流业务活动的顺利开展。(　　)

2.露天式仓库俗称“货场”,其最大优点是装卸作业非常方便,适宜存放较大型的货物。(　　)

3.悬臂式货架广泛应用在储存长形货物的仓库中。(　　)

4.侧面式叉车是目前应用最广泛的叉车,占叉车总量的80%左右。(　　)

5.仓库的作业过程,从入库到出库不是连续进行的,而是间断进行的。(　　)

四、计算题

1.某物流公司为加强对库存货物的管理,采用ABC分类法进行重点管理。该公司的库存货物明细如表4-4所列。请采用ABC分类法对库存货物进行分类排队,分出ABC三类(请写出计算步骤),并针对不同类别说明不同的管理方法。

表4-4　仓库货物库存数据

序号	货物品名	品种数	平均库存量(公斤)	平均资金占用额(万元)
1	H	12	220	33
2	I	25	1200	23
3	J	3	5000	60
4	K	30	400	16
5	L	6	6500	68
6	M	46	500	10
7	N	8	2600	92
8	O	78	10000	12
合计		208	26420	314

2.某仓库需供应一种物资,年需求量10000件,每件价格1元,每次采购费用25元,年保管费率为12.5%,要求确定经济订货批量、最小库存费用和最佳订货次数。

五、案例分析题

上海通用公司的三种车型的零部件总量有5400多种,这相当于一个中型超市的单品数。通用的这些零部件来自180家供应商,这也和一个大型卖场的供应商数量相近。通用的部分零件是本地供应商所生产的,这些供应商会根据通用的生产要求,在指定的时间直接送到生产线上。这样,因为不进入原材料库,所以保持了很低或接近于“零”的库存,省去大量的资金占用。

但供应商并不愿意送那些用量很少的零部件。于是,以前的传统汽车制造商要么有自己的运输队,要么找运输公司把零件送到公司。有的零件由于体积或数量的不同,并不一定正好能装满一卡车。但为了节省物流成本,他们经常装满一卡车才发货——如果装不满,就要等待。这样不仅造成了供应商库存高,占地面积大,而且也影响了对客户的服务速度。不同供应商的送货环节缺乏统一的标准化管理,在信息交流、运输安全等方面,都会带来各种各样的问题,如果想管好它,必须花费很多时间和消耗大量的人力资源。

思考题

请同学们思考,通用公司要怎么提高供应链效率,帮助整个供应链降低库存?

技能训练

一、实训目标

通过实训能够将理论与实践相结合,使学生进一步了解仓库及其设备,掌握仓库管理控制的方法。

二、组织安排

将学生分为5~10人一组,按小组完成实训任务。

三、实训内容:掌握企业概况

1.按小组考察了解某物流企业仓库特点;

2.了解该企业使用的仓储设备;

3.了解该企业货物进出操作内容。

四、实训要求

根据具体情况,选择有一定代表性的物流企业,完成该企业仓储认识实习。

◆ 模块五 ◆
装卸搬运

学习任务

1.掌握装卸搬运的概念、作用和设备；

2.掌握装卸搬运的应用；

3.掌握装卸搬运的合理化。

技能目标

1.熟练掌握装卸搬运活性指数的确定；

2.熟练掌握常用装卸搬运设备(地牛、叉车)的使用；

3.掌握不同作业类别中,合适的装卸搬运设备选择；

4.掌握实际作业中,装卸搬运合理化措施的选择。

任务一　认识装卸搬运

学习内容

1.装卸搬运的概念；

2.装卸搬运的作用；

3.装卸搬运设备。

学习目标

完成本学习任务后,你应当能：

1.准确把握装卸搬运的概念,了解其地位和作用；

2.通过观察分析各种装卸搬运作业,能够选择适合的装卸搬运设备。

案例导入

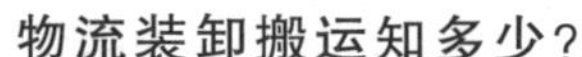

物流装卸搬运知多少？

图 5-1　常见的各种类型装卸搬运作业

课前学习思考

图 5-1 中的九幅图片是物流装卸搬运的场景，你认识这些装卸搬运作业吗？你知道这些装卸搬运作业的特点和用途吗？你认识它们所使用的装卸搬运设备吗？什么是物流装卸搬运？

知识学习

物流活动中的装卸搬运作业，给人以简单、低级的印象，也往往容易被人忽略。而事实上，任何其他物流活动相互过渡时，都需要依靠装卸搬运来衔接；同时，装卸搬运对整体物流活动中时间、劳动及成本的占用比例都很大。

一、装卸搬运的概念

(一)装卸搬运的含义及内容

装卸和搬运是两个不同的概念。我国国家标准《物流术语》对装卸和搬运的定义是“装卸是指物品在指定地点以人力或机械载入或卸出运输工具的作业过程，主要包括物品的装载、卸货、移动、货物堆码上架、取货、备货、分拣等作业以及附属于这些活动的作业,通常指物品上下方向的移动。搬运是指在同一场所内,对物品进行水平移动为主的物流作业”。装卸搬运的内容见表5-1。

表5-1 装卸搬运的内容

序号	作业活动	活动详细内容
1	装卸	将货物装上运输工具或从运输工具上卸下
2	移动	改变货物放置的空间位置
3	分类	将货物按顾客需求、发货方向、品种等分别处置
4	堆码	对货物进行码放、堆垛等相关作业
5	理货	备好货物,准备下一步骤
6	取出	从保管场所中取走

可以看出,装卸是改变物品存放、支撑状态的活动,搬运是改变物品空间位置的活动,两者统称为装卸搬运。在实际操作中,装卸与搬运活动是密不可分的,两者是伴随在一起发生的。因此,在物流科学中并不强调两者之间的差别,而是常把它们作为一种活动来对待。

(二)装卸搬运的作业类别

(1)按装卸搬运施行的物流设施、设备对象的不同,装卸搬运可分为仓库装卸、铁路装卸、港口装卸、汽车装卸、飞机装卸等。如图5-2所示。

a.仓库装卸

b.铁路装卸

c.港口装卸

d.汽车装卸

e.飞机装卸

图5-2 不同设施设备的装卸搬运

(2)按装卸搬运的机械及机械作业方式的不同,装卸搬运可分为使用吊车的“吊上吊下”方式、使用叉车的“叉上叉下”方式、使用半挂车或叉车的“滚上滚下”方式、“移上移下”方式及散装散卸方式等。如图 5-3 所示。

a.吊上吊下

b.叉上叉下

c.滚上滚下

d.移上移下

e.散装散卸

图 5-3 不同机械作业方式的装卸搬运

(3)按装卸搬运作业内容的不同,装卸搬运可分为堆放拆垛作业、分拣配货作业和挪动移位作业等形式。

(4)按被装物主要运动方式的不同,装卸搬运可分为垂直装卸和水平装卸两大类。

(5)按装卸搬运作业特点的不同,装卸搬运可分为连续性装卸搬运与间歇性装卸搬运两大类。

(6)按装卸搬运对象的不同,装卸搬运可分为单件作业法、集装作业法、散装作业法三大类(如图 5-4 所示)。

知识链接

单件作业法、集装作业法、散装作业法

a.单件作业法

b.集装作业法

c.散装作业法

图 5-4 不同对象的装卸搬运

单件作业法是指对非集装的、按件计的物品逐个进行装卸搬运操作的作业方法。单件作业对机械、装备、装卸条件要求不高,因而机动性较强,可在很广泛的地域内进行而不受固定设施、设备的地域局限。单件作业的装卸搬运对象主要是包装杂货,多种类、少批量物品及单件大型、笨重物品。

集装作业法是指用集装器具或捆扎方法，把物品组成标准规格的单元货件，以加快装卸、搬运、储存、运输等物流活动的作业方法。按照集装化所使用的工具进行分类，可以分为：集装箱化、托盘化、货捆化、网袋化、框架化、滑板化和半挂车化等七种形式。如图 5-5 所示。

a.集装箱化

b.托盘化

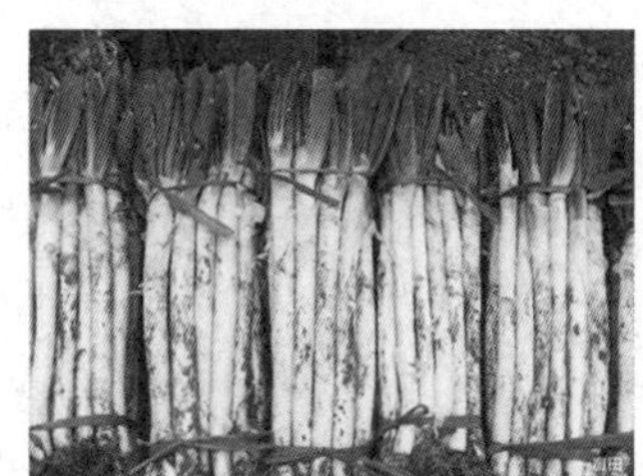
c.货捆化

d.网袋化

e.框架化

f.半挂车

图 5-5　各种集装作业法

散装作业法是指对大批量粉状、粒状物品进行无包装的散装、散卸的装卸搬运方法。装卸搬运可连续进行，也可采取间断的装卸搬运方式。但是，都需采用机械化设施、设备。在特定情况下，数量不大时，也可采用人力装卸搬运，但是会有很大的劳动强度。散装散卸方法基本上可分为：倾翻法、重力法、气力输送法、机械法四种。如图 5-6 所示。

a.倾翻法

b.重力法

c.气力输送法

d.机械法（输送机）

e.机械法（挖掘机）

f.机械法（抓斗）

图 5-6　各种散装散卸作业法

(三)装卸搬运的特点

装卸搬运是附属性、伴生性的活动;装卸搬运是支持性、保障性的活动;装卸搬运是衔接性的活动。

二、装卸搬运的作用

装卸搬运的基本功能是改变物品的存放状态和空间位置。无论是在生产领域还是在流通领域,装卸搬运都是影响物流速度和物流费用的重要因素,影响着物流过程的正常进行,决定着物流系统的整体功能和效益。在现代物流活动中,装卸搬运的作用主要表现在以下几个方面:

(1)在物流活动转换中起衔接和支持作用;

(2)在物流成本中占有重要地位;

(3)提高物流系统效率的关键。

知识链接

装卸搬运是影响物流效率和效益的重要环节

装卸搬运对整体物流活动中时间、劳动及成本的占用比例都很大。请看下面几组数据:

(1)据我国物流部门统计,火车货运以500千米为分界点,运距超过500千米,运输在途时间多于起止的装卸搬运时间;运距少于500千米,装卸搬运时间则超过实际运输时间。

(2)美国与日本之间的远洋船运,一个往返需25天,其中运输时间13天,装卸搬运时间12天。

(3)据我国对生产物流的统计,机械工厂每生产1吨成品,需进行252吨次的装卸搬运,其成本为加工成本的15.5%。

(4)据统计,美国工业产品的生产过程中装卸搬运费用占生产成本的20%~30%,德国企业物流搬运费用占营业额的1/3,日本物流搬运费用占国民生产总值的10.73%。

(5)据统计,我国铁路运输的始发和到达的装卸搬运作业费大致占总运费的20%左右,船运占40%左右。

做好装卸搬运工作的重要意义在于:加速车船周转,提高港、站、库的利用效率;加快货物送达,减少流动资金占用;减少货物破损,减少各种事故的发生。总之,改善装卸搬运作业能够显著提高物流的经济效益和社会效益。

三、装卸搬运设备

(一)装卸搬运设备的概念

装卸搬运设备是指用来搬移、升降、装卸和短距离输送物料或货物的机械。装卸搬运设备是实现装卸搬运作业机械化的基础,是物流设备中重要的机械设备。

(二)装卸搬运设备的特点

装卸搬运设备为了顺利完成装卸搬运任务,必须适应装卸搬运作业要求。装卸搬运作业要求装卸搬运设备结构简单牢固,作业稳定,造价低廉,易于维修保养,操作灵活方便、安全可靠,能最大限度地发挥其工作能力。

(三)装卸搬运设备的分类

(1)按装卸及搬运两种作业性质的不同,可将装卸搬运设备分为起重设备(见图 5-7)、升降设备(见图 5-8)、连续输送机械(见图 5-9)和搬运机械(见图 5-10)。

a.固定式起重机

b.流动式起重机

c.缆索起重机

d.门式起重机

图 5-7　各种起重设备

a.移动剪叉式升降机

b.牵引式液压升降机

c.折臂式升降机

d.车载式升降机

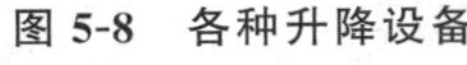
图 5-8　各种升降设备

a.带式输送机

b.链板式输送机

c.滚筒式输送机

d.移动式输送机

图 5-9　各种连续输送机械

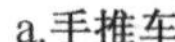
a.手推车

b.手动托盘搬运车

c.内燃叉车

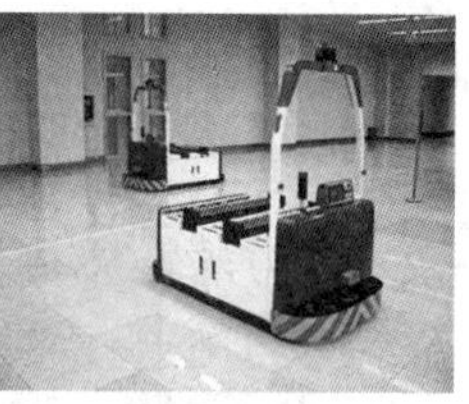
d.自动搬运车

图 5-10 各种搬运机械

(2)按装卸搬运机具的工作原理,可将其分为叉车类、吊车类、输送机类、作业车类和管道输送设备类。

(3)按有无动力,可将装卸搬运设备分为重力式装卸输送机、动式装卸搬运机具和人力式装卸搬运机具三类。

任务二 装卸搬运的应用

学习内容

1.散装货物的装卸搬运;

2.集装箱货物的装卸搬运;

3.特种货物的装卸搬运。

学习目标

完成本学习任务后,你应当能:

1.了解常见的各种散装货物,掌握常见散装货物的装卸搬运方法;

2.掌握集装箱的种类,以及各种集装箱装卸搬运系统;

3.了解常见的各种特种货物,并掌握各种特种货物特有的装卸搬运方法。

案例导入

莆田罗屿港口正式进入试运行 为我国东南沿海最大矿石码头

2018 年 7 月 17 日上午,福建省莆田市罗屿港口进行开港试运行阶段首靠船卸船作业(如图 5-11 所示)。这标志着我国东南沿海最大的矿石码头已全面建成,并迈出全面投产的第一步,正式进入试运行阶段。

当日上午,记者在罗屿港口看到,一艘 86000 吨级散货船“长鑫 66”轮停靠在罗屿港口 9 号泊位,技术人员运用桥式抓斗卸船机从货轮上卸下铁矿石,并通过皮带输送流程和转运站将铁矿石输送到后方堆场。

图 5-11　莆田罗屿港口

本次“长鑫 66”轮散货船装载的铁矿石，将通过向莆铁路罗屿支线运往江西新余钢铁厂。这也是罗屿港口首次通过连接东南沿海出海口与中西部腹地的“大动脉”向内地输送物资。

福建罗屿港口技术设备部邹奥青告诉记者，“长鑫 66”轮散货船上本次装载有 2 万吨左右的铁矿石。罗屿港口桥式抓斗卸船机卸船效率每小时 3000 吨，是目前东南沿海乃至全国最大的；皮带输送流程的效率每小时 9000 吨，这在卸船码头也居全国前列。

据介绍，这是罗屿港首次装卸如此大型的船泊。此次卸船生产作业，对生产设备、生产管理系统及流程和操作人员的技能是一次全方位的考验和检阅，也为罗屿港口全面投产运营、开拓市场、吸引更多大宗铁矿石客户打下坚实基础。

据悉，罗屿 9 号泊位 30 万吨级（兼靠 40 万吨）矿石码头作为目前东南沿海最大的矿石码头，是全省港口战略布局中的关键一环。罗屿港口的开港试运行，对于莆田市乃至全省港口产业具有重要意义。

（资料来源：闽南网：http://www.mnw.cn/news/pt/2032353.html，根据新闻进行整理）

课前学习思考

请收集资料，了解罗屿港是如何进行大批量的散装矿石的装卸搬运作业的？其装卸搬运的效率如何？

知识学习

一、散装货物的装卸搬运

（一）散装货物的概念

散装货物，是指未加任何包装的块状、粉末状、颗粒状直接付运以至销售的货物，如各类矿石、煤炭、谷物、化肥及盐等。因这类货物，一般作为原料、燃料，每批次的运量一般很大，所以通常称为大宗货物。

在世界货物海运量中，散货年运输量是仅次于石油运输量、居世界货物海运量第二位的货类。在散货运输量中，煤炭和矿石的运量又约占了90%。所以，研究散货的运输、装卸，对于物流的运输与组织有非常重要的意义。

（二）散装货物的装卸搬运

散装货物由于其零散性，一般使用铲、泵、传送带等或利用物体重力进行装卸，不同的散装货物有着不同的装卸特点，装卸设备的结构也不同。散装散卸的方法基本上可分为：倾翻法、重力法、气力输送法、机械法四种。

大宗散装货物的装卸搬运环节包括：卸车，装车；卸船（包括清舱），装船（包括平舱）；堆场作业（堆料/取料），输送。散装货物装卸搬运的基本环节如图5-12所示。

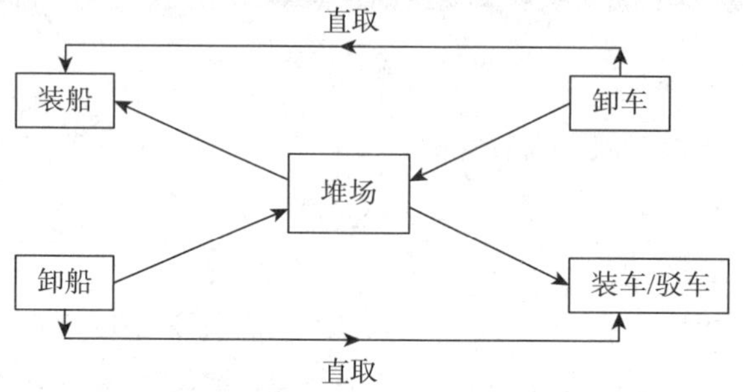

图5-12 散装货物装卸搬运的基本环节

知识链接

"大宗货物之王"铁矿石的装卸搬运

铁矿石，是指含有可提炼出铁的化合物的岩石或沉积物，一般刚被开采的时候成石头状，与多种物质混合。铁矿石是钢铁生产企业的重要原材料。我国铁矿石粗矿储量约占世界储量的12.11%，位列第4位，仅次于澳大利亚、巴西和俄罗斯。但由于矿石品位不高和开采成本较高的因素，使得我国铁矿石对外依存度超过了80%，占据了世界铁矿石进口总额约70%，其中2017年我国的铁矿石进口达到10.75亿吨，位列世界第一；从运送吨位来讲，铁矿石的海上运输一直占据了干散货海上运输总量的27%以上，高于煤炭25%左右以及粮食10%左右，因此，铁矿石被称为海上干散货运输中的大宗货物之王。

铁矿石装载方式一般都是用传送带加喷头的方式，由于现代矿砂船的自平仓式设计，也都不用平仓；卸货方面，一般都是用抓斗卸货，卸货速度要视当地港口条件而定。铁矿石比重大、积载因素小，所以装载速度相对也都较快。据称图巴朗[①]的装载速度能够达到16万吨每天；正常情况下，一艘15万吨的CAPE[②]巨轮一天

① 图巴朗（TUBARAO）是巴西大西洋岸港口，矿石输出港。

② CAPE就是HOPE CAPE好望角型。所谓好望角型船就是强度体积都能安全通过好望角最恶劣天气的船舶，好望角附近常年风力大于8级，一般好望角型船舶特指大型散货船，长度在250～300米，吨位在15～20吨的巨轮。

左右装完是没有问题的，稍微小点的CAPE轮不用一天就可以装完运走；我国的董家口等大型码头卸货率达到了1万吨每小时。

大型矿砂船及其内部草图如图5-13所示。

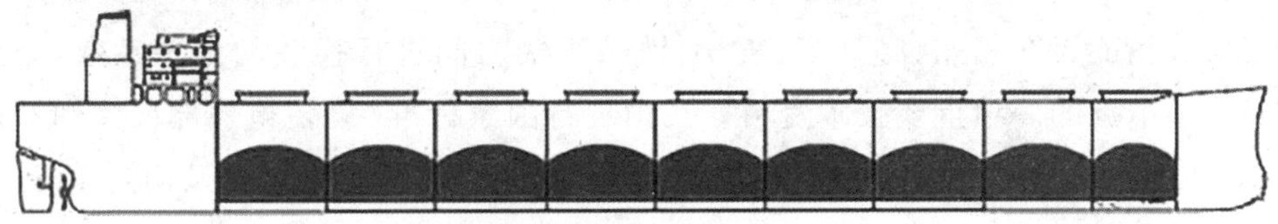

图5-13 大型矿砂船及其内部草图

二、集装箱的装卸搬运

(一)集装箱的概念

1.集装箱的含义

集装箱又称货柜，是指具有一定强度、刚度和规格专供周转使用的大型装货容器。使用集装箱转运货物，可直接在发货人的仓库装货，运到收货人的仓库卸货，中途更换车、船时，无须将货物从箱内取出换装。

2.集装箱的种类

(1)按规格尺寸分：目前，国际上通常使用的干货柜(dry container)规格尺寸如表5-2所示。

表5-2 干货柜的规格尺寸(国际通用)

序号	货柜类型	内容积	配货毛重(吨)	体积(立方米)
1	20尺柜	5.69米×2.13米×2.18米	17.5	24～26
2	40尺柜	11.8米×2.13米×2.18米	22	54
3	40尺高柜	11.8米×2.13米×2.72米	22	68
4	45尺高柜	13.58米×2.34米×2.71米	29	86
5	20尺开顶柜	5.89米×2.32米×2.31米	20	31.5
6	40尺开顶柜	12.01米×2.33米×2.15米	30.4	65

续表

序号	货柜类型	内容积	配货毛重(吨)	体积(立方米)
7	20尺平底货柜	5.85米×2.23米×2.15米	23	28
8	40尺平底货柜	12.05米×2.12米×1.96米	36	50

(2)按制箱材料分:有铝合金集装箱、钢板集装箱、纤维板集装箱、玻璃钢集装箱等。

(3)按用途分:有干集装箱、冷冻集装箱、挂衣集装箱、开顶集装箱、框架集装箱、罐式集装箱等。

(4)按所装货物种类分:有杂货集装箱、散货集装箱、液体货集装箱、冷藏箱集装箱等。

(5)按结构分:有固定式集装箱、折叠式集装箱、薄壳式集装箱等。

(6)按总重分:有30吨集装箱、20吨集装箱、10吨集装箱、5吨集装箱、2.5吨集装箱等。

集装箱外尺寸包括集装箱永久性附件在内的集装箱外部最大的长、宽、高尺寸,它是确定集装箱能否在船舶、底盘车、货车、铁路车辆之间进行换装的主要参数,是各运输部门必须掌握的一项重要技术资料。我国现行国家标准《集装箱外部尺寸和额定重量》(GB1413—2008)中规定了集装箱各种型号的外部尺寸、极限偏差及额定重量。

(二)集装箱的装卸和搬运作业

集装箱在港口的装卸搬运方式按装卸工艺分为吊装和滚装两种方式。

1.吊装方式

吊装方式,又称"垂直作业方式",即岸边采用起重机用吊上吊下的方式来装(卸)船上集装箱。在专用集装箱码头前沿一般都配备岸边集装箱起重机械,进行船舶的集装箱装卸作业。

2.滚装方式

滚装方式,又称"水平作业方式",是将集装箱放置在底盘车(挂车)上,由牵引车拖带挂车通过与船艏门、艉门或舷门铰接的跳板,进入船舱,牵引车与挂车脱钩卸货实现装船;将集装箱直接码放在船舱内,船舶到港后,采用叉车和牵引列车驶入船舱,用叉车把集装箱放在挂车上,牵引列车拖带到码头货场,或者仅用叉车通过跳板装卸集装箱。

如图5-14所示,集装箱装卸搬运底盘车工艺的工艺流程:在岸边用集装箱装卸桥(或滚装方式)将集装箱卸到底盘车上;底盘车开到场地排放,不卸车;出栈时,底盘车可直接将集装箱送到客户门上。集装箱装卸搬运跨运车工艺的工艺流程:在岸边用集装箱装卸桥卸箱,放在码头前沿,然后跨运车将集装箱运至码头堆场,直接堆装。集装箱装卸搬运龙门吊工艺的工艺流程:码头前沿用集装箱装卸桥卸箱,放在集卡上,集卡进行水平运输,将集装箱运至码头堆场,再通过集装箱龙门起重机置于堆场。

a.底盘车工艺

b.跨运车工艺

c.龙门吊工艺

图 5-14　集装箱港口装卸搬运工艺

三、特种货物的装卸搬运

特种货物的装卸搬运作业，包括长大重货物、危险货物、贵重货物和鲜活货物的装卸搬运作业等。

特种货物物流的特点包括：货物本身的特殊性，载运工具的专用性，储运过程的安全性，监控过程的完整性，人员素质的综合性等。

（一）长、大、重等超限货物的装卸搬运

所谓长、大、重等超限货物，一般指的是超过 150 吨的设备。例如，风电机叶片，大型发电机的定子、转子，除氧水箱，主变压器，常用军工设备等。超长、超大、超重等超限货物在运送上对车辆及加固方法都有特殊要求，需要进行专门研究来完成其装卸搬运任务。如图 5-15 所示。

图 5-15　超限货物及其装卸

知识链接

中国的风机叶片是如何进行物流作业的

风能是一种绿色能源，或者说是一种可再生能源。人们将巨大的风车设立在风场里，利用风力转动扇叶来发电，从而将风能转化为电能。风电比火电环保、比核电安全，因而受到了许多国家的追捧。

近年来，我国风电装机量已经稳居世界第一。基于我国风场大多位于偏远山区的客观事实，我国工程师是如何解决风机叶片偏远山区物流的难题的？

风车一般有三片扇叶。每片扇叶长约 50 米，重达数 10 吨。怎么把它们运输到风场，的确是个难题。说它“不大”，是因为现代的巨型卡车可以达到很大的载重

量，数 10 吨应当不在话下。例如，美国就是使用特别设计制造的卡车来运送风电机组扇叶的。但是，这些巨型卡车对道路的要求很高，尤其是在拐弯处要有充分的空间余量。但是，这类卡车在中国很难使用，因为美国的风场多在辽阔的平原地带，而中国的风场则大多在偏远的山区。甚至，人们常常看到风车矗立在高高的山顶上(如图 5-16 所示)。这些地区，没有美国那种宽阔平坦的道路。怎样把那些巨大的扇叶运到风场，的确是令人头疼，所以说它是个“不小”的难题，一点也不为过。

图 5-16　中国风电机组大多数设立在偏远的山区

但是，中国的工程师们创造性地解决了这个难题。他们在大卡车上设置了一个旋转平台，可以 360°转动并自由升降，扇叶就安装在这个平台上。操纵手可以依据道路的状况，随时调整扇叶的方位，以避开高压电缆、山体树木、建筑物等各类障碍物，安全到达目的地。回转平台式风机叶片运输车如图 5-17 所示。

图 5-17　中国工程师发明的回转平台式风机叶片运输车

一般情况下，在运输作业中，每三辆卡车编为一组，以一辆工程车在前面开路。其中，每辆卡车装载一个扇叶，每组车一共运送三个扇叶。无须很久，一个崭新的风电机组就会在山顶上迎风矗立了，如图 5-18 所示。

图 5-18　中国三车编组的风电机组扇叶的运输车在山路上行进

(二)危险货物的装卸搬运

危险货物是指列入国家标准《危险货物品名表》(GB12268—2005)中和国际海事组织制定的《国际海运危险货物规则》,具有爆炸、易燃、毒害、腐蚀、放射性等特性,在水路运输、港口装卸和储存等过程中,容易造成人身伤亡和财产毁损而需要特别防护的货物,如图 5-19 所示,汽油运输属于一种危险货物运输。

危险货物物流是一项技术性和专业性很强的工作,具有如下特点:危险货物品类繁多,性质各异;危险货物危险性大,对外界条件要求严格;危险货物运输管理方面的相关规章、规定多;危险货物物流运营要求业务专营、车辆专用及人员专业等。

1.我国危险货物物流的主要问题

(1)行政多头管理,职能交叉、效能不足;

(2)行业发展不规范,企业资质、规模、车辆、专业化水平、从业人员素质等参差不齐;

(3)危险货物道路运输信息化水平与运输监控系统落后;

(4)危险货物物流效率低、事故多,社会关联影响大;

(5)事故应急机制落后。

2.危险货物物流发展对策相关建议

(1)统一管理政策,建立危险品运输管理联运机制,结束政出多门的现状;

(2)建立统一、规范的危险品物流行业标准;

(3)提高行业准入门槛,保护正规企业发展;

(4)利用大数据优势,科学规划危险品物流网络;

(5)建立全国性的危险品物流管理信息平台,提高联网联控系统数据质量,提升行业信息化水平;

(6)发展专业化危险品物流,提倡发展第三方物流。

图 5-19 汽油运输车

(三)贵重货物的装卸搬运

贵重货物,是指单件价值比较昂贵,在运输过程中承运人须承担较大经济责任的货物,如货币及主要证券、贵重金属及稀有金属、珍贵艺术品、贵重药材和药品、贵重毛皮、珍贵食品、高级精密机械及仪表、高级光学玻璃及其制品、高档日用品等。

因贵重货物价格昂贵,运输责任重大,装车时应进行严格的检查。检查包装是否完整,货物的品名、重量、件数和货单是否相符;怕震动的贵重货物在装卸时要轻拿轻放;运送贵重货物的驾驶人责任心要强,必要时要有托运方委派的专门押运人员跟车;交付贵重货物要做到交接手续齐全,责任明确。

对点案例

顺丰燕窝事件

2017 年 4 月 12 日,四川省自贡市杨女士受其母亲吴淑琴(化名)委托,通过顺丰速运公司向北京邮寄 10 斤燕窝,保价 20 万元,保价费用 1000 元,同时支付了 391 元运费。“交货之前,快递员确认燕窝完好无损,而且确认了数量、重量。”杨女士称,一共快递了 6 个件,其中 5 个件分装燕窝,1 个件为空盒,供收件方使用。为了确保燕窝能完好无损地寄到北京,杨女士说,她曾再三提醒收货员一定要小心,按要求装箱运输。杨女士称,这 10 斤燕窝为母亲所有,是近年保存下来、没有食用完的。最近,母亲将燕窝转手卖给北京的一位朋友,遂委托其快递。“市场上的燕窝,完整度、成色不同,价格也不同,有每克 10 元的,也有每克七八十元的。燕窝的完整度对于市场价值很重要。”

4 月 13 日,6 个快递件抵达北京,并先后送达收货方所在地址。“分批送达的,上午送到了 2 个件,下午送达 2 个件。”收件人沈先生接受成都商报记者电话采访时称,第 1 个件送达后,他开包验货,发现燕窝有破损,赶紧致电快递员回来查验。此时,第 2 个件送达,快递员与他一同开包验货,确认该件中的燕窝也被损坏。下午送达的另外几个件,均是他与快递员在场,由快递员负责开包验货,均发现件内燕窝有不同程度受损。如图 5-20 所示。

面对受损燕窝，杨女士替母亲向顺丰速运公司提出赔偿要求。“损坏的程度在80%以上，我保价20万元，按道理，应该按照20万元赔偿，燕窝由公司处理。”对公司方给出的4万元赔偿，杨女士不予接受。

图5-20　寄出时和收件时燕窝照片（杨女士供图）

快递公司：承认燕窝损坏，定损赔偿4万元

对于杨女士的燕窝在快递中受损的事实，顺丰速运公司相关负责人在接受成都商报记者采访时表示属实。该负责人说，了解情况后，公司方面一直在跟客户谈赔偿问题，但客户态度比较坚定，不接受保险公司给出的赔偿价格。

该负责人介绍，经顺丰速运公司投保的保险公司定损，赔偿金额为4万元，理由为：燕窝没有全部损坏，损坏的燕窝没有丧失药用价值，且客户不能提供有效的价值证明，所以不能按照保价金额赔偿。该负责人说，除了没有丧失药用价值，经与保险公司方面核实，为确定燕窝的价值，工作人员进行了市场询价，询价结果为每克八九元，与客户所称每克41元的价格不一致。就此事，顺丰速运公司仍在继续与保险公司沟通，为客户争取。

该负责人坦言，顺丰速运公司的保价业务系外包给保险公司进行的，因此对于受损快件的赔偿，由保险公司负责定损和赔偿。《快递服务》国家标准的赔偿规定：如果判定快件内件价值完全丧失，按照快件丢失赔偿；如果快件价值部分丧失，依据快件丧失价值占总价值的比例，按照快件损毁的比例赔偿。

至于定损标准和依据，该负责人称不清楚，需要向保险公司方面进一步了解核实。

律师：以实际损失为赔偿标准，可申请评估鉴定

泰和泰律师事务所律师刘秀认为：消费者与快递公司签订的合同是合法有效的，如快件受损，快递公司应根据合同上约定的赔偿条款承担相应的赔偿责任。既然消费者对快件进行了保价，那么就应该在保价范围内来赔偿。具体赔偿金额，则根据实际造成的损失进行赔偿。在明确快件市场价值的情况下，如果快件完全损坏，没有市场价值了，肯定要全额赔偿；如果快件的价值是部分降低或者减少，按照实际损失赔偿，可通过司法鉴定确认。

北京蓝鹏（成都）律师事务所律师陈小虎认为：首先，消费者可提供相关票据，证明物品的实际价值；如无法提供有效证明，且双方无法达成一致，可共同确认第三方机构来评估其价值，并按评估出来的价值予以赔偿。其次，对于快件的保价，一般情况下保价金额与物品实际价值应相等或几乎相等，可直接根据实际损坏程度赔偿。再次，保价金额与物品实际价值有较大差异时，赔偿也有不同。比如，1 件价值 5 万元的物品，保价 20 万元。如果出现损坏，应按照损坏程度予以赔偿，赔偿金额不超过 5 万元；如果出现遗失，且双方协商达不成一致，又无法认定和评估实际价值，则可参照保价来索赔。又比如，1 件价值 5 万元的物品，只保价 2 万元。如果出现损坏，则只能在 2 万元范围内，根据损坏程度予以赔偿；如果出现遗失，最多赔偿 2 万元。

陈小虎提醒，在邮寄贵重物品时尽量按照其实际价值进行保价，并尽可能保存好物品购销发票或能证明其实际价值的相关资料，以此作为遇到物品受损或遗失情况后的索赔证据。

（资料来源：根据 http://news.sina.com.cn/sf/news/ajjj/2017-11-16/doc-ifynwnty3379255.shtml 进行整理）

（四）鲜活易腐货物的装卸搬运

鲜活易腐货物，是指在一般运输条件下易于死亡或变质腐烂的货物，主要分为活动物和易腐物两大类。活动物主要包括禽、畜、兽、蜜蜂、活鱼、鱼苗等。

易腐货物是指在一般条件下保管和运输时，极易受到外界气温及湿度的影响而腐坏变质的货物，主要包括肉、鱼、蛋、水果、蔬菜、冰鲜活植物等。

鲜活易腐货物物流运输的注意事项：

1.收运

(1)托运鲜活货物，应提供必要的检验合格证明、卫生检疫证明和准运手续等；还应提供最长运输期限及途中管理、照料事宜的说明书，对于运输途中需要饲养和照料的动、植物，托运人必须派人押运。

(2)托运易腐需冷藏保温的货物，托运人应提供货物的冷藏温度和在一定时间的保持温度。

2.装载

鲜活、易腐货物原则上专车专运，不得与其他货物混装。

(1)对于活口动物，如牛、马需用绳索拴牢在高栏板内，禽、兽及其他小动物须用集装笼或专用工具固定在车厢内，保持平稳、妥当。

(2)对于装载水果、蔬菜、鲜活植物等，各货件之间应留有一定的间隙，使空气能在货件间充分流动。车厢底板最好有底格，装货时应使货件与车壁留有适当空隙，以便使经由车壁和底板传入车内的热量，可以由空气吸收而不至直接影响货物。

(3)对于易腐货物，冷冻货物应采用紧密堆码不留空隙以确保货物本身积蓄的冷量不易散失；对本身不发热的某些冷冻货物(如冷冻鱼虾)，虽可以采用紧密堆码法，但应防止过分紧压，以免损伤物体，影响质量。

3.运送

对鲜活货物应运送及时，运行中不得随便紧急制动，并配合押运人定时停车照料。

易腐货物要使用冷藏保温车(如图 5-21 所示)或冷藏保温技术,要快速运输,压缩货物在途中的时间,以保障货运质量。

(a)

(b)

图 5-21　冷藏保温车

知识链接

冷链物流

冷链物流(cold chain logistics) 泛指冷藏冷冻类食品在生产、存储、运输、销售,到消费前的各个环节中始终处于规定的低温环境下,以保证食品质量,减少食品损耗的一项物流系统工程。它是随着科学技术的进步、制冷技术的发展而建立起来的,是以冷冻工艺学为基础、以制冷技术为手段的低温物流过程。

冷链物流的适用范围主要包括三大类:

(1)初级农产品:蔬菜、水果,肉、禽、蛋,水产品,花卉产品等。

(2)加工食品:速冻食品,禽、肉、水产等包装熟食,冰激凌、奶制品、巧克力;快餐原料等。

(3)特殊商品:药品等。

冷链物流比一般常温物流系统的要求更高、更复杂,建设投资也要大很多,是一个庞大的物流系统工程。由于易腐食品的时效性要求冷链各环节具有更高的组织协调性,所以,食品冷链的运作始终是和能耗成本相关联的,有效控制运作成本与食品冷链的发展密切相关。

任务三　装卸搬运合理化

学习内容

1.装卸搬运合理化的目标;

2.装卸搬运合理化的基本原则;

3.装卸搬运合理化的措施。

学习目标

完成本学习任务后,你应当能:

1.准确把握装卸搬运合理化的概念,理解其目标和原则;

2.通过研究分析各种装卸搬运作业合理化与不合理化因素,掌握装卸搬运合理化措施。

案例导入

西安振华货运公司的装卸搬运

西安振华货运有限公司是一家成立于2009年,注册资本50万元,员工50人的物流公司,其主营业务是零担配送、仓储、整车运输、西安物流专线、西安货运专线。公司在西安有4个收货点,收取货物,在晚上进行统一的装车,发往相对应的目的地。

公司的货物运到公司堆场后,公司的装卸搬运工按照地点不同将发货人随意摆放的货物通过手工作业或者利用叉车和手动叉车配合托盘的方式,将货物放置在正确的位置。

在公司的整个物流作业过程中,装卸搬运往往会出现多次,多于其他的物流功能作业;而且装卸搬运也消耗大量的人力、物力、财力,其成本在物流总成本中占相当大的比例。据统计,在振华货运公司某一物流货运作业过程中,运输的时间为5个小时,装卸搬运的时间为8个小时,其他环节花费1个小时,即装卸搬运占物流作业总时间57%。装卸搬运过程中所支付的人工费用占整个物流总成本的30%。

公司的装卸搬运也存在着很多问题,主要如下:(1)无效的装卸搬运。由于货物总是堆积在一起,在粘贴条形码时,需重新搬动货物以方便粘贴。(2)人力作业为主的作业方式。由于货物的作业空间有限,公司的大多数货物只能采用工人手抱肩扛的作业方式进行装卸搬运。(3)暴力装卸货物。公司部分运输车是厢式货车,特别是在夏季进行作业时,车内温度高、粉尘弥漫,容易让车厢内的工人产生暴躁脓气,遇到重货时会摔货,由此导致货损;其后果就是,公司每个月都会有1000~2000元不等的赔损额。(4)没有合理利用重力进行装卸搬运。在实地比较考察中,对比两辆12米的低平板半挂车进行装卸搬运作业,一辆半挂车使用滑梯利用重力进行装卸,一辆没有,发现有使用滑梯的半挂车的装卸搬运,工人作业强度大幅减少、作业时间较大缩短,效率也提高不少。

(资料来源:李宁,刘铮.基于物流视角下的装卸搬运研究——以振华货运公司为例[J].商场现代化,2017(05):97-99.)

课前学习思考

影响物流装卸搬运效率和效益的因素主要有哪些?

知识学习

装卸搬运合理化是指以尽可能少的人力和物力消耗，高质量、高效率地完成装卸搬运任务，达成装卸搬运目标的物流作业管理要求。装卸搬运合理化，是针对装卸不合理而言，合理与不合理是相对的，由于各方面客观条件的限制，不可能达到绝对合理。

一、装卸搬运合理化的目标

装卸搬运合理化的目标，是指装卸搬运作业活动应当或要求要达到的目标。具体如下：

(一)装卸搬运质量要高

质量高是装卸搬运的核心目标。主要是指能够按客户需求的数量、品种，安全、及时地将货物装卸搬运到指定的位置。

(二)装卸搬运距离要短

搬运距离的长短与搬运作业量的大小和搬运作业的效率是密切相关的。缩短装卸搬运距离，可以节省劳动消耗，缩短搬运时间，减少搬运中的消耗。

(三)装卸搬运时间要少

在装卸搬运作业中，通过机械化、自动化作业，尽量缩短装卸搬运时间，不但能节约费用，提高效率，而且能提高物流速度，激活整体物流过程，及时满足客户的需求。

(四)装卸搬运费用要省

实现装卸搬运作业机械化、自动化和物流现代化，既能大幅度削减作业人员、降低人工费用，又能提高装卸搬运效率，降低装卸搬运成本，装卸搬运费用也随之较大幅度节省。

二、装卸搬运合理化的基本原则

装卸搬运的基本原则是指装卸搬运作业活动应当遵循的原则。根据装卸搬运活动的特征和作用，为了提高装卸搬运作业的效率和效益，在长期实践中总结出来的装卸搬运基本原则，可以归纳为：

(一)活性化原则

物品活性可简单理解为对物品进行装卸搬运作业的难易程度。如果物品容易或适于下一步装卸搬运作业，则称其活性高；反之，则称其活性低。例如：分散放置的物品活性低，集装放置的物品活性高；堆码地上的物品活性低，堆码托盘上的物品活性高，堆码搬运车上的物品活性更高。

在堆放货物时，应事先考虑到物品装卸搬运作业的方便性：在装上时要考虑便于卸下，在入库时要考虑便于出库。

知识链接

物品搬运活性指数

物品装卸搬运活性,是指从物的静止状态转变为装卸搬运运动状态的难易程度。为了量化表达,日本物流专家元藤健民把物品放置的活载程度分为0,1,2,3,4五个等级,该数值称为活性指数(如图5-22所示)。

散乱堆放在地面上的货物,进行下一步装卸必须要进行包装或打捆,或者只能一件件操作处置,因而不能立即实现装卸或装卸速度很慢,这种全无预先处置的散堆状态,定为"0"级活性。

将货物包装好或捆扎好,然后放置于地面,在下一步装卸时可直接对整体货载进行操作,因而活性有所提高,但操作时需支起、穿绳、挂索,或支垫入叉,因而装卸搬运前预操作要占用时间。不能取得很快的装卸搬运速度,活性仍然不高,定为"1"级活性。

将货物形成集装箱或托盘的集装状态,或对已组合成捆、堆或捆扎好的货物,进行预垫或预挂,装卸机具能立刻起吊或入叉,活性有所提高,定为"2"级活性。

将货物预置在搬运车、台车或其他可移动挂车上,动力车辆能随时将车、货拖走,这种活性更高,定为"3"级。

如果货物就预置在动力车辆或传送带上,能够即刻进入运动状态,而无须做任何预先准备,活性最高,定为"4"级。

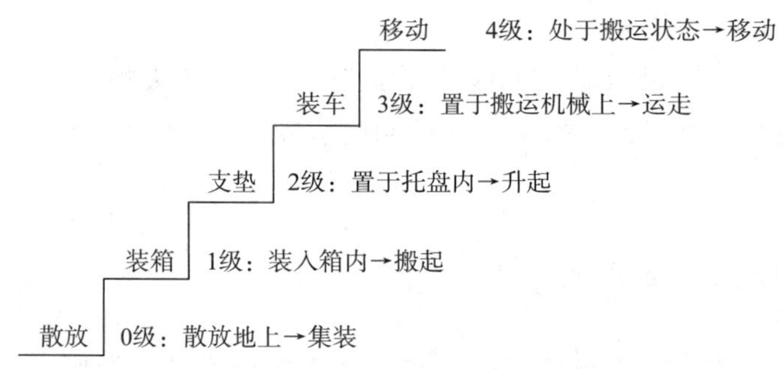

图5-22 装卸搬运活性指数

(二)省力化原则

省力化原则,是指装卸搬运要尽可能节省人力和动力的作业原则。能往下则不往上,能直行则不拐弯,能用机械则不用人力,能水平则不要上斜,能滑动则不摩擦,能连续则不间断,能集装则不分散。

(三)短距化原则

短距化原则,是指要以最短的距离完成装卸搬运作业的作业原则。缩短装卸搬运距离,不仅省力、省能,还能使作业快速、高效。例如,工业生产中的生产流水线作业、生活中转盘式餐桌等。

（四）顺畅、连续化原则

顺畅、连续化原则，是指作业场所无障碍、作业通道通畅、作业连续不间断的原则。如叉车在仓库中作业，应留有安全作业空间，转弯、后退等动作不应受面积和空间限制；人工进行货物搬运，要有合理的通道，脚下不能有障碍物，头顶留有空间，不能人撞人、人挤人；用手推车搬运货物，地面不能坑坑洼洼，不应有电线、工具等杂物影响小车行走；机械化、自动化作业途中停电、线路故障、作业事故的防止等也是确保装卸搬运作业顺畅和安全的因素。

（五）人格化原则

人格化原则，是指在装卸搬运作业中以人为本，通过对作业工人的作业环境、管理制度、安全防护、福利待遇等各方面给予重视，以调动工人的积极性从而达到装卸搬运目标的作业原则。

三、装卸搬运合理化的措施

装卸搬运对活劳动和物化劳动消耗较大，这种劳动消耗量要以价值形态追加到装卸搬运对象的价值中去，从而增加产品和物流成本。因此，应科学、合理地组织装卸搬运过程，尽量减少用于装卸搬运的劳动消耗。根据影响物流装卸搬运效率和效益的主要因素，我们通常可以采用如下的合理化措施：

（一）提高装卸搬运活性

物品搬运活性指数越高，装卸搬运的效率和效益也越高。实际装卸搬运作业中，可采用活性分析图法。活性分析图法是将某一物流过程通过图示来表示装卸、搬运的活性程度，并具有明确的直观性能，使人一看就清楚，薄弱环节容易被发现和改进。

（二）确保集装单元化

集装单元化是指将货物集中扩大成一个作业单元进行装卸搬运。集装单元化是实现装卸搬运合理化、降低物流费用的重要手段。

（三）防止无效装卸搬运

无效装卸就是货物必要装卸劳动之外的多余装卸劳动。防止无效装卸可以从以下几个方面入手：

（1）提高被装卸货物的纯度，去除无效物质；

（2）减少多余包装，增强包装的轻型化、简单化、实用化，减少无效负荷；

（3）尽量减少装卸次数，缩短搬运距离；

（4）充分发挥装卸搬运设备的能力和装载空间，提高装载效率；

（5）采用集装方式，进行多式联运。

（四）利用或消除重力影响

一方面，应巧妙利用物品本身的重量和落差原理，设法利用重力移动物品，以节省劳力和能耗；另一方面，还应尽可能消除货物重力的不利影响，同样能减少装卸劳动的消耗。

（五）匹配合适的物流设施和装卸搬运设备

建设配备合适装卸的物流设施"复合终端"。所谓"复合终端"，即对不同运输方式的终端装卸场所，集中建设不同的装卸设施。其优点在于：取消了各种运输工具之间的中转搬运，因而有利于物流速度的加快，减少装卸搬运活动所造成的物品损失；由于各种装卸场所集中到复合终端，这样就可以共同利用各种装卸搬运设备，提高设备的利用率；在复合终端内，可以利用大生产的优势进行技术改造，大大提高转运效率；减少了装卸搬运的次数，有利于物流系统功能的提高。

（六）保持物流畅通连续

装卸搬运最理想的状态是保持装卸搬运作业连续不断地进行，使货物顺畅地流动，将运输、存储、包装和流通加工等物流活动有序地连接起来，保持整个物流过程的均衡顺畅。

（七）提高作业组织管理水平

装卸搬运的组织管理水平对物流设施的建设匹配、装卸搬运设备的选择、搬运场所的合理布置、搬运路径和距离的确定、装卸搬运的文明化等方面都有重要的直接影响。

（八）重视改善物流系统总效果

装卸搬运在某种意义上是运输、保管活动的辅助活动。因此，特别要重视从物流全过程来考虑装卸搬运的最优效果。如果单独从装卸搬运的角度考虑问题，不但限制了装卸搬运活动的改善，而且还容易与其他物流环节发生矛盾，影响物流系统功能的提高。

知识链接

日本装卸搬运现场"六不"改善法

在日本，为了提高商品装卸搬运的效率，提出了"六不"改善法。

(1)不让等：要求通过合理的安排使作业人员和作业机械闲置的时间为零，实现连续工作，发挥最大效用；

(2)不让碰：通过机械化、自动化设备的利用，使作业人员在进行各项物流作业时，不直接接触商品，降低人员劳动强度；

(3)不让动：通过优化仓库内物品摆放位置和自动化工具的应用，减少物品和作业人员移动的距离与次数；

(4)不让想：通过对作业的分解和分析，实现作业的专业化和标准化，简化作业过程，减少作业人员的思考时间，提高作业效率；

(5)不让找：通过详细的规划，把作业现场管理的工具和物品摆放在最显眼的地方，使作业人员在需要利用设备时不用去寻找；

(6)不让写：通过信息技术以及条形码技术的广泛应用，真正实现无纸化办公，降低作业成本,提高作业效率。

项目小结

本项目主要对装卸搬运的概念、作用、设备以及装卸搬运的应用和合理化进行认知和学习。通过学习,了解装卸搬运的概念、作用和设备,理解装卸搬运的应用,掌握装卸搬运合理化的措施。

本项目学习难点是托盘堆码和手动、电动叉车的使用,以及对不同装卸搬运作业中装卸搬运设备的选择及合理化措施的制定。建议通过实训和结合实际案例帮助学生提高技能和加强理解。

教学分享

1.学习课时

本项目建议学习4个课时。

2.教学方法

建议采用讲解、体验式教学、小组讨论、案例教学及技能实训等方法。应把握的知识重点包括:装卸搬运的概念与应用,搬运活性系数,托盘堆码,地牛、叉车的使用,装卸搬运合理化的措施。

3.学习环境要求

(1)学习场地:①多媒体教室;②物流一体化实训室。

(2)学习资料:①视频资源;②课程网络资源。

课后习题

一、单项选择题

1.在同一地域范围内进行的,以改变物的存放状态和空间位置为主要内容和目的的活动称为(　　)。

A.运输　　B.装卸搬运　　C.配送　　D.流通加工

2.搬运是指在同一场所内(通常指在某一个物流结点,如仓库、车站或码头等),对物品进行以(　　)为主的物流作业。

A.水平移动　　B.垂直移动　　C.水平和垂直移动　　D.倾翻作业

3.与其他环节相比,(　　)具有伴随性的特点。

A.运输　　B.仓储　　C.配送　　D.装卸搬运

4.电视机等易碎、贵重的成件包装商品,可使用(　　)进行装卸搬运。

A.小型叉车　　B.大型叉车　　C.轮胎式起重机　　D.轨道式起重机

5.把物料和货物的存放状态对装卸搬运作业的难易程度称之为(　　)。

A.搬运指数　　B.搬运活性指数　　C.灵活性指标　　D.存放状态

6.搬运活性指数是用来表示各种状态下物品的搬运难易程度,它可以分为(　　)

个等级。

A. 2　　B. 3　　C. 4　　D. 5

7.装卸搬运中需要遵循的一个原则是使货物处于搬运活性(　　)的状态。

A.低　　B.运动　　C.静止　　D.高

8.放于搬运车、台车或其他可移动挂车上的货物,它的搬运活性指数是(　　)级。

A. 0　　B. 1　　C. 2　　D. 3

9.将商品置于集装单元器具内时,其装卸活性有所提高,被定为(　　)级活性。

A. 1　　B. 2　　C. 3　　D. 4

10.不属于装卸搬运基本原则的是(　　)。

A.省力化　　B.活性化　　C.人工化　　D.短距化

二、多项选择题

1.装卸搬运作业内容的构成主要有(　　　)。

A.堆放拆垛作业　　B.分拣配货作业

C.搬动移位作业　　D.贴标签、拴卡片、分装等其他作业

E.以上都不是

2.按装卸搬运的机械及机械作业方式可将装卸搬运分为(　　　)。

A.吊上吊下　　B.滚上滚下　　C.叉上叉下

D.移上移下　　E.散装散卸

3.装卸搬运作业的特点包括(　　　)。

A.附属性、伴生性　　B.保障性　　C.衔接性

D.支持性　　E.骨干性

4.防止和消除无效作业的途径是(　　　)。

A.尽量减少装卸次数　　B.提高被装卸货物的纯度

C.包装要适宜　　D.缩短装卸作业的距离

E.使用机械

5.装卸搬运设备按照作业性质分为(　　　)。

A.起重设备　　B.升降设备　　C.连续输送机械

D.搬运机械　　E.吊装设备

6.下列货物中,属于物流领域中特种货物的是(　　　)。

A.风力发电机叶片　　B.烟花　　C.氧气

D.硝化棉　　E.活鱼

7.集装箱在港口的装卸搬运方式按装卸工艺可分为(　　　)。

A.吊装　　B.移装　　C.绞装

D.滚装　　E.浮装

8.装卸搬运合理化的目标是(　　　)。

A.距离要短　　B.时间要少　　C.质量要高

D.费用要省　　　E.安全性要高

三、判断题

1.装卸搬运是指在一定地域范围内进行的、以改变货物存放状态和空间位置为主要内容和目的的物流活动。　（　）

2.在装卸搬运技术装备中，运输机械具体指的是汽车、平板车和拖拉机等。　（　）

3.装卸搬运技术装备应用于生产企业内部物料的起重输送和搬运、船舶与车辆货物的装卸以及库场货物的堆垛等。　（　）

4.汽车起重机属于一种专用起重机。　（　）

5.物料是装卸搬运的对象，也是影响装卸搬运设备和方法选择的间接因素。（　）

6.严格地讲，装卸和搬运是两个相同概念的组合。　（　）

7.在生产过程中装卸搬运通常被称为货物装卸，流通过程中装卸搬运多被称为物料搬运。　（　）

8.物流设施“复合终端”是指对不同运输方式的终端装卸场所，集中建设不同的装卸设施。　（　）

9.因为搬运不能增加货物的价值与实用价值，反而会增加货物破损的可能性与成本，因此要千方百计地消除无效搬运，以最少的搬运次数达到目的。　（　）

10.配送中心装卸搬运设施布置应以系统管理为指导思想，以装卸搬运系统作为整个物流系统的一个子系统，所以其设施布置应具有系统的观点。　（　）

四、案例分析题

云南烟叶生产物流降低装卸搬运成本

云南省烟草烟叶公司作为云南烟草行业的重点骨干企业，是云南省最大的云烟原料加工基地，是集收购、加工、储存、销售为一体的国有中型企业，公司总的仓储、复烤能力达到了150万担，承担着云南省烤烟15%的复烤加工任务，担负着省内烟厂以及全国40多家烟厂的烟叶调拨任务。1995年，云南省烟草烟叶公司从国外引进了两条设计生产能力为12000千克/时的打叶复烤生产线，加速资产流动，优化资源配置，迅速实现了资产的保值增值。在烟草行业新的机遇与挑战面前，云南省烟草烟叶公司在继续发挥企业各种优势的同时不断强化管理，采取行之有效的措施降低成本，提高企业利润。该公司为了降低物流成本、真正实现物流系统管理思路，改进现有的生产物流系统，主要采取的措施包括以下几个方面：

1.取消、合并装卸搬运环节和次数

公司在生产物流系统设计中研究了各项装卸搬运作业的必要性，千方百计地取消、合并装卸搬运环节和降低装卸搬运次数。

2.实现生产物流作业的集中和集散分工

公司在安排存储保管物流系统的卸载点和装载点时尽量集中。在货场内部，同一等级、产地的烟叶应尽可能集中在同一区域进行物流作业，如建立专业货区、专业卸载平台等。

3.进行托架单元化组合,充分利用机械进行物流作业

公司在实施物流系统作业过程中要充分利用和发挥机械作业,如叉车、平板货车等,增大操作单位,提高作业效率和生产物流"活性",实现物流作业标准化。

4.合理分解装卸搬运程序,改进装卸搬运各项作业

提高装卸搬运效率,力争在最短时间内完成烟叶加工的所有工艺流程。

5.提高生产物流的快速反应能力

公司通过烟叶数据库的建设,促进网络信息的发展,将物流的各个环节连成一个整体,按照统一的生产计划准时地实现烟叶物资的流动。

通过物流体系管理的建立,公司逐渐加强现场管理,简化生产工艺流程,从而达到降低综合损耗以及物流相关成本的目的。

思考题

云南省烟草烟叶公司是如何降低装卸搬运成本的?

技能训练

实训主题:托盘堆码及货物的装卸搬运实训

一、实训目标

1.掌握托盘堆垛的基本方法;

2.能够使用手动托盘搬运车和电动叉车完成货物的装卸搬运。

二、组织安排

将学生分为2人一组,按小组完成实训任务。

三、实训内容

1.根据货物形状合理选择堆码方法;

2.练习手动托盘搬运车与电动叉车的使用。

建议用时:

1.托盘堆垛:2课时;

2.地牛、叉车使用:2课时;

3.综合训练:2课时。

四、实训器材

托盘、纸箱若干、手动液压搬运车(地牛)、电动叉车、托盘货架。

五、实训过程设计

1.教师讲解

(1)教师讲解托盘堆码方法及堆码的操作要求;

(2)教师讲解并演示手动液压搬运车(地牛)、电动叉车的操作要点。

2.学生分组练习

第一步:选择托盘和不同规格的纸质箱子,利用不同的方式进行堆码,观察不同种类的堆码方式对托盘利用率的影响;

第二步:将完成堆码的托盘置于地牛之上,然后拉动地牛在室内移动,看搬运效果,然后对堆码方案进行调整;

第三步:用叉车对堆码后的货物完成上架及取货操作。

3.实训总结

(1)总结所采用的各种堆码方式的优缺点及适用范围;

(2)总结说明影响托盘堆码稳定性的各种因素;

(3)总结叉车使用的要领;

(4)每人按照要求认真撰写实训报告。

◆ 模块六 ◆
物流包装

学习任务

1.认识和掌握物流包装,了解包装的功能、分类与标志;

2.掌握包装技术,了解包装技术的类型;

3.掌握包装合理化的措施。

技能目标

1.掌握包装的定义和主要功能;

2.掌握包装材料及其选择的原则;

3.在正确理解包装、包装材料和包装技术的概念的基础上,能够对一些商品的包装,提出自己的分析与见解。

任务一 认识物流包装

学习内容

1.物流包装的概念;

2.物流包装的功能;

3.物流包装的基本分类;

4.物流包装标志。

学习目标

完成本学习任务后,你应当能:

1.准确把握物流包装的概念,了解其基本功能和分类;

2.通过观察分析身边商品的包装标志,能够指出该标志所代表的含义。

案例导入

近年来我国快递包装使用变化趋势

物流行业的包装多使用塑料袋或纸箱收纳辅以胶带或空气囊进行固定和保护。有数据显示，2018年我国物流包装共逾500亿份，其中编织袋53亿条，塑料袋245亿个，纸箱143亿个，封套57亿个。据预测，到2020年，我国快递包装消耗量将达到快递运单1002.5亿份，其中编织袋146.6亿条、塑料袋400亿个、纸箱480亿个、封套150亿个（如图6-1所示）。可见，我国包装材料呈现出单一化发展趋势，而以塑料袋和纸箱为主要包装材料的包装在运输过程中，极易被损坏，纸箱也容易变形，难以对运输物起到保护作用。

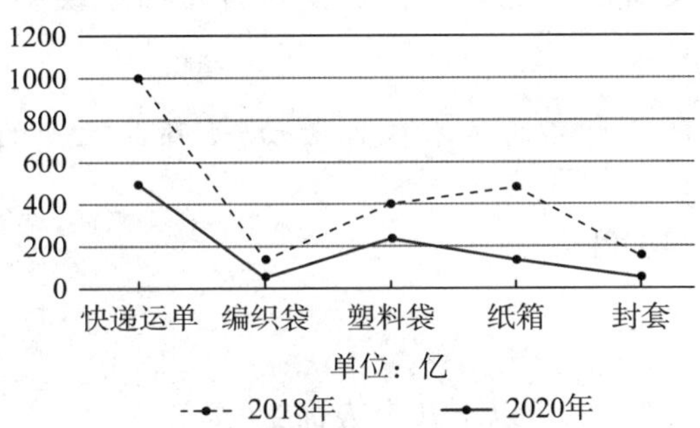

图6-1　2018—2020年我国包装使用情况变化趋势

（资料来源：高明.试论我国绿色化物流包装的发展与对策[J].全国流通经济，2019(12)：14-15.）

课前学习思考

在物流中，不同类型的包装主要起到什么作用？

知识学习

一、物流包装的概念

我国国家标准《包装通用术语》(GB/T 4122.1—2008)[①]对物流包装的定义是“为在流通过程中保护产品，方便储运、促进销售，按一定技术方法而采用的容器、材料及辅助物的总称”。也指为了达到上述目的而采用容器、材料和辅助物的过程中，施加一定技术方法等的操作活动。

物流包装是依据内装的商品特性、形态、数量以及物流和销售需求，采用特定包装材料和技术方法，按照设计要求创造出来的造型与装饰相结合的实体，因而具有技术和艺术双重特性，具有防护性、体积性、形态性、层次性、整体性等多方面特点。

---

① 《包装通用术语》(GB/T 4122.1—2008)，是于2008年5月27日，由中国包装联合会、深圳职业技术学院、广东省佛山市南海东兴塑料制罐有限公司等单位负责起草的。

知识链接

包装的三层含义

1.包装物

包装是指盛装商品的容器和/或其他包装物料，通常称作包装物，它是一类特殊商品，其本身具有价值和使用价值，同时又是构成商品的重要组成部分，其价值包含在商品的价值中，不但在出售商品时给予补偿，而且会因其特定功能而得到超额补偿。

2.包装是一种手段

包装是促使被包装商品实现其价值和使用价值的手段。

3.生产的重要组成部分

包装是指盛装或包扎商品的技术操作活动，是商品生产的重要组成部分。

二、物流包装的功能

(一)保护功能

物流包装的保护功能主要指以下几个方面：

(1)防止商品破损变形；(2)防止商品发生化学变化；(3)防止商品发生生物学变化；(4)防止商品发生物理机械变化。

此外，包装还有防止异物混入、污物污染，防止丢失、散失、盗失等作用。

(二)方便储运和消费

包装的方便储运和消费功能是指包装大小、形态、包装材料、包装重量、包装标志等便于运输、保管、验收、装卸。

包装要求容易区分商品及计量，同时包装及拆装作业简便、快速，容易处理，拆装后的包装材料能分割或者重新组合，适应多种装运条件及分货要求。

(三)促销功能

包装被人们称为“不会说话的推销员”“精美的包装胜过一千个推销员”，其促销功能如下：(1)包装后的商品可以作为一个销售单位进行销售；(2)包装的形状与构造具有吸引顾客的魅力，包装是商业交易、促销的重要手段；(3)包装的文字、图案、色彩等内容可以刺激顾客的购买欲。

知识链接

不同的色彩能引起人们不同的视觉反应，从而引起不同的心理活动。例如，黑色、红色、橙色给人以重的感觉；绿色、蓝色给人以轻的感觉。所以笨重的物品宜采取浅色包装，会使人觉得轻巧、大方；分量轻的物品采用浓重颜色的包装，给人以庄重结实的感觉。

美国色彩研究中心曾做过一个试验，研究人员将煮好的咖啡分别装在红、黄、绿三种颜色的咖啡杯内，让十几个人品尝比较，结果品尝者们一致认为咖啡的味道不同：绿色杯内的咖啡味酸，红色杯内的咖啡味美，黄色杯内的咖啡味淡。在系列试验的基础上专家们得出结论：包装的颜色能左右人们对商品的看法。例如，药品选用白色，看起来干净、卫生、可靠；化妆品宜用中间色，如米黄、乳白、粉红等，显得高雅富丽、质量上乘；食品宜用红色、黄色和橙色包装，看起来更色香味美、加工精细；酒类宜用浅色包装，彰显香醇浓厚、制作考究。

再者例如茅台酒作为国酒品牌的延伸，其设计者把“国色”红、黄作为茅台酒的代言色，使用“国色”作为包装基调，为人们提供了高贵、吉祥的想象空间和强烈的视觉冲击效果，因而给消费者以全新的感受。

三、物流包装的基本分类

物流包装的分类方法很多，由于功能不同、材料不同、技术不同，在流通中的作用不同，所以形成了不同的包装类型。

(1)按照包装在流通中的不同作用分为：商业包装、运输包装。

商业包装的目的是促进销售，包装精细、考究，以利于宣传、吸引消费者购买。

运输包装是为了强化输送、保护产品的包装，在满足物流要求的基础上使包装费用越低越好。它的目标是在包装费用和物流损失之间寻找最优效果。

(2)按照包装材料的不同可分为：纸制品包装、塑料制品包装、木制容器包装、金属容器包装、玻璃陶瓷容器包装、纤维容器包装、复合材料包装、其他材料包装。

对点案例

包装容器之王

20世纪30年代，易拉罐在美国成功研发并生产。这种由马口铁材料制成的三片罐——由罐身、顶盖和底罐三片马口铁材料组成，当时主要用于啤酒的包装。目前我们常用的由铝制材料制作而成的二片罐——只有罐身片材和罐盖片的深冲拉罐诞生于20世纪60年代初。

易拉罐技术的发展，使其被广泛运用于各类商品包装当中，啤酒、饮料、罐头目前大多都以易拉罐进行包装。据悉，全世界每年大约生产的铝制易拉罐已经超过2000亿个。目前，易拉罐已经成为市场上应用范围最广、消费者接触最多、使用最频繁的包装容器，是名副其实的包装容器之王。易拉罐消费量的快速增长，使得制造易拉罐的铝材消费量也有大幅增长，目前制作易拉罐的铝材已经占到世界各类铝材总用量的15%。

随着易拉罐使用量的增加，世界各国为了节省资源和减少包装成本，纷纷研发更轻、更薄的新型易拉罐。铝制易拉罐也从最开始的每1000罐25千克，缩减到20

世纪70年代中期的20千克。现在每1000罐的重量只有15千克，比20世纪60年代平均重量减轻了大约40%。

除了推出更轻、更薄的铝制易拉罐以外，目前各国对易拉罐的回收利用率也不断增高。早在20世纪80年代，美国铝制易拉罐的回收利用率就已经超过50%，在2000年达到62.1%。日本的回收利用率更高，目前已超过83%。

思考题

请同学们思考，生活中有哪些商品只适用于易拉罐包装？

(3)按包装容器的形状可分为包装袋、包装箱、包装盒、包装瓶、包装桶、包装罐等。

(4)按包装技术分类可分为防潮包装、防锈包装、防虫包装、防腐包装、防震包装、防霉包装以及危险品包装等。

四、物流包装标志

包装标志是用来指明被包装物品的性质和物流活动安全以及理货、分运需要的文字和图像说明。便于工作人员辨认、识别货物以利于交接、装卸、分票、清点和查核，避免错发、错卸和错收。运输包装标志分为运输收发货标志、指示标志、危险品标志几大类。

(一)运输收发货标志

1.唛头

唛头是贸易合同、发货单据中有关标志事项的基本部分。它一般由一个简单的几何图形以及字母、数字等组成。唛头的内容包括：目的地名称或代号，收货人或发货人的代用简字或代号、件号(即每件标明该批货物的总件数)，体积(长×宽×高)，重量(毛重、净重、皮重)以及生产国家或地区等。图6-2是商品唛头标志的示例图。

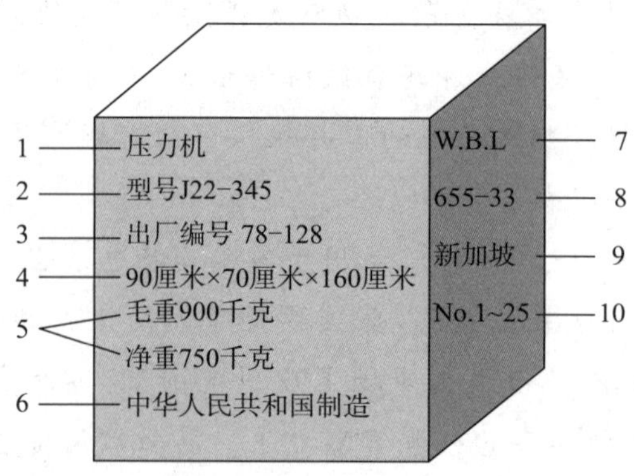

1—品名；2—商品型号；3—编号；4—商品包装尺寸；5—商品重量（毛重、净重）；
6—产地名称；7—收货人标志；8—贸易合同编号；9—目的地；10—货件编号。

图6-2 商品唛头标志示例图

2.商品分类图示标志(如图 6-3 所示)

图 6-3　12 类商品的分类图示标志

(二)指示性标志

指示标志用来指示运输、装卸、保管人员在作业时需注意的事项,以保证物资的安全。这种标志主要表示物资的性质,物资堆放、开启、吊运等的方法。如按商品的特点,对于易碎、需防湿、防颠倒等商品,在包装上用醒目图形或文字,标明“小心轻放”“防潮湿”“此端向上”等图示。

包装储运图示标志是根据不同商品对物流环境的适应能力,用醒目简洁的图形和文字标明在装卸运输及储存过程中应注意的事项。按国际标准 ISO 780—1985《包装—货物搬运图示标志》规定,标志要求白纸印黑色,共分为十二种,其名称和图形规定如图 6-4 所示。

图 6-4　包装储运图示标志名称和图形

(三)危险品标志

危险品标志是用来表示危险品的物理、化学性质以及危险程度的标志。它可提醒人们在运输、储存、保管、搬运等活动中引起注意,如爆炸性物品、放射性物品等。

如果包装纸箱内装有爆炸品、氧化剂、易燃压缩气体、有毒压缩气体、易燃物品、自燃物品、有毒品、剧毒品等危险品,应在运输包装物上明显地标明危险品标志,如图 6-5 所示。

图 6-5 危险货物标志

(四)包装标志和标记的使用要求

我国对物资包装标志所使用的文字、符号、图形以及使用方法,都有统一的规定,因此对包装标志和标记的使用要符合以下的要求:

(1)使用的文字、符号、图形等必须按国家有关部门的规定办理,不能随意改动。

(2)必须简明清晰,易于辨认。包装标记和标志要文字少,图案清楚,易于制作,一目了然,方便查对。标记和标志的文字、字母及数字号码的大小应和包装件的标记和标志的尺寸相称,笔画粗细要适当。

(3)涂刷、拴挂、粘贴标记和标志的部位要适当。所有的标记和标志,都应位于搬运、装卸作业时容易看得见的地方,为防止在物流过程中某些标志和标记被抹掉或不清楚而难以辨认,应尽可能在同一包装物的不同部位制作两个相同的标记和标志。

(4)要选用明显的颜色做标记和标志。制作标记和标志的颜料应具备耐温、耐晒、耐摩擦等性能,以致不发生褪色、脱落等现象。

(5)拴挂的标志要选择合适的规格尺寸。标志的尺寸一般分为三种,用于拴挂的标志为 74 毫米×52.5 毫米;用于印刷和标打的标志为 105 毫米×74 毫米和 148 毫米×105 毫米两种。特大和特效的包装不受此尺寸限制。

任务二　包装技术

学习内容

1.包装技术的概念；

2.包装技术的类型。

学习目标

完成本学习任务后，你应当能：

1.熟悉和了解物流包装技术的定义；

2.了解和熟悉我国物流包装技术的主要类型。

案例导入

A 同学成功应聘为国外某著名物流公司的仓库操作员，该物流公司客户群体稳定，物流业务市场占有率较高。在一次针对某客户的定向服务中，A 同学需要帮助该客户制定水泥、奶油、牛奶和金属件的纸袋材料选择方案，选择中应考虑的因素包括：保护性能、封合性能、印刷性能、机械操作要求以及费用成本等问题。然后根据市场情况、用户要求，比较材料特点，合理取舍。

课前学习思考

如果你是 A 同学，选择水泥、奶油、牛奶和金属件的纸袋材料包装时要考虑哪些问题？

知识学习

一、包装技术

包装技术包括容器设计和标记技术的外包装技术，以及包括防震、防潮或防水、防锈、防虫等技术的内包装技术。

二、包装技术的主要类型

（一）化学防护包装技术

1.防潮包装

（1）防潮包装原理。防潮包装就是采用防潮材料对产品进行包装，隔绝外界湿气对产品的影响，同时使包装内的空气保持干燥，达到被包装物品处于临界相对湿度以下,以达到防潮目的。为此,就必须把包装时封入容器内空气中的水分排出,并限制因包装材料的透湿性而透入容器内的水蒸气量。[①]

例如,茶叶生产时经过烘干其含水量约3%。若相对湿度为50%时,茶叶的平衡含水量为5.5%,但是相对湿度为80%时,其平衡含水量约为13%,这时茶叶就要发生霉变,质量就急剧下降,因此对茶叶进行防潮包装时,就要保证在储存期间茶叶包装中的含水量不超过5.5%。为保证茶叶不发生霉变,只有控制包装内相对湿度保持在50%以下才能达到。

(2)防潮包装方法。①静态干燥法:静态干燥法是用装入包装内一定数量的干燥剂,吸去内部的水分来防止被包装物受潮,其防潮能力取决于包装材料的透湿性、干燥剂的性质和数量、包装内空间的大小等等。②动态干燥法:采用降湿机械,把经过干燥除湿的空气输入包装内,将包装内潮湿的空气换出,达到控制包装内的相对湿度,使包装物保持干燥状态,这种方法适合于大型包装和长期储存包装。

2.防水包装

防水包装是指防止因水浸入包装物而影响内装物质量所采取一定防护措施的包装。如用防水材料衬垫包装容器内侧或在包装容器外部涂刷防水材料等。防水包装属于外包装,与内装物的包装或其他防护包装特性的包装措施、方法等没有直接的联系。但是,在对某些防水防潮要求不高的商品包装时,可利用内包装兼作防水处理,即用防潮内包装兼作防水的措施。

3.防锈包装

金属制品表面因大气锈蚀,会变色、生锈,降低使用性能,造成产品价值降低以致失效。为隔绝或减少大气中水汽、氧气和其他污染物对金属制品表面的影响,防止发生大气锈蚀,而采用的包装材料和包装技术方法称为防锈包装或封存包装。

(1)防锈油防锈蚀包装技术。大气锈蚀是空气中的氧、水蒸气及其他有害气体等作用于金属表面引起电化学作用的结果。如果使金属表面与引起大气锈蚀的各种因素隔绝(即将金属表面保护起来),就可以达到防止金属大气锈蚀的目的。防锈油包装技术就是根据这一原理将金属涂封防止锈蚀的。用防锈油封装金属制品,要求油层要有一定厚度,油层的连续性好,涂层完整。不同类型的防锈油要采用不同的方法进行涂复。

(2)气相防锈包装技术。气相防锈包装技术就是用气相缓蚀剂(挥发性缓蚀剂),在密封包装容器中对金属制品进行防锈处理的技术。气相缓蚀剂是一种能减慢或完全停止金属在侵蚀性介质中的破坏过程的物质,它在常温下即具有挥发性,它在密封包装容器中,在很短的时间内挥发或升华出的缓蚀气体就能充满整个包装容器内的每个角落和缝隙,同时吸附在金属制品的表面上,从而起到抑制大气对金属锈蚀的作用。

① 钱静.包装管理[M].北京:中国纺织出版社,2008.

4.危险品包装

危险品有上千种，按其危险性质，交通运输及公安消防部门规定分为十大类，即爆炸性物品、氧化剂、压缩气体和液化气体、自燃物品、遇水燃烧物品、易燃液体、易燃固体、毒害品、腐蚀性物品、放射性物品等，有些物品同时具有两种以上危险性能。危险品包装，必须根据危险品的种类特点，按照有关法令、标准和规定专门设计制造，并依照产品包装的技术要求制定和执行质量控制程序，如明确岗位责任、监督检查办法等。特别是易燃、易爆、剧毒、放射性产品，必须严加控制，保证万无一失。

对点案例

网购一双童鞋，毒死男主人

2013 年 11 月 29 日，家住东营广饶县大王镇居民刘兴亮在收到网购的一双鞋子几小时后出现了呕吐、腹痛等症状，当日因抢救无效死亡。据医院诊断，刘先生死于有毒化学液体氟乙酸甲酯中毒。

据刘兴亮妻子焦女士介绍，11 月 29 日，刘兴亮收到一圆通快件，是其从淘宝网聚划算购买的一双儿童鞋，在打开包裹几小时后，刘先生出现呕吐、腹痛等症状，12 点多家人赶紧将他送进东营市第二人民医院，近 3 个小时的抢救未见效果，医院称分析不出病情原因。下午 3 点多，刘先生转入滨州医院附属医院，当日刘先生因抢救无效死亡，医院出示诊断死因为有毒化学液体氟乙酸甲酯中毒。同时，在抢救刘先生时焦女士也出现了呕吐、腹痛的症状，被送进了重症监护室。焦女士说，这双鞋的鞋盒是粉红色的，焦女士丈夫用包鞋的纸擦拭过，擦鞋纸上有一些黑色的东西(如图 6-6 所示)，由于鞋子也是黑色的，纸上的黑色东西到底是鞋子上的还是液体的，并不清楚。

“夺命快递”由武汉发往潍坊，在卸载中造成了化学品泄漏，有 8 人因此出现不同程度的中毒症状，其中东营大王镇居民刘兴亮因吸入氟乙酸甲酯而中毒死亡，收

图 6-6　刘兴亮生前用包鞋的纸擦鞋，并用手机拍下黑色的东西

寄快件的当地快递公司由于收寄验视不规范，将被依法吊销快递业务经营许可证。此次泄漏的化学品为氟乙酸甲酯，是一种在制药领域广泛应用的有毒液体，具有易燃特性，刺激人的眼睛、呼吸系统和皮肤，出现过致人死亡的极端案例。该化学品由湖北某化工厂经当地圆通快递收寄点寄往山东省潍坊市某制药厂，并未按照有关标准严格包装，也未按照有关危险品要求专门运输，邮寄过程中由于种种原因造成外包装破损，致使液体泄漏。

（资料来源：http://news.sohu.com/20131221/n392155589.shtml，整理自搜狐新闻：《“夺命快递”追踪：快递公司被处罚 28000 元》）

思考题

请同学们思考，生活中如何避免此类悲剧再次发生？

（二）生物学防护包装技术

1.防霉包装

霉变或长霉是由有机物构成的物品（含生物性物品及其制品）受霉菌侵袭而导致物品质量变化的一种现象。常见的易霉变的物品有：食品、干菜、干果、茶叶、卷烟、纺织品、针棉织品、塑料、橡胶制品、皮革制品、毛制品、纸及纸板等。防霉防腐包装技术主要包括：

（1）冷冻包装技术。冷冻包装技术是将货物置于冷冻箱中，减缓微生物的新陈代谢活动和化学变化的过程，以延长储存期，但这种包装技术不能完全消除食品的变质。

（2）高温杀菌包装技术。高温杀菌包装技术是在包装过程中用高温杀灭引起食品腐烂的微生物。

（3）干燥防霉包装技术。干燥防霉包装技术是将货物干燥后，再加以密封包装，防止水汽侵入，破坏霉菌的生存环境。

另外还有真空包装、充气包装、化学药剂防霉包装、气相防霉包装、气调防霉包装、防霉剂等技术方法。

2.无菌包装

无菌包装是灭菌包装的一种类型。灭菌包装包括“无菌包装”和对包装件的“最后灭菌”两种方式，如图 6-7 所示。

食品无菌包装是指将经过灭菌的食品（如饮料、奶制品等）在无菌环境中包装，封闭在经过杀菌的容器中，以期在不加防腐剂、不经冷藏条件下得到较长的货架寿命。

无菌保鲜包装在各国食品工业中最为盛行，其应用不仅限于果汁和果汁饮料，而且也用来包装牛奶、矿泉水和葡萄酒等。英国已有三分之一的饮料使用无菌包装。

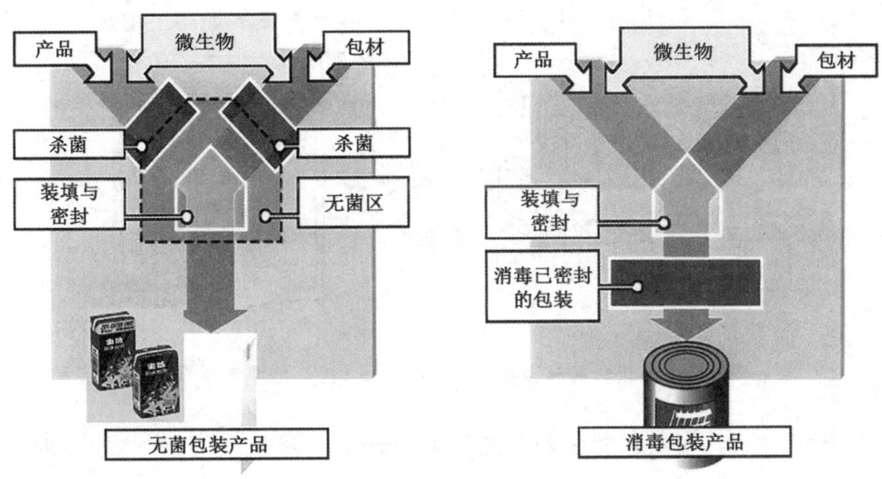

图 6-7　灭菌包装两种方式

3.防虫害包装

防虫害包装就是为了保护内装物免受虫类侵害而采取的一定防护措施的包装。其任务就是破坏害虫的正常生活条件，扼杀和抑制其生长繁殖。

防虫包装技术，常用的是驱虫剂，即在包装中放入有一定毒性和臭味的药物，利用药物在包装中挥发气体杀灭和驱除各种害虫。常用驱虫剂有萘、对位二氯化苯、樟脑精等。也可采用高温防虫、低温防虫、气调防虫、电离辐射防虫、真空包装、充气包装、脱氧包装等技术，使害虫无生存环境，从而防止虫害。

(三)物理机械防护包装技术

1.防震包装

防震包装又称缓冲包装，在各种包装方法中占有重要的地位。产品从生产出来到开始使用要经过一系列的运输、保管、堆码和装卸过程，置于一定的物流环境之中。为了防止产品遭受损坏，就要设法减小外力的影响。所谓防震包装就是指为减缓内装物受到的冲击和振动，保护其免受损坏所采取的一定防护措施的包装。防震包装主要有以下五种方法：

(1)全面防震包装方法。全面防震包装方法是指内装物和外包装之间全部用防震材料填满进行防震的包装方法。

(2)部分防震包装方法。部分防震包装方法是指对于整体性好的产品和有内装容器的产品，仅在产品或内包装的拐角或局部地方使用防震材料进行衬垫即可。所用包装材料主要有泡沫塑料防震垫、充气型塑料薄膜防震垫和橡胶弹簧等。如图 6-8 所示。

(3)悬浮式防震包装方法。悬浮式防震包装方法是指对于某些贵重易损的的物品，为了有效地保证在流通过程中不被损坏，外包装容器比较坚固，并用绳、带、弹簧等将被装物悬吊在包装容器内。在运输中，无论在什么操作环节，内装物都被稳定悬吊而不与包装容器发生碰撞，从而减少损坏。如图 6-9 所示。

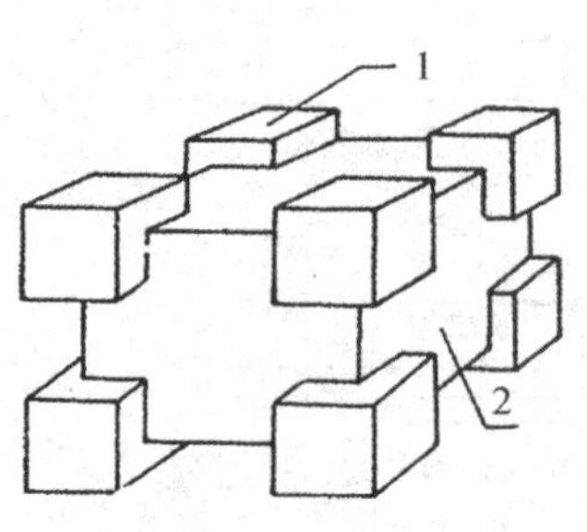

1—棱衬垫;2—产品或内包装。

图 6-8 部分防震包装示意图

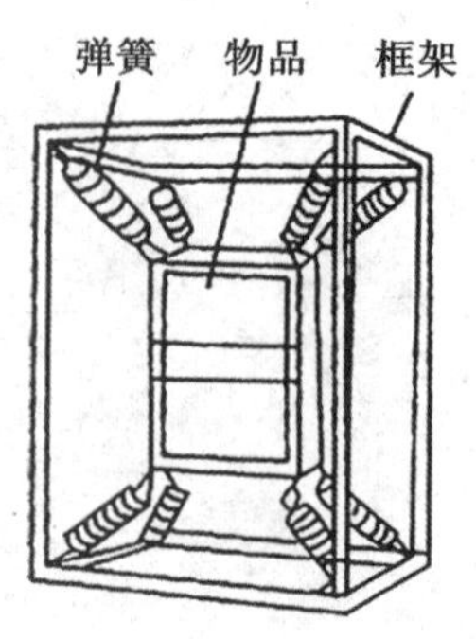

图 6-9 悬浮式防震包装示意图

(4)模盒包装法。模盒包装法是利用模型将聚苯乙烯树脂等材料做成和产品形状一样的模盒,用其来包装产品达到防震的作用,多用于小型、轻质制品的包装上。如图6-10所示。

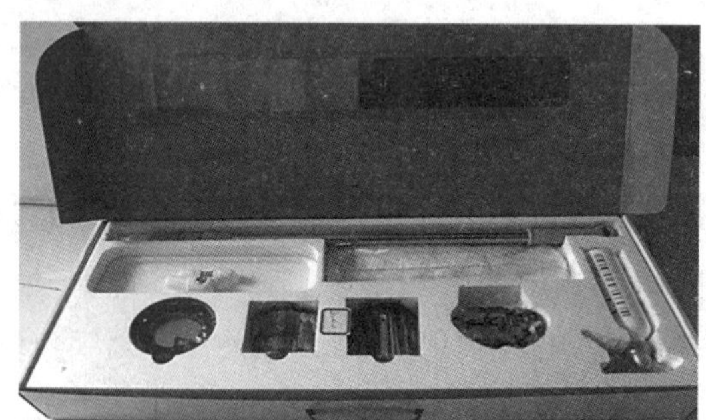

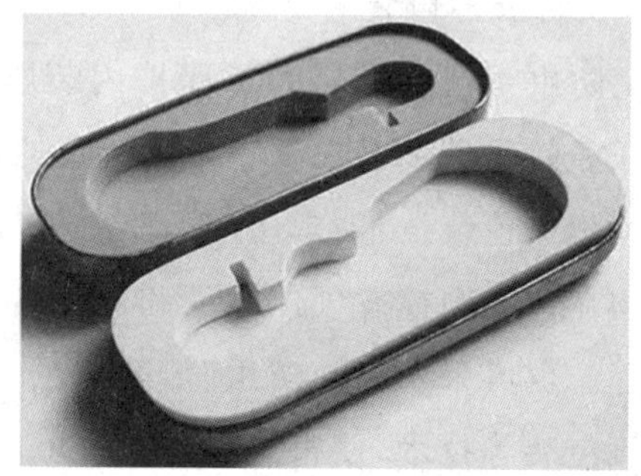

图 6-10 模盒包装法举例图

(5)就地发泡包装法。就地发泡包装法是以内装物和外包装箱为准,在其间填充发泡材料的一种防震包装技术。这种方法很简单,主要设备包括盛有异氰酸酯和盛有多元醇树脂的容器及喷枪,使用时首先需把盛有两种材料的容器内的温度和压力按规定调好,然后将两种材料混合,用单管道通向喷枪,由喷头喷出。喷出的化合物在10秒后即开始发泡膨胀,不到40秒的时间即可发泡膨胀到原体积的100～140倍,形成的泡沫体为聚氨酯,经过一分钟,变成硬性和半硬性的泡沫体,这些泡沫体能将任何形状的物品包裹住。如图6-11所示。

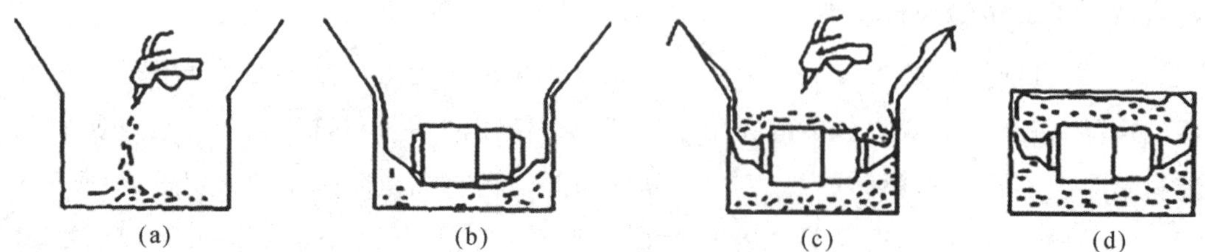

图 6-11 就地发泡包装法示意图

2.真空与充气包装

将产品装入气密性容器，抽去容器内部的空气，使气密后的容器内达到一定的真空度的一种包装技术。一般的肉类商品、谷物加工商品以及某些容易氧化变质的商品都可以采用真空包装。

充气包装是采用二氧化碳气体或氮气等不活泼气体置换包装容器中空气的一种包装技术方法，因此也称为气体置换包装。这种包装方法是根据好氧性微生物需氧代谢的特性，在密封的包装容器中改变气体的组成成分，降低氧气的浓度，抑制微生物的生理活动、酶的活性和鲜活商品的呼吸强度，达到防霉、防腐和保鲜的目的。

3.脱氧包装

脱氧包装是继真空包装和充气包装之后出现的一种新型除氧包装方法。脱氧包装是在密封的包装容器中，使用能与氧气发生化学作用的脱氧剂与之反应，从而除去包装容器中的氧气，以达到保护内装物的目的。脱氧包装方法适用于某些对氧气特别敏感的物品和那些即使有微量氧气也会促使品质变坏的食品包装中。

4.收缩与拉伸包装

收缩包装是用收缩薄膜裹包物品（或内包装件），然后对薄膜进行适当加热处理，使薄膜收缩而紧贴于物品（或内包装件）的包装技术方法。

拉伸包装是由收缩包装发展而来的，拉伸包装是依靠机械装置在常温下将弹性薄膜围绕被包装件拉伸、紧裹，并在其末端进行封合的一种包装方法。由于拉伸包装无须进行加热，所以消耗的能源只有收缩包装的二十分之一。拉伸包装可以捆包单件物品，也可用于托盘包装之类的集合包装。

5.集合包装

集合包装是指将一定数量的产品或包装件组合在一起，形成一个合适的运输单元，以便于装卸、储存和运输，又称组合包装或集装单元。

集合包装可运用于运输包装全过程的各个环节，发展成集装箱化、托盘化、捆扎、网袋、框架、滑板等多种方式。

集合包装的分类主要有：集装箱、托盘、集装网袋、集装架、滑板、捆扎、半挂车。

任务三　包装合理化

学习内容

1.包装合理化的概念；

2.包装合理化的措施。

学习目标

完成本学习任务后，你应当能：

1.熟悉和了解包装合理化的概念；

2.熟悉包装合理化的要求，掌握包装合理化的主要措施。

案例导入

杜邦包装

包装之于商品，有如衣服对于人类，不可或缺。20世纪50年代，销路一直很好的美国杜邦公司发现自己的市场份额不断下降。调查后发现，63%的消费者重视包装。虽然杜邦的产品质量很好，但包装存在两个问题，一是包装质量差，经常破损，消费者自然不愿买破损的商品；二是包装过于简单，缺乏特色，识别性不强，消费者很难一眼认出这个产品是杜邦的。为此，他们重新设计，改进包装，一场危机就此化解，包装的重要性由此可见一斑。

过去，守着"酒香不怕巷子深""包子有肉不在褶上"的陈旧观念，我国商品普遍不重视包装。人参出口用麻袋装，西湖龙井用塑料袋包装，"简装""裸装"使我国产品在国际竞争中吃了大亏。

课前学习思考

请对该案例进行分析，举例指出如何合理包装某种商品，同时又能杜绝过度包装。

知识学习

一、包装合理化的概念

所谓包装合理化，是指包装过程中使用适当的材料和适当的技术，制成与物品相适应的容器，节约包装费用，降低包装成本，既满足包装保护产品、方便储运、促进销售的要求，又提高包装的经济效益的一种包装综合管理活动。

包装合理化的具体内容：

(1)包装应妥善保护内装的商品，使其质量不受损伤；

(2)包装材料与包装容器应当安全无害；

(3)包装的容量要适当，要便于装卸和搬运；

(4)包装的标志要清楚、明了；

(5)包装内空闲容积不应过大；

(6)包装费用要与内装商品相适应；

(7)提倡节省资源的包装；

(8)包装要便于废弃物的处理。

二、包装合理化的措施

(一)包装合理化三要点

1.防止包装不足

(1)包装强度不足,使得包装防护性不足;

(2)包装材料水平不足,不能起到防护和促进销售作用;

(3)包装容器的层次和容积不足,从而造成被包装物损失;

(4)包装成本过低,不能保证达到必要包装要求。

2.防止包装过剩

(1)包装材料选择过高,包装物强度设计过高;

(2)包装技术过高,包装层次过多,包装体积过大;

(3)包装成本过高。一方面,可能使包装成本支出大大超过因减少损失而可能获取的收益。另一方面,包装费用在商品成本中比重过大,会损害消费者利益。这一点在发达国家表现突出,日本的调查结果显示,发达国家包装过剩约在20%以上。

对点案例

过度包装谁买单

过度包装的危害是显而易见的。今年6月,在南京举行的跨国公司采购会上,全球零售业巨头沃尔玛公司宣布推行“包装瘦身”计划,拒绝采购过度包装的商品。原因在于,对他们来说,包装物减少5%,一个月就能节省运费240万美元;对社会而言,仅他们销售的系列玩具,每年光包装就要耗费3800多棵碗口粗的树。鉴于过度包装不仅让消费者花冤枉钱,而且给流通企业增加运输成本,还为生态环境带来极大危害,舆论纷纷呼吁出台国家商品包装的强制标准。2015年5月1日,我国国家标准《限制商品过度包装通则》(GB/T 31268—2014)正式施行。该标准规定了限制商品过度包装的基本要求、设计结构要求、材质要求和成本要求,适用于所有商品的包装设计和使用。如今这个标准应运而生,对于限制过度包装的作用无疑值得期待。

思考题

根据国家发布的包装标准化的相关文件,我们能够得到什么启示?

3.从物流总体的角度出发,用科学的方法确定最优包装

对包装产生影响的第一个因素是装卸,不同装卸方法决定着包装。一方面,目前我国汽车运输,还大多采用手工装卸,因此,包装的外形和尺寸就要适合于人工操作。另一方面,装卸人员素质低,作业不规范也直接引发商品损失。因此,引进装卸技术,提高装卸人员素质,规范装卸作业标准等都会相应地促进包装、物流的合理化。

对包装产生影响的第二个因素是保管。在确定包装时，应根据不同的保管条件和方式而采用与之相适合的包装强度。

对包装产生影响的第三个因素是运输。运送工具类型，输送距离长短，道路情况等对包装都有影响。我国现阶段，特别是广州地区，存在很多种不同类型的运输方式：航空的直航与中转，铁路快运集装箱、包裹快件、行包专列等，公路运输的篷布车、密封厢车，以上不同的运送方式对包装都有着不同的要求和影响。

(二)包装合理化的主要表现

1.包装的轻薄化

由于包装首先要起保护作用，其次要增加产品的使用价值，因此在强度、寿命、成本相同的条件下，更轻、更薄、更短、更小的包装，可以提高装卸搬运的效率。而且轻薄短小的包装一般价格比较便宜，对物流成本的影响较小，如果是一次性包装，也可以减少废弃包装材料的数量。

2.包装的单纯化

为了提高包装作业的效率，包装材料及规格应力求单纯化，包装规格还应标准化，包装形状和种类也应单纯化。

3.包装的绿色化

包装是产生大量废弃物的环节，处理不好可能造成环境污染。包装材料最好可反复多次使用并能回收再生利用；在包装材料的选择上，还要考虑不对人体健康产生影响，对环境不造成污染，即所谓的“绿色包装”。

4.包装的标准化

包装的规格与托盘、集装箱关系密切，同时也应考虑到与运输车辆，搬运机械的匹配，从系统的观点制定包装的尺寸标准。

5.包装的机械化

为了提高作业效率和包装现代化水平，各种自动化包装机械的开发和应用是很重要的，例如全自动裹包机的应用。

6.注意与其他环节的配合

包装是物流系统组成的一部分，需要和装卸搬运、运输、仓储等环节一起综合考虑、全面协调。

(三)包装合理化的措施

1.采用“绿色包装”

绿色包装(green package)又可以称为无公害包装和环境之友包装(environmental friendly package)，指对生态环境和人类健康无害，能重复使用和再生，符合可持续发展的包装。它的理念有两个方面的含义：一个是保护环境，另一个是节约资源。这两者相辅相成，不可分割。

2017年5月26日，习近平总书记在主持十八届中共中央政治局第四十一次集体学习时强调：推动形成绿色发展方式和生活方式，是发展观的一场深刻革命。这就要坚持和贯彻新的发展理念，正确处理经济发展和生态环境保护的关系，像保护眼睛一样保护生态环境，像对待生命一样对待生态环境，坚决摒弃损害甚至破坏生态环境的发展模式，坚决摒弃以牺牲生态环境换取一时一地经济增长的做法，让良好生态环境成为人民生活的增长点、成为经济社会持续健康发展的支撑点、成为展现我国良好形象的发力点，让中华大地天更蓝、山更绿、水更清、环境更优美。因此，物流包装，也要贯彻推行“绿色包装”。

从技术角度讲，绿色包装是指以天然植物和有关矿物质为原料研制成对生态环境和人类健康无害，有利于回收利用，易于降解、可持续发展的一种环保型包装，也就是说，其包装产品从原料选择、产品制造到使用和废弃的整个生命周期，均应符合生态环境保护的要求，应从绿色包装材料、包装设计和大力发展绿色包装产业三方面入手实现绿色包装。

绿色包装的总体策略可概括为“6R”策略：

(1)Right & Reduce(适度和节省)：通过轻量化、小型化降低包装材料消耗，持续追求合理/适度的包装设计，降低包装运输综合成本，包括 LCA(生命周期评估)、CAE(计算机辅助工程)/CAD(计算机辅助设计)、物流场景分析等方法/流程的应用研究，以纸代木、以塑代木、透明包装、集合化包装。

(2)Recovery & Recycle(再生和循环)：通过推行环保、再生包装材料的应用，实现资源/能源的循环利用，包括木/纸、纸浆、瓦楞纸板、塑料、造粒、成型塑料等材料的回收再利用，以及热、生物肥料等量级回收再利用。

(3)Returnable & Reuse(回收和重用)：通过建立和完善有效回收系统，从运作支撑体系延长包装制品的生命周期，包括周转包装及工具标准化、第三方物流模式、RFID 电子标签应用研究等。

知识链接

电商物流巨头们为绿色包装各出奇招

一场围绕绿色包装而展开的变革，正在进行之中。我们应认识到，在物流行业推行绿色包装是一项系统工程，从绿色循环产品的使用，到包装回收体系的建立，以及快递包装耗材的减量化，不仅需要政府、企业的“联姻”，也需要人们在日常生活中深植绿色理念。就如同一枚硬币的两面，电子商务的爆炸式发展，一方面带动了物流行业发展，使人们的生活变得更加便利与精彩；另一方面，大量不可降解包装材料的污染及资源浪费等问题也随之产生。因此，当大家都在谈论自动化、智能化的时候，包装的绿色化也成为物流行业不可回避的话题。

根据菜鸟网络总裁万霖描绘的“2020 绿色物流升级图景”，2020 年，天猫直送全部把快递袋升级为环保袋；淘宝和闲鱼的上门取件服务，环保快递袋覆盖全国 200 个城市；零售通要实现百万小店纸箱零新增；盒马要达到物流全程“零”耗材……他表示2020年,菜鸟要让中国所有包裹用上环保面单,一年覆盖400亿包裹;并且要在所有菜鸟驿站小区实现快递回收箱覆盖。

"青流计划"是京东物流于2017年6月联合九大品牌商共同发起的一项绿色供应链联合行动,从减量包装、绿色物流技术创新和应用、节能减排等多个方面入手推动物流行业绿色化发展。其中,在包装方面,京东物流包装科研检测中心先后研发了新型两层物流标签、生物降解快递袋等新材料,使用两层物流标签每年可减少700吨纸张使用;目前京东已经大规模使用可降解包装袋,每年淘汰近百亿个传统塑料袋,同时已投放十万青流循环箱。

在绿色物流包装的创新和应用方面,苏宁物流同样也在努力。在2018年5月9日召开的第五届中国(国际)绿色仓储与配送大会上,苏宁物流包装实验室负责人徐海铃分享了智慧物流是如何驱动绿色包装发展的实际问题。苏宁成立苏宁物流包装实验室,对包装大数据、托盘循环共用、共享快递盒、冷链循环箱、零胶纸箱等一系列绿色包装产品进行研究推进,打造智慧物流下的绿色包装业态。据悉,到2020年,由苏宁打造的绿色包装实验室将联合合作伙伴,最低投放20亿个绿色包装产品。2018年,在包括南京在内的全国13个城市投放20万个共享快递盒。

除了电商和快递企业自发推行的循环共用系统外,一些物流装备商和服务商也在积极构建更大范围的循环共用平台。例如,招商路凯公司作为一家托盘循环共用系统服务商,一直在努力推动带板运输和托盘循环共用,现已在全国推广近百个项目,与华润万家、沃尔玛、益海嘉里、招商物流、宝洁等业内知名企业建立了长期合作关系。通过平台资源整合,不仅有效减少了一次性托盘的使用,还大大降低了运输能耗和运输成本,从而节约了整体社会资源。

看似不起眼的物流包装,实际时刻存在于物流活动的每一环节中,例如装卸、搬运、存储、配送和运输等活动实现的效率和质量都与包装有直接关系。而包装采用何种材料、容器、技术、结构和共用模式都会影响到物流活动的质量和效率。在某种程度上而言,物流包装的绿色化,与物流自动化、智能化处于同等重要的地位,都可能左右着未来发展的方向。因此,这场围绕绿色包装而展开的变革,我们仍需要密切关注。

(资料来源:http://news.chinawutong.com/wlzx/wlzx/wlkx/201806/54872.html)

2.采用先进包装技术

包装技术的改进是实现包装合理化的关键。要推广诸如缓冲包装、防锈包装、防湿包装等包装方法,使用不同的包装技法,以适应不同商品的包装、装卸、储存、运输的要求。同时,大力推广机械化包装,从个装到装箱、封口、捆扎等外包装作业一体化完成,提高包装的质量和效率。

3.由一次性包装向周转包装发展

物流包装仅仅在使用一次后就成为废弃物，增加了企业使用者在成本上的浪费，而且对环境更是不小的负担。随着物流量的增大，垃圾公害问题日益严重，对包装材料的回收利用和再生利用日益受到重视。今后应尽可能地积极推行包装容器的循环使用，并尽可能地回收废弃的包装容器予以再生利用，由一次性包装向周转包装发展。

4.采用集装化技术

商品集装化技术，又称为组合化或单元化，是指将一定数量的散装或零星成件物组合在一起，在装卸、保管、运输等物流环节中作为一个整件，进行技术或业务上的包装处理方式。集装化物资的载体是集合包装，集合包装指将若干个相同或不同的包装单位汇集起来，最后组成一个更大的包装单位或装入一个更大的包装容器内的包装形式。集装的主要方式有托盘、集装箱、集装袋、货捆等。

5.推行包装标准化

包装标准是对包装类型、规格、材料、结构、造型、标志及包装实验等所做的统一规定以及相关的技术政策和技术措施，其中主要包括统一材料、统一规格、统一容量、统一标记和统一封装方法。包装标准化使包装设计简易化，节约了包装材料，降低了包装容器的制作费用，提高了劳动生产效率；实行包装标准化，包装的规格、型号减少，同类产品的包装可以通用，有利于保证包装质量和商品安全，减轻操作的劳动强度，提高了物流效率。

知识链接

包装模数

1.模数概念

模数概念来源于建筑工程，建筑用砖的尺寸为24厘米×12厘米×6厘米，计算房屋的长宽尺寸时，均取：24＋1＝25(厘米)的整数倍(即砖长加1厘米灰口的和的整数倍)。而砖的尺寸由砖模确定，“模数”故而得名。模数在集合包装和集装运输方面的应用，使模数开辟了一个新的领域。模数是计算内外包装的共同基数。它包括模数、组合模数、分割模数、模数值、模数系。

(1)组合模数：指以内件为基准的组合系统中作为组合尺寸的最小基数。这是叠加组合取决于内件最小尺寸。例如：国际标准ISO3394—1955(E)《硬质长方形包装尺寸——运输包装》中明确规定：“取底面积600毫米×400毫米为模数，作为硬质长方形运输包装尺寸系列的基准。”如果取2，3，4……为这个模数值的乘数系列，则所用到的组合模数系列2米、3米、4米……即为800毫米×600毫米或120毫米×400毫米、1200毫米×600毫米、1200毫米×800毫米、1200毫米×1000毫米等。

(2)分割模数：以外件为基准的组合系统的最大基数，运输包装标准中是以分割模数为主的。例如:集装箱尺寸若作为这个最大基数(M),则箱内货物的外包装尺寸就应取其分割值。如果取模数 600 毫米×400 毫米,乘数系列为 1/2,1/4……则分割模数尺寸系列为 300 毫米×400 毫米或 600 毫米×200 毫米,600 毫米×200 毫米或 600 毫米×100 毫米等。

2.包装模数

物流包装模数指以集装单元为基础的包装容器的长和宽为尺寸基数,它是关于物流包装基础尺寸的标准化及系列尺寸选定的一种规定。物流包装基础模数尺寸为 1200 毫米×1000 毫米。用这个规格确定的容器长度×容器宽度的组合尺寸称之为包装模数尺寸。标准的包装尺寸应该与包装模数尺寸一致,只有这样,才能够保证物流各个环节的有效衔接,按照包装模数尺寸设计的包装箱就可以按照一定的堆码方式合理、高效率地堆码在容器中。包装模数如图 6-12 所示。

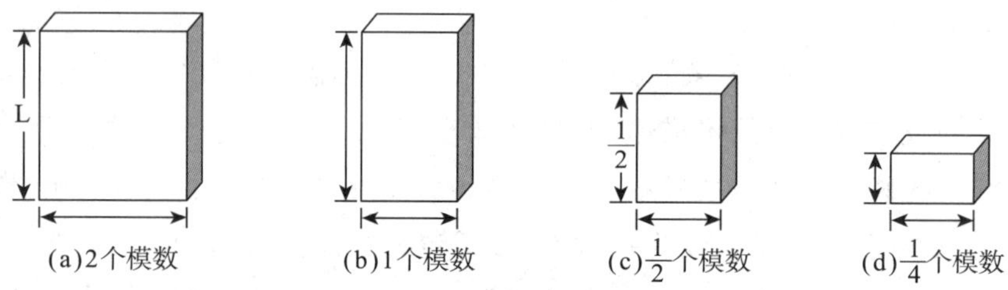

图 6-12 包装模数

包装模数标准确定以后,各种进入流通领域的产品便需要按模数规定的尺寸包装。模数化有利于小包装的集合,利用集装箱及托盘装箱、装盘。包装模数如能和仓库设施、运输设施尺寸模数统一化,也物流运输和保管,从而实现物流系统的合理化。

6.采用无包装的物流形态

对需要大量输送的商品(如水泥、煤炭、粮食等)来说,包装所消耗的人力、物力、资金、材料是非常大的,若采用专门的散装设备,则可获得较高的技术经济效果。散装并不是不要包装,它是一种变革了的包装,即由单件小包装向集合大包装的转变。

项目小结

本项目主要对包装的概念、技术和包装合理化措施进行认知和学习。通过学习,了解包装的概念、功能和分类,掌握包装技术的内容,理解包装合理化的措施。本项目学习难点是对包装技术的理解,并能够正确区分、选择合理的包装技术。建议教师结合商品实际案例帮助学生理解,树立学生对包装和合理包装的基本意识。

教学分享

1.学习课时

本项目建议学习4个课时。

2.教学方法

建议采用讲解、体验式教学(包括视频资料学习、包装案例实操、网络平台的资源学习等)、小组讨论、案例教学等方法。应把握的知识重点包括:包装技术的认知和包装合理化的认知。

3.学习环境要求

(1)学习场地:①多媒体教室;②物流实训室。

(2)学习资料:①视频资源;②课程网络资源。

课后习题

一、单项选择题

1.包装的(　　)功能是最基本、也是最重要的功能。

A.保护　B.方便　C.促销　D.使用　E.附加

2.在包装标志中,小心轻放、由此吊起等标志属于(　　)标志。

A.文字　B.警告性　C.识别　D.指示　E.数字

3.(　　)标志是包装的分类标志、供货号、体积、收发货地点及单位、运输号、件数等。

A.危险品　B.指示　C.识别　D.通用　E.特殊

4.包装要求能在一定程度上阻隔水分、溶液、潮气、光线、空气中的酸性气体,防止环境、气象的影响,这主要是防止商品发生(　)变化。

A.化学　B.生物　C.物理　D.机械　E.生化

5."不会说话的推销员"主要是指包装的哪个功能?(　　)

A.保护功能　B.方便功能　C.促销功能　D.使用功能　E.附加功能

二、多项选择题

1.对现代包装概念的三层含义认知,包装是(　　　)、(　　　)和(　　　)。

A.包装物　B.一种手段　C.生产的重要组成部分

D.仓储和运输　E.物流过程

2.包装按照包装在流通中的不同作用可分为(　　　)。

A.商业包装　B.销售包装　C.集合包装

D.托盘包装　E.运输包装

3.包装的基本功能包括(　　　)。

A.保护功能　B.方便功能　C.促销功能　D.使用功能　E.附加功能

4.商品包装标志一般分为(　　　)。

A.文字标志　B.警告性标志　C.识别标志　D.指示标志　E.数字标志

5.按包装技术分类划分时,包装可分为(　　　　)。

A.防潮包装　B.防锈包装　C.防虫包装　D.防霉包装　E.复合包装

三、简答题

1.什么是包装?

2.简述包装的功能。

3.简述主要包装技术。

4.简述集合包装的概念。

5.简述包装合理化的内涵。

四、案例分析题

韩国三星公司包装材料优化策略

韩国三星公司(Samsung)是一家以电器、电子产品为主的国际著名企业,其产品遍及世界各地。三星公司注重在企业活动中对环境的管理,在实施绿色包装优化方面的主要手段如下:

EPS塑料作为防震包装的填充材料,需求量很大,为了对这种材料重复利用,三星公司与学术机构共同研究"基于物理方法的聚苯乙烯泡沫塑料的回收重用"课题。该课题研究目的是解决EPS作为减震材料的重复利用问题,而不是在其他产品中再循环。他们应用一种未加热的压缩机械使聚苯乙烯泡沫塑料的物理特性得到恢复,从而能重新用作减震材料。

通过计算机仿真法,识别产品中最脆弱的部分,从而对防震包装进行结构的最优化,降低包装中对聚苯乙烯泡沫塑料的使用量。例如,通过计算机仿真技术,AS-410空调包装对聚苯乙烯材料的用量从每台180克降低到每台148克,用量缩减了18%。

三星公司目前正致力于研制新型的环保包装材料,例如,三星ML-6060打印机的包装采用的是一种蜂窝状的纸缓冲吸震,它比常规纸品的重量降低10%;M5317电脑及NL15MO LCD显示器用纸制的波纹状衬板作为吸震包装。

思考题

根据三星公司的做法,对包装材料的优化可以体现在哪几个方面?

技能训练

一、实训目标

通过实训能够将理论与实践相结合,使学生进一步了解物流企业所配置的包装及其包装要求,掌握物流包装的主要功能。

二、组织安排

将学生分为5～10人一组,按小组完成实训任务。

三、实训内容：包装认知

1.按小组考察、了解某物流企业所配置的包装材料和设备；

2.了解物流企业破损率的相关数据及进行原因分析；

3.了解货物在运输过程中发生破损的主要环节和原因；

4.通过参观，掌握物流的主要包装材料和一般货物的包装要求。

四、实训要求

根据具体情况，选择有一定代表性的物流企业，完成物流的专业包装技术，限期一周。

◆ 模块七 ◆
流通加工

学习任务

1.理解流通加工的概念和功能;

2.熟悉流通加工的主要应用;

3.掌握流通加工的合理化方法与原则。

技能目标

1.根据实际案例,熟悉典型的流通加工作业应用;

2.结合企业实际,提出流通加工合理化的实现途径。

任务一 认识流通加工

学习内容

1.流通加工的概念;

2.流通加工的功能;

3.流通加工与生产加工的区别。

学习目标

完成本学习任务后,你应当能:

1.理解流通加工的概念,了解其基本功能;

2.通过观察身边的流通加工,指出该流通加工的功能。

3.区分生产加工与流通加工在各方面的差异。

案例导入

72 岁农民深圳卖菜,年赚 50 万

72 岁的王大爷是湖南株洲的农民,2013 年年底他在儿子居住的深圳小区菜市场盘下一个摊位卖菜,1 年赚了 50 多万,王大爷到底有啥绝招呢?

第一个绝招：细分买菜人的需求，针对性进行初加工。王大爷发现，深圳买菜的人可以分为两类：一类喜欢新鲜的好菜；一类是图省事的，对难处理的菜一般不买。王大爷准备了两种类型的菜，来满足上面两类人的需求。第一类菜：卖相很好的菜。每天菜贩子把菜送到他的摊位时，王大爷就和保姆一起摘菜，把菜搞得漂漂亮亮，然后用保鲜膜包装好，这样的菜很受白领顾客的喜爱。第二类菜：方便烹饪的菜。王大爷和保姆把土豆削皮，把豇豆折成一段一段，把南瓜切成一小块一小块，等于卖半成品菜。价格贵30%左右，却深受时间紧的上班族和手脚不灵便的老人的喜爱。

第二个绝招：给小区附近的小餐馆送半成品菜。王大爷的半成品菜，深受顾客欢迎，也引起了小区附近很多小餐馆老板的兴趣。虽然价格要贵一点，但却可以省下一个小工的开支。那么多菜，王大爷摘不过来，小区有一群没事干的人，王大爷把闲散的碎片化的人力资源充分整合摘菜，同时保证质量。

第三个绝招：给顾客做美食顾问。王大爷曾做过单位食堂的大厨，他充分发挥烹饪特长，给顾客当美食参谋。比如素菜如何与荤菜搭配等等。王大爷还在深圳小区旁的彩印店，把每一种蔬菜的烹饪技巧制作成小卡片，提供给有兴趣的顾客。

第四个绝招：搞“回头有奖”。王大爷请人刻了一枚大印章，印在为顾客提供的国家级标准的食品袋上，顾客下次来买菜，凭这个袋子可以享受5%的优惠。除了这个，一般顾客买菜，王大爷总会送几根葱蒜秧苗。

王大爷在深圳菜市场的这些绝招，让他的生意非常火爆，效益很稳定。

（资料来源：央广网）

课前学习思考

通过上述案例，分析王大爷在卖菜过程中应用了哪些食品蔬菜的流通加工作业？

知识学习

一、流通加工的概念

（一）流通加工的含义

我国国家标准《物流术语》对流通加工（distribution processing）的定义是“物品在从生产地到使用地的过程中，根据需要施加包装、分割、计量、分拣、刷标志、拴标签、组装等简单作业的总称”。

流通加工与商品流通有较大的区别。商品流通是以货币作为媒介的商品交换，它的重要职能是将生产及消费（或再生产）联系起来，起“桥梁和纽带”的作用，完成商品所有权实物形态的转移。因此，流通与流通对象的关系，一般不是改变其形态而创造价值，而是保持流通对象的已有形态，完成空间的位移，实现其“时间效用”及“场所效用”。

流通加工是商品流通中的一种特殊形式，是在物品从生产领域向消费领域流动的过程中，以促进销售、维护产品质量和提高物流效率，对物品进行加工，使物品发生物理、化学或形状的变化。总体来讲，流通加工在流通中，仍然和商品流通一样起“桥梁和纽带”的作用。但是，它却不是通过“保护”流通对象的原有形态而实现这一作用的，它和生产一样，通过改变或完善流通对象的原有形态来实现“桥梁和纽带”作用。

知识链接

流通加工产生的原因

1.流通加工的出现与现代生产方式有关

现代生产发展的趋势之一就是生产规模大型化、专业化，依靠单品种、大批量的生产方法降低生产成本，获取规模经济效益，这样就出现了生产相对集中的趋势。这种规模的大型化、生产的专业化程度越高，生产相对集中的程度也就越高。生产的集中化进一步引起产需之间的分离，产需分离的表现首先为人们认识的是空间、时间及人的分离。也就是说生产及消费不在同一个地点，而是有一定的空间距离；生产及消费在时间上不能同步，而是存在着一定的“时间差”；生产者及消费者不是处于一个封闭的圈内，某些人生产的产品供给成千上万的人消费，而某些人消费的产品又来自其他许多生存者。弥补上述分离的手段则是运输、储存及交换。

近年来，人们进一步认识到，现代生产引起的产需分离并不局限于上述三个方面，这种分离是深刻而广泛的。第四种重大的分离就是生产及需求在产品功能上的分离。尽管“用户第一”等口号成了许多生产者的主导思想，但是生产毕竟有其规律，尤其在强调大生产的工业化社会，大生产的特点之一就是“少品种、大批量、专业化”，产品的功能往往不能和消费需要密切衔接。弥补这一分离的方法，就是流通加工。所以，流通加工的诞生实际上是现代生产发展的一种必然结果。

2.流通加工不仅是大工业的产物，也是网络经济时代服务社会的产物

流通加工的出现与现代社会消费的个性化有关。消费的个性化和产品的标准化之间存在着一定的矛盾，使本来就存在的产需第四种形式的分离变得更加严重。

本来弥补第四种分离可以采取增加一道生产工序或消费单位加工改制的方法，但在个性化问题十分突出之后，采取上述弥补措施将会使生产及生产管理的复杂性及难度增加，按个性化生产的产品难以组织高效率、大批量的流通。所以，消费个性化的新形势及新观念为流通加工开辟了道路。

3.流通加工的出现与人们对流通作用的观念转变有关

在社会再生产过程中，生产过程是典型的加工制造过程，是形成产品价值及使用价值的主要过程，再生产型的消费究其本质来看也是和生产过程一样，通过加工制造消费了某些初级产品而生产出深加工产品。历史上，在生产不太复杂、生产规模不大时，所有的加工制造几乎全部集中于生产及再生产过程中，而流通过程只是实现商品价值及使用价值的转移而已。

在社会生产向大规模生产、专业化生产转变之后，社会生产越来越复杂，生产的标准化和消费的个性化出现，生产过程中的加工制造常常满足不了消费者的要求。而由于流通的复杂性，生产过程中的加工制造也常常不能满足流通的要求。于是，加工活动开始部分地由生产及在生产过程向流通过程转移，在流通过程中形成了某些加工活动，这就是流通加工。

流通加工的出现使流通过程明显地具有了某种“生产性”，改变了长期以来形成的“价值及使用价值转移”的旧观念，这就从理论上明确了：流通过程从价值观念来看是可以主动创造价值及使用价值的，而不单是被动地“保持”和“转移”的过程。因此，人们必须研究流通过程中孕育了多少创造价值的潜力，这就有可能通过努力在流通过程中进一步提高商品的价值和使用价值，同时，以很少的代价实现这一目标。这样，就引起了流通过程从观念到方法的巨大变化，流通加工则适应这种变化而诞生。

4.效益观念的树立也是促使流通加工形式得以发展的重要原因

20 世纪 60 年代后，效益问题逐渐引起人们的重视，过去人们盲目追求高科技，引起了燃料、材料投入的大幅上升，结果新技术、新设备虽然采用了，但往往得不偿失。20 世纪 70 年代初，第一次石油危机的产生证实了效益的重要性，使人们牢牢树立了效益观念，流通加工可以用少量的投入获得很大的效果，是一种高效益的加工方式，自然获得了很大的发展。所以，虽然流通加工从技术上来讲，可能不需要采用什么先进技术，但这种方式是现代观念的反映，在现代的社会再生产过程中起着重要的作用。

(二)流通加工的类型

流通加工按加工的目的和作用、加工对象产品的类型等方面的不同，可以分为不同的类型。

1.按照加工的目的和作用划分(如表 7-1 所示)

表 7-1　流通加工的类型(按加工的目的和作用划分)

序号	类　型	内容说明
1	为弥补生产加工不足的流通加工	实际是生产的延续，主要是为了弥补生产领域加工的不足
2	为满足多样化需要的流通加工	为了满足需求多样化和个性化的特点进行的加工
3	为保护产品所进行的流通加工	主要采取稳固、改装、冷冻、涂油等方式对产品进行保护
4	为提高物流效率、方便物流的流通加工	改变“物”的物理状态，但并不发生化学变化，并且最终仍能恢复原物理状态

续表

序号	类　型	内容说明
5	为促进销售的流通加工	可能不改变“物”本体，只进行简单改装的加工，也有许多是组装、分割等深加工，从而起到促进销售的作用
6	为提高加工效率的流通加工	以集中加工形式，解决了单个企业加工效率不高的弊病。以一家流通加工企业的集中加工代替若干生产企业的初级加工，促使生产水平有一定提高
7	为提高原材料利用率的流通加工	利用综合性、用户多的特点，可以实行合理规划、合理套裁、集中下料的办法，能有效提高原材料的利用率、减少损失浪费
8	衔接不同运输方式，使物流合理化的流通加工	在干线运输及支线运输的结点，设置流通加工环节，可以有效解决大批量、少品种干线运输与小批量、多品种支线运输之间的衔接问题
9	以提高经济效益、追求企业利润为目的的流通加工	是经营的一环，在满足生产和消费要求基础上取得利润，同时在市场和利润引导下使流通加工在各领域中能有效地发展
10	生产、流通一体化的流通加工	可以促成产品结构及产业结构的调整，充分发挥企业集团的经济技术优势，是目前流通加工领域的新形式

2.按照加工对象产品的类型划分（如表 7-2 所示）

表 7-2　流通加工的类型（按加工对象产品的类型划分）

序号	类　型	常见的加工内容
1	生产资料的流通加工	（1）钢材的流通加工； （2）水泥的流通加工； （3）煤炭的流通加工； （4）木材的流通加工； （5）玻璃的流通加工
2	消费资料的流通加工	（1）食品的流通加工； （2）纺织鞋帽的流通加工

二、流通加工的功能

（一）克服生产和消费者之间的分离，更有效地满足消费需求

这是流通加工功能最基本的内容。现代经济中，生产和消费的分离日益扩大和复杂，流通企业利用靠近消费者、信息灵活的优势，从事加工活动，能够更好地满足消费需求，使少规格、大批量生产和小批量、多样性需求结合起来。

(二)提高加工效率和原材料利用率

集中进行流通加工,可以采用技术先进、加工量大、效率高的设备,不但提高了加工质量,而且提高了使用率和加工效率。集中进行加工还可以将企业生产的简单规格产品,按照客户的不同要求,进行集中下料,做到量材使用,合理套裁,减少剩余料;同时,可以对剩余料进行综合利用,提高原材料的利用率,使资源得到充分合理的利用。

(三)提高物流效率

有的产品的形态、尺寸、重量等比较特殊,如过大、过重产品不进行适当分解就无法装卸运输,生鲜食品不经过冷冻、保鲜处理,在物流过程中就容易质变、腐烂等。对这些产品进行适当加工,可以方便装卸搬运、储存、运输和配送,从而提高物流效率。

(四)促进销售

流通加工对于促进销售也有积极的作用,特别是在市场竞争日益激烈的条件下,流通加工成为重要的促销手段。例如,将运输包装改换成销售包装,进行包装加工,改变商品的形象以吸引消费者;将蔬菜、肉类洗净切块分包以满足消费者的要求;对初级产品和原材料进行加工以满足客户的需求,赢得客户信赖,增强营销竞争力。

(五)方便用户

用量小或只是有临时需要的用户,不具备进行高效率初级加工的能力,通过流通加工可以使用户省去进行初级包装的投资、设备、人力,方便用户。目前发展较快的初级加工有:将水泥加工成生混凝土,将原木或板、方材加工成门窗,将钢板预处理、整形等。

所以,在物流领域中,流通加工可以成为提高产品附加价值的活动。这种高附加值的形成,主要是通过着眼于满足用户的需求,提升服务功能而取得的,是贯彻物流战略思想的表现,是一种低投入、高产出的加工形式。

流通加工功能如图 7-1 所示。

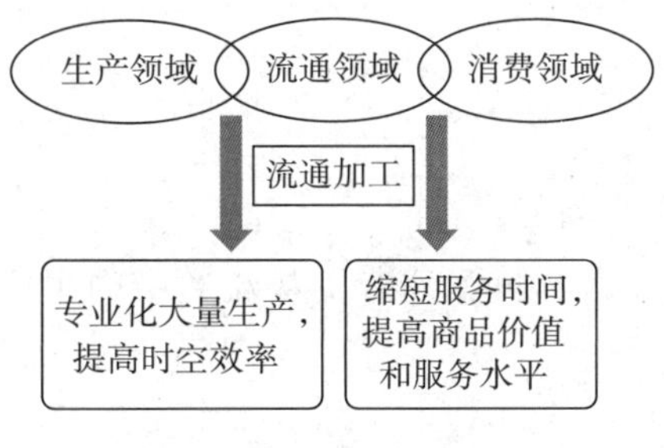

图 7-1　流通加工功能

知识链接

幸福乐器厂生产各类中外弦乐器。每年采购长白山红松木,加工成提琴、吉他、胡琴等乐器,人造革琴盒包装。到汽车运输公司雇车将乐器运输到乐器店。运输损坏率高。因为乐器的形状特殊,运输工具的空间利用率低,致使运输费高昂。

思考题

请分析该流通过程，提出改进意见。

三、流通加工与生产加工的区别

流通加工和一般的生产型加工在加工对象、加工程度、加工目的等方面有较大的差别，其主要差别如表7-3所示。

表7-3 流通加工与生产加工的主要区别

序号	项目	流通加工	生产加工
1	加工对象	进入流通过程的商品	原材料、半成品、零配件
2	加工程度	简单加工	复杂加工
3	加工目的	为流通、为消费	为消费
4	加工组织者	商业或物资流通企业	生产企业
5	加工所在环节	流通过程	生产过程

任务二 流通加工的主要应用

学习内容

1.生产资料的流通加工；

2.消费资料的流通加工。

学习目标

完成本学习任务后，你应当能：

理解流通加工在各种生产资料和消费资料流通中的主要应用。

案例导入

天然气的液化加工

天然气是指自然界中天然存在的一切气体，包括大气圈、水圈和岩石圈中各种自然过程形成的气体（包括油田气、气田气、泥火山气、煤层气和生物生成气等）。而人们长期以来通用的“天然气”的定义，是从能量角度出发的狭义定义，是指天然蕴藏于地层中的烃类和非烃类气体的混合物；在石油地质学中，通常指油田气和气田气；其组成以烃类为主，并含有非烃气体。

天然气因具有绿色环保、安全可靠、经济实惠等优点而成为当前社会的主要生产生活燃料之一。

常温、常压下的天然气密度一般只有0.75～0.8千克/立方米，比空气还轻，不适合储存及远距离输送。

天然气在常压下，冷却至约－162℃时，则由气态变成液态，称为液化天然气(liquefied natural gas，LNG)。天然气液化后体积缩小约600倍，每立方米燃烧热值从气态的8000大卡至8500大卡大大提升至液态的25200大卡。天然气的液化为天然气的高效输送、储存提供了新的途径，也扩大了天然气的利用领域。

课前学习思考

从流通加工功能的角度分析，为什么要对天然气进行液化加工？

知识学习

一、生产资料的流通加工

(一)钢材的流通加工

具有代表性的生产资料加工是钢材的加工，包括钢材的切割、使用矫直机将薄板卷材展平、纵向切割薄板卷使之成为窄幅(钢管用卷材)、气割厚板、切断成形钢材。这种加工以适应顾客需求的变化，服务顾客为目的。

各种钢材，如钢板、型钢、线材等的长度、规格有时不完全适用于客户，如热轧厚钢板等板材最大交货长度可达12米，有的是成卷交货，对使用钢板的客户来说，使用时必须进行剪板等再加工。剪板加工是用剪板机或切割设备将大规格钢板裁小，或切裁成毛坯，如图7-2所示。

图7-2　钢板剪板加工

汽车、冰箱、冰柜、洗衣机等生产制造企业每天需要大量的钢板，除了大型汽车制造企业外，一般规模的生产企业如自己单独剪切，难以解决因用料高峰和低谷的差异引起的设备忙闲不均和人员浪费问题。如果委托专业钢板剪切加工企业，就可以解决这个矛盾。专业钢板剪切加工企业能够利用专业切割设备，按照用户设计的规格尺寸和形状进行套裁加工，精度高、速度快、废料少、成本低。专业钢板剪切加工企业在国内外数量很多，大部分由流通企业经营。这种流通加工企业不仅提供剪切加工服务，还出售加工原材料和加工后的成品以及提供配送服务。采用委托加工方式，让用户省心、省力、省钱。

(二)水泥的流通加工

在需要长途运入水泥的地区，把原来运入成品水泥改变为运进熟料这种半成品，即在该地区的流通加工(磨细工厂)磨细，并根据当地资源和需要的情况掺入混合材料及外加剂，制成不同品种及标号的水泥供应给当地用户，这是水泥流通加工的一种重要形式。国外大量建设水泥流通服务中心，在那里将水泥、砂石、水以及添加剂按比例进行初步搅拌，然后装进水泥搅拌车，事先计算好时间，卡车一边行驶一边搅拌，到达工地后，搅拌均匀的混凝土直接进行浇筑。混凝土搅拌车如图 7-3 所示。

水泥熟料的流通加工之所以能够成为一个新兴的朝阳工业，其中有两个重要的决定因素。一个是它符合社会化大生产的趋势；另一个是能够保护城市环境、减少行业工人的粉尘污染，从这个意义上来讲，又赋予了水泥流通加工新的含义，即绿色环保工程。

图 7-3 混凝土搅拌车

(三)煤炭的流通加工

煤炭的流通加工有多种形式：如除矸加工、煤浆加工、配煤加工等。

1.除矸加工

除矸加工是以提高煤炭纯度为目的的加工形式，一般煤炭中混入矸石有一定的发热量，混入一些矸石是允许的，也是较经济的。但是，有时则不允许煤炭中混入矸石，如在运力十分紧张的地区，要求充分利用运力、降低成本，多运“纯物质”，少运矸石。在这种情况下，可以采用除矸的流通加工方法排除矸石。除矸加工可提高煤炭运输效益和经济效益，减少运输能力的浪费。如图 7-4 所示。

图 7-4　煤炭除矸加工

2.煤浆加工

用传统运输工具载运煤炭，运输中损失浪费比较大，又容易发生火灾。管道运输是近代兴起的一种先进技术。采用管道运输方式运输煤浆，可以减少煤炭消耗、提高煤炭利用率。

在流通的起始环节将煤炭磨成细粉，本身便有了一定的流动性，再用水调和成浆状，则具有了流动性，这样煤炭就可以像其他液体一样进行管道输送。将煤炭制成煤浆采用管道输送是一种新兴的加工技术。这种方式不与现有运输系统争夺运力，输送过程连续、稳定、快速，是一种较为经济的运输方式。煤浆加工如图 7-5 所示。

图 7-5　煤浆加工

3.配煤加工

配煤加工是一项改善燃煤品质的技术。它可理解为根据用户对煤炭质量的要求，将若干不同种类、不同性质的煤按照一定比例掺配加工，得到对锅炉燃烧状况最佳的燃料煤(如图 7-6 所示)。这种加工方式可以按需要发热量生产和供应燃料，防止热能浪费，防止“大材小用”的情况，也可以防止发热量过小，避免不能满足使用要求的情况出现。工业用煤经过配煤加工还可以起到便于计量控制、稳定生产过程的作用，在经济和技术上都有价值。

图 7-6 配煤加工

4.防止煤炭自燃的流通加工

大量储存的煤炭容易出现自燃现象，不但造成煤炭的严重损失，而且会对环境造成污染和影响，严重的还会造成火灾。物流过程中，在各个节点上的煤炭储存都会面临这种风险。因此，需要采取特殊的保护措施，防止自燃，这也是煤炭物流过程中的特殊流通加工形式。

(四)木材的流通加工

木材的流通加工一般有两种情况。一种是树木在生长地被伐倒后，消费不在当地，不可能连枝带杈运输到外地，先在原处去掉树杈和树枝，再将原木运走，剩下来的树杈、树枝、碎木、碎屑掺入其他材料，在当地木材加工厂进行流通加工，做成复合木板。也有将树木在产地磨成木屑，采取压缩方法加大容重后运往外地造纸厂造纸。另一种情况是在消费地建木材加工厂，将原木加工成板材，或按用户需要加工成各种形状的材料，供给家具厂、木器厂。木材进行集中流通加工、综合利用，出材率可提高到72%，原木使用率达到95%，经济效益相当可观。木材加工如图 7-7 所示。

图 7-7 木材加工

对点案例

假设生产现场甲、乙、丙三个部门分别需要2.9米、2.1米、1.5米的棒材各100根。已知供应商提供的棒材规格为7.4米。现在采用分散下料所需的原材料数量如下：

甲：7.4÷2.9≈2，100÷2＝50(根)

乙：7.4÷2.1≈3，100÷3＝34(根)

丙：7.4÷1.5≈4，100÷4＝25(根)

合计：50＋34＋25＝109(根)

思考题

该案例中，如果集中下料，所需的原材料数量为多少？

(五)玻璃的流通加工

平板玻璃的运输货损率较高，玻璃运输的难度比较大。在消费比较集中的地区建玻璃流通加工中心，按照用户的需要对平板玻璃进行套裁和开片，可提高玻璃的利用率，降低玻璃的破损率，增加玻璃的附加值。

二、消费资料的流通加工

(一)食品的流通加工

消费资料的流通加工中最常见的应用是食品的流通加工。为了便于保存，提高流通效率，食品的流通加工是不可缺少的。如：鱼和肉的冷冻、生奶酪的冷藏、生鲜食品的原包装、大米的自动包装和上市牛奶的灭菌和摇匀等，以蔬菜加工为例，如图7-8所示。

常见的生鲜食品流通加工方式如下：

1.冷藏、冷冻加工

生鲜食品冷藏、冷冻加工，是为了解决鲜肉、鲜鱼在流通中保鲜及装卸搬运的问题，采取低温冻结方式的加工。这种方式也用于某些液体商品、药品等。

2.分选加工

分选加工是为了提高物流效率而进行的对蔬菜和水果的加工，如去除多余的根叶等。农副产品规格、质量离散情况较大，为获得一定规格的产品，采取人工或机械分选的方式加工称为分选加工。这种方式广泛用于果类、瓜类、谷物、棉毛原料等。

3.精制加工

农、牧、副、渔等产品的精制加工是在产地或销售地设置加工点，去除无用部分，甚至可以进行切分、洗净、分装等加工，可以分类销售。这种加工不但方便了购买者，还可以对加工过程中的淘汰物进行综合利用。比如，鱼类的精制加工所剔除的内脏可以制成某些药物或用作饲料，鱼鳞可以制高级黏合剂，头尾可以制鱼粉等；蔬菜的加工剩余物可以制饲料、肥料等。

4.分装加工

许多生鲜食品零售起点较小，而为了保证高效输送出厂，包装一般比较大，也有一些是采用集装运输方式运达销售地区。这样为了便于销售，在销售地区按所要求的零售起点进行新的包装，即大包装改小包装，散装改小包装，运输包装改销售包装，以满足消费者对不同包装规格的需求，从而达到促销的目的。

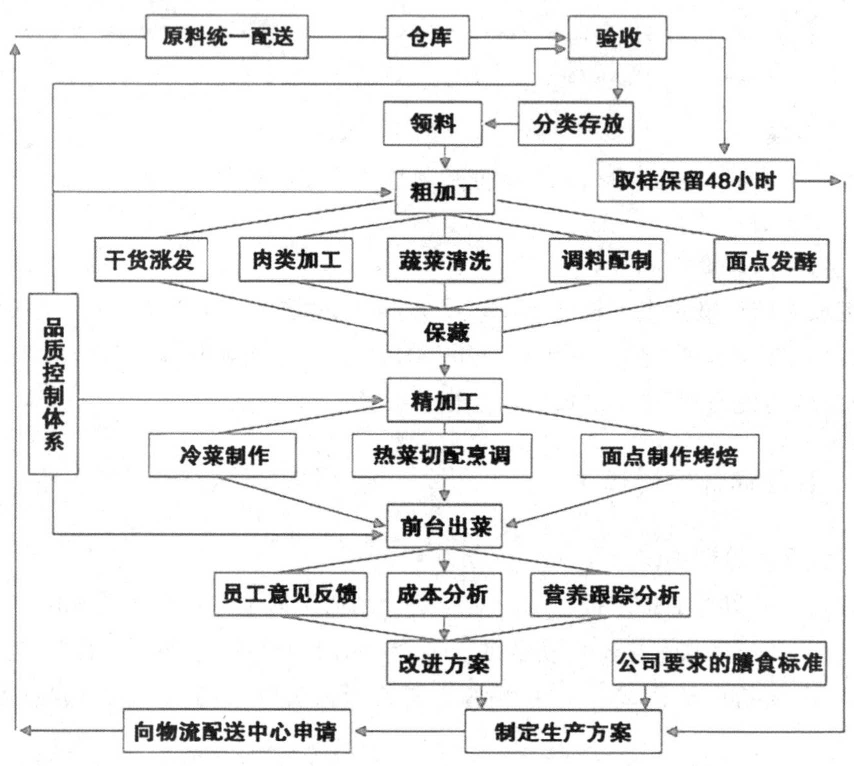

图 7-8 某公司蔬菜加工流程图

知识链接

鲜切果蔬加工

鲜切果蔬又称最少加工果蔬、半加工果蔬、轻度加工果蔬等，它是指以新鲜果蔬为原料，经分级、清洗、整修、去皮、切分、保鲜、包装等一系列处理后，再经过低温运输进入冷柜销售的即食或即用果蔬制品。鲜切果蔬既保持了果蔬原有的新鲜状态，又经过加工使产品清洁卫生，属于净菜范畴，天然、营养、新鲜、方便以及可利用度高(100%可食用)，可满足人们追求天然、营养、快节奏的生活方式等方面的需求。

鲜切产品起源于美国，20 世纪 50 年代美国以马铃薯为原料开始切割果蔬的研究，到 60 年代，切割果蔬开始进入商业化生产。中国是农业大国，在种植业结构中蔬菜和水果产量分别位居第二和第三。然而，我国鲜切果蔬的研究起步较晚，鲜切果蔬加工兴起于20世纪90年代，随着人们生活水平的不断提高和生活节奏的加快，即食、方便食品已经成为人们的消费时尚，鲜切果蔬将成为果蔬采摘后研究领域中的重要方向之一，但是与原材料相比，鲜切果蔬由于切分处理所造成的机械损伤会引发一系列物理、化学变化，如变色、变味、衰老、软化以及由于微生物侵染而导致变质，且在最佳低温条件下一般有7～10天的保质期。因此，保持品质、延长保鲜期是鲜切果蔬加工工艺的关键。

思考题

鲜切果蔬加工能带来怎样的经济效益？有何启发？

(二)纺织鞋帽产品的流通加工

近年来，随着消费者个性化需求的不断增长，传统的产品标准化成批制造已慢慢不能适应市场的需求，生产企业除了在生产领域进行小批量生产、个性化定制等生产改革实践外，在流通领域也开始进行个性化加工探索。

此外，随着消费者要求越来越高，退换货大量增加，退换回来的纺织鞋帽产品，一般也不退回生产工厂，而是直接在流通环节的仓库或配送中心进行重新加工后再出售，如分类、整理、改换价签和包装等。

知识链接

阿迪达斯的个性化组装销售

阿迪达斯公司在美国有一家超级市场，设立了组装式鞋店，摆放着不是做好了的鞋，而是做鞋用的半成品，款式花色多样，有6种鞋跟、8种鞋底，均为塑料制造的，鞋面的颜色以黑、白为主，鞋带的颜色有80种，款式有百余种，顾客进来可以任意挑选自己所喜欢的各个部位，交给职员当场进行组合。只要10分钟，一双崭新的鞋便唾手可得。

这家鞋店昼夜营业，职员技术熟练，鞋子的售价与成批制造的价格差不多，有的还稍便宜些。所以，顾客络绎不绝，销售金额比邻近的鞋店多10倍。

思考题

分析该案例中，体现了流通加工作业的哪些作用？

知识链接

物流企业开展的主要流通加工作业

物流企业开展的流通加工作业主要包括分装加工与分选加工。

1.分装加工

许多商品的零售量小，而生产企业为了保证其高效运输，出厂包装(即工业包装或运输包装)都比较大。为了便于销售，商品购进后要按所要求零售起点进行重新包装，即大包装改小包装，散包装改小包装，运输包装改销售包装。

2.分选加工

一般来说，经销商购进的农副产品其质量、规格参差不齐，如果直接把这样的商品卖出去，一是不受顾客欢迎，二是销售价格低。因此，就有必要按照质量、规格等标准，用人工或机械方式进行分选，并分别包装，实现质优价优，质次价低，这样就比较适合不同层次顾客的需要。通过分选加工，可提高商品的附加价值和顾客的满意度，企业也可因此获得更大的利润。

任务三 流通加工合理化

学习内容

1.理解流通加工中的不合理现象；

2.掌握流通加工合理化的方法。

学习目标

完成本学习任务后，你应当能：

1.熟悉流通加工合理化的基本内容；

2.运用所学知识，认识生活中流通加工的不合理现象，并能提出合理化建议。

案例导入

瑞达食品工贸公司的加工中心选址

瑞达食品工贸公司生产加工大批量、多品种食品，其设立的加工中心如图7-9所示。

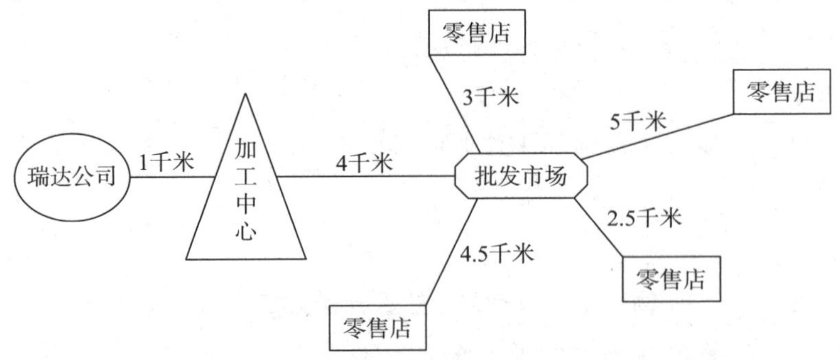

图7-9 瑞达食品工贸公司的加工中心

课前学习思考

试分析其加工中心的位置选择合理与否？

知识学习

流通加工合理化是指避免各种不合理的加工现象，实现流通加资源的最优配置，使流通加工有存在的价值，并且实现其最优化。为此，应在满足社会需求的同时，合理组织流通加工生产，并综合考虑加工与运输、加工与配送、加工与商流、加工与配套、加工与节约的有机结合，从而实现最佳的加工效益。

一、不合理的流通加工形式

流通加工是在流通领域对生产所进行的辅助性加工，从某种意义上来讲它不仅是生产过程的延续，也是生产本身或生产工艺在流通领域的延续。如果设计不合理，也会产生负面影响，所以应尽量避免不合理的流通加工。不合理的流通加工主要表现在以下几个方面：

（一）流通加工地点设置不合理

流通加工地点设置，即布局状况，是决定整个流通加工是否有效的重要因素。

第一，为了衔接单品种、大批量生产与多样化需求的流通加工，加工地点设置在需求地区，才能实现大批量的干线运输与多品种末端配送的物流优势。如果将流通加工地设置在生产地区，一方面，为了满足用户多样化的需求，会出现多品种、小批量的产品由产地向需求地的长距离运输；另一方面，在生产地增加了一个加工环节，会增加近距离运输、保管、装卸等一系列物流活动。所以，在这种情况下，不如由原生产单位完成这种加工而无须设置专门的流通加工环节。

第二，为方便物流的流通加工环节应该设置在产出地，设置在进入社会物流之前。如果将其设置在物流之后，即设置在消费地，不但不能解决物流问题，又在流通中增加了中转环节，因而也是不合理的。

（二）流通加工方式选择不当

流通加工方式包括流通加工对象、流通加工工艺、流通加工技术、流通加工程度等。正确的流通加工方式，实际上是正确处理流通加工与生产加工的分工问题。分工不合理，把本来应由生产加工完成的作业错误地交给流通加工来完成，或者把本来应由流通加工完成的作业错误地交给生产过程去完成，都会导致不合理现象的出现。

流通加工不是对生产加工的代替，而是一种补充和完善。一般来说，如果工艺复杂，技术装备要求高，或加工可以由生产过程延续或较容易解决的都不宜再设置流通加工环节，尤其不宜与生产过程争夺技术要求较高、效益较高的最终生成环节。如果流通加工方式选择不当，就会出现与生产过程争利的后果。

(三)流通加工作用不大,形成多余环节

有的流通加工过于简单,或对生产及用户作用都不大,甚至存在盲目性,不仅不能解决品种、规格、质量、包装等问题,相反却增加了操作环节,这也是流通加工不合理的重要表现形式。

(四)流通加工成本过高,效益不好

流通加工之所以能够有生命力,重要的优势之一是有较大的产出投入比,因而能有效地对生产起到补充完善的作用。如果流通加工成本过高,则不能实现以较低的投入实现更高回报的目的。除了一些从政策要求即使亏损也要进行的加工外,其他流通加工成本过高的都应看成是不合理的。

二、流通加工合理化的方法

流通加工合理化的含义就是实现流通加工的最优配置,也就是对是否设置流通加工环节、在什么地方设置、选择什么类型的加工、采用什么样的技术装备等问题做出正确的抉择。这样做不仅要规避各种不合理的流通加工形式,而且要做到最优的选择。

要实现流通加工合理化,按目前国内积累的经验,主要从以下几个方面加以考虑:

(一)流通加工和合理运输相结合

流通加工能有效衔接干线运输和支线运输,促进两种运输形式的合理化。利用流通加工,在支线运输转干线运输或干线运输转支线运输等这些必要停顿的环节,不进行一般的支转干或干转支,而是按干线或支线运输合理的要求进行适当加工,从而大大提高运输及运输转载水平。

(二)流通加工和配送相结合

将流通加工设置在配送点中,一方面按配送的需要进行加工,另一方面加工又是配送作业流程中分货、拣货、配货的重要一环,加工后的产品直接投入到配货作业,无须单独设置一个加工的中间环节,使流通加工与中转流通巧妙地结合在一起。同时,由于配送之前有必要的加工,可以使配送服务水平大大提高。这是当前对流通加工合理选择的重要形式之一,在钢材、木材等产品的流通中已经表现出较大的优势,如对钢板、圆木的进一步下料、切裁,以适应运输工具的要求。

(三)流通加工和合理商流相结合

流通加工也可以起到促进销售的作用,从而使商流合理化,这也是流通加工合理化的方向之一。加工和配送相结合,通过流通加工、提高配送水平,促进了销售,使加工与商流合理结合,此外,通过简单地改变包装,加工形成方便顾客的购买量,通过组装加工,解除用户使用前进行组装、调试的难处,都是有效促进商流的很好例证。

(四)流通加工和配套相结合

在对配套要求较高的流通中,配套的主体来自各个生产单位,但完全配套有时无法全部依靠现有的生产单位。进行适当的流通加工,可以有效地促成配套,大大提高流通作为连接生产与消费的桥梁和纽带作用。

(五)流通加工和节约相结合

通过合理设置流通加工环节,达到节约能源、节约设备、节约人力、减少耗费的目的,从而提高经济效益。这是流通加工合理化重要的考虑因素。

(六)流通加工的绿色化

绿色流通加工是绿色物流的范畴之一,其实现途径主要有两个:一是变消费者分散加工为专业集中加工,以规模作业方式,提高资源利用率、减少环境污染;二是集中处理消费品加工产生的边角废料,以减少消费者分散加工所造成的废弃物污染。

知识链接

某钢材仓库占地 220 亩,拥有 4 条铁路专用线、10～30 吨起重龙门吊车 10 台,年吞吐钢材近 100 万吨。过去钢卷进出仓库运输都要用一种专用的钢架固定,以防钢卷滚动。因此,客户在购买钢卷时,必须租用钢架,这样既要支付钢架租金,又要支付返还钢架的运费。

尽管后来一些钢厂开始使用无须返还的草支垫加固运输,但过大的钢卷(如 35 吨一卷)使有些客户无法一次购买使用,如果建议这些客户购买钢厂成品平板,其成本又会增加很多。因为钢厂成品平板一般以 2 米倍尺交货,即长度分别为 2 米、4 米、6 米等规格,而一些客户使用的板面长度要求为非标准尺寸,如 3.15 米、4.65 米,甚至 9.8 米,而且有的工艺要求不能焊接,这样的平板不是长度不够就是边角余料大。

思考题

你能为这家钢材仓库及其客户想个两全其美的办法吗?

项目小结

本项目主要对流通加工的概念、功能、主要应用和流通加工合理化原则进行认知和学习。通过学习,了解流通加工的概念和功能,掌握流通加工的主要应用和合理化的方法,并能够运用所学知识,对生活中不合理的流通加工现象,提出改进建议。

教学分享

1.学习课时

本项目建议学习 4 个课时。

2.教学方法

建议采用讲解、体验式教学(包括视频资料学习、参访物流企业、网络平台的资源学习等)、小组讨论、案例教学等方法。应把握的知识重点包括:流通加工的基本形式,流通加工合理化的措施。

3.学习环境要求

(1)学习场地:①多媒体教室;②典型流通加工企业。

(2)学习资料:①视频资源;②课程网络资源。

课后习题

一、单项选择题

1.关于流通加工的理解,正确的是(　　)。

A.流通加工的对象是不进入流通过程的商品,不具有商品的属性,因此流通加工的对象不是最终产品,而是原材料、零配件、半成品

B.一般来讲,如果必须进行复杂加工才能形成人们所需的商品,那么,这种复杂加工应专设生产加工过程,而流通加工大多是简单加工,而不是复杂加工,因此流通加工可以是对生产加工的取消或代替

C.从价值观点看,生产加工的目的在于创造价值及使用价值,而流通加工则在于完善其使用价值并在不做大改变的情况下提高价值

D.流通加工的组织者是从事流通工作的人,能密切结合流通的需要进行这种加工活动,从加工单位来看,流通加工与生产加工则都由生产企业完成

2.关于流通加工的说法,错误的是(　　)。

A.加工是改变物质的形状和性质、形成一定产品的活动

B.流通是改变物质的空间状态与时间状态

C.流通与加工属于同一范畴

D.流通加工指在流通过程中辅助性的加工活动

3.(　　)是一项改善燃煤品质的技术,它可理解为根据用户对煤炭质量的要求,将若干不同种类、不同性质的煤按照一定比例掺配加工,得到对锅炉燃烧状况最佳的燃料煤。

A.除矸加工　　B.煤浆加工　　C.配煤加工　　D.防止煤炭自燃加工

4.以下四个选项中,不属于实现流通加工合理化的是(　　)。

A.加工和配套相结合　　B.加工和配送分离

C.加工和合理运输相结合　　D.加工和合理商流相结合

5.超市对各类肉末、鸡翅、香肠等在上架之前,进行加工,如清洗、贴条形码、包装等,是属于(　　)。

A.冷冻加工　　B.分选加工　　C.精制加工　　D.分装加工

6.以下哪一个流通加工不是为了保护商品所进行的流通加工?(　　)

A.木材的防腐朽、防干裂加工

B.水产品、肉类的冷冻加工

C.将木材制成可直接投入使用的各种型材

D.水泥的防潮加工

7.以下哪个选项属于提高效率、减少损失的流通加工？(　　)

A.钢材定尺、定型，按要求下料　　B.石油气的液化加工

C.丝、麻、棉织品的防虫、防霉加工　　D.将蔬菜、肉类洗净切块

8.流通加工的地点与消费地距离过大，形成多品种的末端配送服务困难，这样的不合理流通加工形式是(　　)造成的。

A.流通加工方式选择不当　　B.流通加工地点设置不合理

C.流通加工成本过高，效益不好　　D.流通加工作用不大，形成多余环节

9.一般认为流通加工属于(　　)环节。

A.生产　　B.交换　　C.流通　　D.消费

10.下列流通加工的作用中哪项是正确的？(　　)

A.提高加工效率及设备利用率　　B.降低原材料利用率

C.进行深加工与精加工以方便用户　　D.延长产品的物流时间

二、多项选择题

1.流通加工过程包括(　　　)。

A.形成产品零配件、半成品的过程　　B.产品的辅助性补充加工

C.创造价值和使用价值的过程　　D.完善产品使用价值并提高附加价值

2.关于流通加工的理解以下哪项是不正确的？(　　　)

A.流通加工可以是对生产加工的取消或代替

B.流通加工的目的在于完善其使用价值并在不做大改变的情况下提高价值

C.从加工单位来看，流通加工与生产加工都由生产企业完成

D.流通加工具有生产制造活动的一般性质

3.属于生产资料流通加工的是(　　　)。

A.木材流通加工

B.玻璃流通加工

C.水泥流通加工

D.大包装或散装物分装成适合依次销售的小包装的分装加工

4.实现流通加工合理化主要需要考虑以下哪些方面？(　　　)

A.加工和配套相结合　　B.加工和配送相结合

C.加工和合理商流相结合　　D.加工和合理运输相结合

5.不合理流通加工的几种主要形式有(　　　)。

A.流通加工作用不大，形成多余环节

B.流通加工成本过高，效益不好

C.流通加工地点设置不合理

D.流通加工方式选择不当

三、简答题

1.什么是流通加工？

2.简述流通加工的作用。

3.简述不合理流通加工的表现形式。

4.简述流通加工合理化的方法。

四、案例分析题

丽洁公司的主打产品是面粉,每年从加拿大进口小麦,散装船海运进港,装袋,用汽车运进工厂仓库内存放;每天加工面粉 10 吨,送到粮食批发市场;为防止受潮,采用双层塑料复合袋包装,50 斤一袋,如果面粉超过一个月没卖掉,就低价处理给饲料厂。分析该流通加工过程,指出不合理的地方,并提出改进意见。

技能训练

一、实训目标

通过实训能够将理论与实践相结合,使学生进一步了解流通加工企业及其业务流程,掌握流通加工的范畴和合理化措施。

二、组织安排

将学生分为 5~10 人一组,按小组完成实训任务。

三、实训内容

1.按小组参观流通加工中心的作业流程,由工作人员按实际流程步骤进行讲解。

2.了解流通加工各主要部门的职责范围及需注意的事项。

3.通过参观,掌握流通加工的功能和作用,并以参观企业为背景写一份流通加工优化的方案。

四、实训要求

根据具体情况,选择有一定代表性的流通加工中心或部门,进行实地调研。

◆ 模块八 ◆
配货送货

学习任务

1.认识配送,理解配送模式;

2.掌握配送中心的概念和流程;

3.了解物流中心;

4.掌握配送合理化的措施。

技能目标

1.了解配送、配送中心和物流中心的概念和功能;

2.掌握配送的模式、配送中心的作业流程;

3.理解配送合理化。

任务一　认识配送

学习内容

1.配送的概念;

2.配送的模式。

学习目标

完成本学习任务后,你应当能:

1.准确把握配送的概念;

2.通过观察身边的配送现象,指出该现象属于实现配送的哪个模式。

案例导入

同城配送市场“厮杀”

2018年春节开工后,尤其从3月份开始,除了二三线快递“不太平”之外,已经上市的几家一线快递巨头,也有一个“不约而同”的动作值得关注:

先是韵达被爆出其研发的同城即时配送平台“云递配”即将上线。云递配的官方定位是打造智能化即时配送云平台。平台吸纳更多配送人员，通过大数据分析，精准定位及智能匹配等技术，打通同城物流供求信息渠道，为发货用户提供诚信、安全、便捷、高效的发货渠道，实现一键发货并解决最后一公里问题。

紧接着中通也被爆出已经在陕西西安上线新业务“City Express”。顾名思义，就是要做同城配送，主打 4 小时送达。

之后，圆通 B 网各地招兵买马、起网运营的消息更是不断。朋友圈也看到了一则江西南昌圆通 B 网的消息，在这则业务推广信息中，圆通 B 网的主打产品名称也浮出水面——圆硕特快。

顺丰也没有闲着，一款名为“同城限时达”的服务正在北京进行着火热的地推和宣传。

几家快递巨头新业务的“共同点”一目了然——聚焦同城配送，限时达也好，即时配也罢，目标都是同城业务。

将“同城项目”开展情况制作成表格，对比如下：

企业	产品名称	试点城市	时效	模式
韵达	云即配	上海	对标“闪送”等即时配送平台，小时达	直营＋加盟独立运作，平台引流和分单，骑士抢单配送
中通	City Express	西安	4 小时	全直营
圆通	圆硕特快	南昌 注：除江西外，圆通 B 网已在国内开通 80 余城	4 小时 12 点前收，16 点前达 15 点前收，19 点前达	加盟商入股并分红
顺丰	同城限时达	北京	2 小时达	全直营

（资料来源：https://www.iyiou.com/p/70967.）

课前学习思考

1.大家为什么要扎堆做同城配送？

2.请你查阅其他资料，讨论天猫超市、京东物流是如何做好配送服务的？

知识学习

一、配送的概念

我国国家标准《物流术语》对配送（distribution）的定义是“在经济合理区域范围内，根据客户要求，对物品进行拣选、加工、包装、分割、组配等作业，并按时送达指定地点的物流活动”。完整的配送过程如图 8-1 所示。

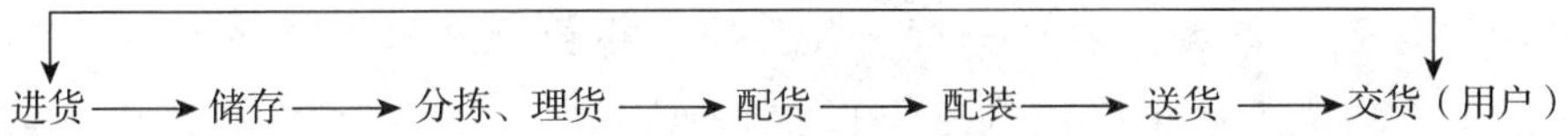

进货 ⟶ 储存 ⟶ 分拣、理货 ⟶ 配货 ⟶ 配装 ⟶ 送货 ⟶ 交货（用户）

图 8-1　配送过程图

二、配送的模式

配送模式是企业配送的基本策略和方法，它是指配送活动的各种要素组合及其运动的标准形式，它是根据配送对象的性质、特点和流程而形成的相对固定的配送规律，以适应经济发展的需要。配送模式主要有自营配送模式、共同配送模式和第三方配送模式等三种模式。

（一）自营配送模式

自营配送模式是企业自身构建和组织管理的物流配送模式，是实现企业内外货物配送的模式。它是当前生产流通或综合性企业（集团）中广泛使用的一种配送模式。企业（集团）通过独立设立仓储配送中心，实现各部门、工厂和商店的货物和物资的配送。这种配送模式有利于企业供应、生产和销售的一体化运作，系统化程度相对较高，它可以满足企业原材料、半成品和成品的配送需求，也可以满足企业拓展市场的需要。

电子商务企业采用自营配送模式，主要兴起于 2006 年以后 B2C（企业对消费者）电商平台的崛起，随着消费者从价格驱动向质量驱动的转变，传统 C2C（消费者对消费者）电商平台也随之向 B2C 进行转型，在此期间，阿里巴巴 B2C 平台天猫成立，京东、国美和苏宁等一批自建物流体系的 B2C 家电垂直行业电商平台也开始快速成长，并凭借自建仓储物流体系所带来的较好的物流体验，一度对阿里巴巴平台的家电市场份额进行蚕食，这也直接推动阿里巴巴菜鸟物流网络在 2013 年成立。

对点案例

京东从 2007 年自建物流发展至今，形成了庞大的仓配网络，目前 2 小时时间段“京准达”服务已覆盖全国 246 个城市，1 小时“京准达”覆盖 30 个城市，半小时“京准达”拓展至 7 个城市。

2017 年 4 月 25 日京东集团宣布：为了更好地向全社会输出京东物流的专业能力，帮助产业链上下游的合作伙伴降低供应链成本、提升流通效率，共同打造极致的客户体验，京东正式组建京东物流子集团。

京东拥有中小件、大件、冷链、B2B、跨境和众包（达达）六大物流网络。截至目前，京东在全国范围内拥有 256 个大型仓库，6906 个配送站和自提点，已经运营了 7 个大型智能化物流中心“亚洲一号”，目前京东自营配送覆盖了全国 98%的人口，将商品流通成本降低了 70%，物流的运营效率提升了 2 倍以上。

据京东官方消息表示，未来五年，京东物流还将把物流中心的面积扩大至超过 5000 万平方米，建设跨区航空物流网络，扩展 15 倍于目前的冷库面积，运营超过

20个自营海外仓并覆盖包括“一带一路”沿线国家在内的100多个国家和地区，B2B物流网络将覆盖超过全国300个城市，与达达的众包网络深度协同，形成全国最大的同城配送网络。

思考题

请同学们思考，未来京东的物流体系发展趋势是什么？

(二)共同配送模式

共同配送是一种物流配送经营企业之间为提高配送效率、实现整体配送合理化，互相提供便利的物流配送服务的协作型配送模式，包括配送的共同化、物流资源利用共同化、物流设施设备利用共同化以及物流管理共同化。共同配送有两种运作形式：

1.由一个配送企业对多家用户进行配送

该形式即由一个配送企业综合某一地区内多个用户的要求，统筹安排配送时间、次数、路线，共同配送和货物数量，全面进行配送。例如，2016年徐州中邮速递、申通、天天、韵达等5家企业携手，共同成立徐州飞马配送服务有限公司，使经营成本降低了三成，把共同配送做成了具有全国示范效应的“沛县模式”。

2.其他配送方式

其他配送方式仅在送货环节上将多家用户待运送的货物混载于同一辆汽车上，然后按照用户的要求分别将货物运送到各个接货点，或者运到多家用户联合设立的配送货物接收点。这种配送有利于节省运力和提高运输车辆的货物满载率。

共同配送可以帮助厂商对市场需求做出快速反应，例如，药品与保健品公司是共享配送网络的最大客户之一，这是因为为了快速履行订单，他们必须要在主要的销售点附近保存少量的存货，因为这些销售点相对来说空间很小，为保证在有限的空间内陈列更多的商品，就不能保有太多的库存，因此采用共同配送进行及时补货是非常适合的。

共同配送是通过长期发展和探索优化形成的一种追求合理化配送的配送形式，它也是一种先进的物流模式，广泛应用于美国、日本等发达国家和地区，对提高物流运作效率、降低物流成本、整合城市空间具有重要意义。

对点案例

因共同目标走到一起的竞争对手

原本是欧洲快递市场的主要竞争对手，如今因共同的目标走到一起。

2018年5月，DHL(德国邮政敦豪集团子公司)、DPD(法国邮政子公司)、GLS(英国皇家邮政子公司)、Hermes(Otto子公司)和UPS(联合包裹)携手加入一个城市物流试点项目。项目旨在通过微型仓库和送货自行车，探索城市货运可持续解决方案。试点于2018年6月在德国柏林闹市区普伦茨劳尔贝格进行，于2019年5月末结束。

德国快递物流协会称，此次试点项目名为“KoMoDo”，意即“递送企业使用共同的微型仓库，用送货自行车递送”。在试点中，递送企业将共用一片由若干微型仓库组成的物流区域。微型仓库由柏林港口和仓库公司 BEHA-LA 运营。5 家递送企业每天运输包裹至微型仓库，使用各自的中转箱用于货物的过渡储存和处理。对于商户和个人的“最后一英里”递送的需求，仍由企业使用自有送货自行车完成。

据介绍，试点的核心在于合作及开放的解决方案，以期整合城市物流服务，优化使用有限的城市空间。

试点项目的参与方还有柏林参议院环境、交通和气候保护部，协调方是物流网络咨询公司，资助方为德国环境、自然保护和核安全部。该试点也是德国全国气候保护倡议活动的一部分。

思考题

请同学们思考，为什么欧洲快递公司会联合起来？

(三)第三方配送模式

随着物流产业的不断发展以及第三方配送体系的不断完善，第三方配送模式成为工商企业和电子商务网站进行货物配送的首选模式和方向。

第三方物流配送模式是指由物流劳务的供方、需方之外的第三方去完成物流服务的物流运作方式。第三方就是指提供物流交易双方的部分或全部物流功能的外部服务提供者，是物流专业化的一种形式。企业不拥有自己的任何物流实体，将商品采购、储存和配送都交由第三方完成。

第三方配送模式可以采取以下三种不同的配送方式：

1.准时配送

准时配送是指在配送实施后到达目的地所承诺的时限。一般不随意改动配送时间，配送的种类也不轻易改变。比如，在福建省内市场占有率 90%以上的长富巴氏鲜奶，采用国际领先的冷藏保温技术，坚持每日准时配送，每日新鲜。

2.定时配送

这是一种按固定的时间间隔的配送服务。每次配送的时间固定，如很多仓储企业每天早上 10 点配送一次。一般采用“日配”的较多，如上午 11:00 之前接收订单，下午 6:00 之前配送到货；下午 5:00 前接收订单，第二天 11:00 之前配送到货，原则是从接收订单到送达不超过 24 小时。“日配”适合书刊、报纸、医药、生鲜等。时间间隔比较短的也有按小时配送的，如给 DELL 厦门公司配送原材料的伯灵顿仓储公司每两个小时配送一次，极大地降低了 DELL 的零部件库存量。

3.定时、定路线配送

定时、定路线配送是指在确定的运行路线上，制定到达时间表，按运行时间表进行配送，用户可在规定的地点和时间接货，可按规定路线及时间提出配送要求。这种配送方式的服务区域一般在人群较多、交通拥挤的商业区繁华地段。

对点案例

云鸟配送

云鸟配送是一家供应链配送服务商，成立于2014年11月。它通过整合海量的社会优质运力，以信息技术为支撑，为各类企业客户提供同城及区域配送服务。轻资产，重担责、重IT，诺行DUE(delivery user experience)供应链优质履约交付。目前已经在北京、天津、上海、南京、杭州、苏州、广州、深圳、成都、武汉、青岛、合肥、郑州等城市开展业务，并辐射周边300千米。2016年1月，C轮融资1亿元，华平投资集团领投，红杉、经纬中国、金沙江等跟投。云鸟将配送定义为服务而不是运输，高度关注交付环节的用户体验，提出DUE——供应链优质履约交付。云鸟的服务目标不仅是让客户满意，还包括让客户的客户满意。

(资料来源：王众.云鸟：物流博弈论[J].IT经理世界，2016(15)：31.)

思考题

请同学们思考，云鸟配送成功的关键是什么？

任务二　配送中心

学习内容

1.配送中心的概念；

2.配送中心的分类；

3.配送中心的功能；

4.配送中心的作业流程；

5.新型配送中心具备的条件。

学习目标

完成本学习任务后，你应当能：

1.把握配送中心的概念，了解其分类和功能，理解配送中心的作业流程和新型配送中心具备的条件；

2.通过参观配送中心，熟悉配送中心的运作情况。

案例导入

2016 年 9 月 8 日京东与厦门市政府签署战略合作协议，根据协议，京东将投资 20 亿在厦门同安建设“京东厦门电子商务产业园”，其用地面积约 400 亩，主要建设“亚洲一号”智能配送中心，已于 2019 年 9 月正式投产。

据悉，京东“亚洲一号”项目是京东立志将自动化运营中心打造成亚洲范围内 B2C 行业内建筑规模最大、自动化程度最高的现代化运营中心的一个项目。

京东表示，“亚洲一号”项目是京东在华南区域的重点布局环节，同安项目是京东在全国电商业务的重要区域节点。运营中心投入使用之后，不但可以满足京东自营的需要，也将向第三方卖家提供全套平台服务。

（资料来源：http://www.sohu.com/a/196693634_404510.）

课前学习思考

投建京东厦门电子商务产业园的目的是什么？

知识学习

一、配送中心的概念

我国国家标准《物流术语》对配送中心（distribution center）的定义是“从事配送业务、具有完善的信息网络的场所或组织”。应符合下列五项基本要求：(1)主要为特定的用户服务；(2)配送功能健全；(3)辐射范围小；(4)多品种、小批量、多批次、短周期；(5)主要为末端客户提供配送服务。

二、配送中心的分类

(一)按照配送中心承担的流通职能划分

1.供应配送中心

配送中心为某个或某些用户(例如连锁店或联合公司)提供供应的功能。例如,沃尔玛的配送中心、宝马汽车的备件配送中心等,以使用户的供应合理化。

供应型配送中心的主要特点:配送的用户有限并且稳定,用户的配送要求范围也比较确定,同时,库存的品种比较固定,配送中心的进货渠道也比较稳固。

知识链接

沃尔玛的配送中心

沃尔玛是全球第一个发射物流通信卫星的企业,很快就超过了美国零售业的龙头——凯玛特和西尔斯,成为全球零售业的“巨无霸”。而这些奇迹的取得,有赖于高速运转的全球物流配送中心。1990 年,沃尔玛在全球有 14 个配送中心,发展到 2001 年一共建立了 70 个配送中心。作为世界 500 强企业,沃尔玛到现在为止只在几个国家运作,只在它看准有发展的地区经营。沃尔玛在经营方面十分谨慎,在这样的情况下配送中心发展到 70 个,说明它的物流配送中心的组织结构调整做得比较到位。

沃尔玛配送中心设立在 100 多家零售店的中央位置,也就是配送中心设立在销售主市场。这使得一个配送中心可以满足 100 多个附近周边城市的销售网点的需求。另外,运输的半径基本上比较短且均匀,以 320 千米为一个商圈建立一个配送中心。

2.销售配送中心

销售配送中心为用户提供销售的功能,一般有两种类型:一个是生产企业直接向消费者销售自己产品的配送中心。例如,在西班牙萨拉戈萨物流园中心区的 ZARA 的配送中心,承担着与 ZARA 开展业务的 77 个国家的零售店处理发货、装运等作业。另一种是流通企业作为自身经营方式,设立配送中心以扩大销售。例如,2018 年 5 月天猫新设立的位于俄罗斯莫斯科多莫杰多沃机场附近的配送中心,以及京东的“亚洲一号”配送中心等。

销售型配送中心的用户通常是不确定的,并且用户数量非常庞大,每个用户购买数量较少,因此,采用共同配送方式可以实现更好的收益。

知识链接

阿里巴巴的销售配送中心

阿里巴巴旗下的菜鸟网络在成都、武汉、金义、天津、上海、苏州、广州设有物流配送中心，形成了一张覆盖华北、华南、华东、华中、西南的仓配物流网络。天猫超市覆盖城市总数达到250个以上。其中50个城市可实现当天下单，当日或次日就能送达。

另据了解，中国邮政联合菜鸟网络，向社会开放5000个邮政自提网点，为网购用户提供包裹代收服务。这5000个网购自提点包括中国邮政的邮局，以及邮政的报刊亭和代办点等。天猫、淘宝、聚划算的用户将首先享受这项服务。

(二)按照配送中心的内部特性划分

1.储存型配送中心

储存型配送中心有很强的储存功能，其储存空间占整体空间的比例比较大，在充分发挥储存作用的基础上开展配送作业。例如，我们国家设立的粮食配送中心是集粮食储存与配送一体化的运作模式。

2.流通型配送中心

流通型配送中心是仅以暂存或随进随出方式进行配货、送货的配送中心。这种配送中心采取大量货物整进并按一定批量零出的方式进行。例如蒙牛乳业公司委托太原刚玉物流工程有限公司设计的泰安有限公司配送中心，库内货位总数达到19632个，其中，常温区货位数14964个，低温区货位数4668个。

3.加工配送中心

加工型配送中心具有加工职能，根据用户的需要或者市场竞争的需要，对商品进行分装、包装、初级加工、集中下料、组装产品等加工活动。例如，海底捞有7个大型现代化物流配送基地(即北京、上海、西安、郑州、成都、武汉和东莞)，海底捞采用转运配送策略，通过大型配送中心来进行暂时储存和管理，并对菜品进行简单加工。肯德基和麦当劳的配送中心也是属于加工配送中心。

(三)按配送区域的范围划分

1.城市配送中心

以城市范围为配送范围的配送中心，一般采用汽车进行配送，可直接配送到最终用户。适用于多品种、少批量、多用户的配送方式。例如，作为福建烟草商业系统规模最大的卷烟物流中心，2002年成立的泉州烟草物流有限公司，下设霞美直送和晋江、惠安、安溪、永春、德化中转站，担负着全市四万余户零售客户的卷烟配送和非烟商品代理、配送任务。

2.区域配送中心

区域配送中心有较强的辐射能力和库存容量，可以向省(州)际、全国乃至国际范围的用户配送。这种配送中心配送规模较大，在国外十分普遍。例如，美国南卡罗来纳州配送中心作为阿迪达斯全球最大的配送中心，总占地面积200多万平方英尺，在一块258英亩的场地上建设了服装和鞋类两个配送中心，每天入库并发运数十万套鞋类和服饰。

(四)按配送货物种类划分

根据配送货物的不同，可以分为医药品配送中心、家用电器配送中心、书籍产品配送中心、服饰产品配送中心、汽车零件配送中心、五金建材配送中心、酒店餐饮配送中心等。

三、配送中心的功能

配送中心功能比较全面，它把收货验货、储存保管、装卸搬运、流通加工、配送、信息处理等有机结合起来，通过发挥配送中心的各项功能，减少了企业的库存费用，降低了物流流通的成本，提高了企业的服务水平。配送中心一般具有以下功能：

(一)集货功能

为实现按用户需要配送，须从众多供应商手中购进大量的品种比较齐全的商品。例如，天猫超市的多品种、少批量配送。集货功能是配送中心的基本职能。

(二)储存功能

配送中心通过集中商品，形成储备来保证配送服务所需的货源，可以将客户所需要的商品在规定的时间送到指定的地点，以满足生产和消费的需要。储存在配送过程中创造着时间效用。

(三)分拣功能

配送中心必须依据客户对商品种类、规格、数量等方面的要求，从储存的商品中通过分货、拣选等作业，为配送运输做好准备，从而满足不同客户的需要。

(四)装卸搬运功能

配送中心的集货、储存、分拣、理货都需要装卸搬运作业，有效的装卸搬运功能可以极大地提高配送中心的效率。

(五)流通加工功能

配送中心为提高原材料利用率、促进销售或便于运输，按用户的要求或配送的需求对商品进行下料、分装、贴标签、组装等简单加工活动，因而使配送中心具备一定的加工能力。

(六)信息处理功能

随着上述各项功能和活动的开展，配送信息也随之产生。配送中心可通过信息协调各环节的作业，使生产和消费更加匹配。

四、配送中心的作业流程

(一)配送中心的一般流程

配送中心的一般流程是以中、小件杂货配送为代表,由于货种多,为保证配送,需要有一定储存量,属于有储存功能的配送中心,理货、分类、配货、配装的功能要求也较强。这种流程也可以说是配送中心的典型流程,其主要特点是:有较大的储存场所,分货、拣选、配货场所及装备也较大。

(二)加工配送中心流程

加工配送中心定位于制造,通常坐落在临近生产工厂。这种类型的配送中心有时不单设分货、配货或拣选环节,还设有加工部分及加工后分放部分,这两部分也占较多位置。

(三)批量转换型配送中心流程

这种配送中心流程十分简单,基本不存在分类、拣选、分货、配货、配装等工序,但是由于是大量进货,储存能力较强,储存及分装是主要工序。例如煤炭配送、不经加工的水泥、油料配送的配送中心等。

五、新型配送中心具备的条件

随着现代物流的发展,配送中心提供各种增值服务,可以有效降低库存成本,提高个性化服务水平,配送中心变得越来越重要。专业化、社会化、国际化的现代物流配送中心显示出巨大的优势,具有强大的生命力。新型配送中心代表了现代物流配送的发展方向,现代物流配送中心将是未来物流配送中心发展的必然趋势。新型配送中心应具备以下条件:

(一)高水平的物流管理能力

作为一种新的物流运作模式,其管理水平必须科学化、现代化。通过科学合理的管理体系和现代化的管理方法和手段,才能发挥新型配送中心的功能和作用。

(二)先进的设施设备

新型物流配送中心为了满足多样化需求,需要配备现代化的物流装备,如自动导引小车、自动化立体仓库、传送带、工业机器人、计算机网络系统、商品条码分类系统、自动分拣系统等新型高效的现代化、自动化设备。

(三)高素质的人员

要推动新型配送中心建设,必须配备一定数量、专业素质较高、责任心较强的管理人员、技术人员和操作人员,以确保物流作业活动的高效运转。

任务三　物流中心

学习内容

1.物流中心的概念；
2.物流中心的功能。

学习目标

完成本学习任务后，你应当能：
1.了解物流中心的概念，理解其功能；
2.通过物流中心的发展，了解其发展的趋势。

案例导入

2018年7月，总投资3.85亿元的百洋医药电商物流中心项目在青岛国际经济合作区（中德生态园）正式启用，预计将在五年内形成年销售额20亿元以上的产业规模，建成山东半岛地区最大的现代医药物流中心。

百洋医药集团成立于2005年，是一家专注于健康产业投资和运营的企业集团，主要投资健康品牌、企业股权及健康产业相关物业，目前集团下设百洋医药、百洋投资和百洋地产三大业务板块，在全国各地设有10个分公司、50余个办事处，专业营销人员1000余人，与全国12000家大中型医院，750家各级药品批发公司，20万家药店建立起广泛的业务联系。

百洋医药股份公司在青岛国际经济合作区投资建设的现代医药电子商务物流中心，重点打造“中国医药新分销平台领航者”。该项目占地64.4亩，建筑面积达4.86万平方米，其中专业仓库使用面积超过3万平方米。其智能物流拣选系统日处理能力达7万单，准确率达99.99%；90%的货物移动实现机械化作业辅助，同等强度下人均作业效率提升40%以上；凭借WMS仓储可视化管理系统及CCTS（冷链运输管理）平台，可实现终端及第三方客户冷链全流程可视化无缝对接与共享；多温区管理模式保障了不同产品所需的各类存储环境。

（资料来源：http://www.dzwww.com/shandong/sdnews/201807/t20180711_17591151.htm）

课前学习思考

百洋医药股份公司投资建设的现代医药电子商务物流中心的优势是什么？

知识学习

一、物流中心的概念

我国国家标准《物流术语》对物流中心(logistics center)的定义是“从事物流活动的具有完善的信息网络的场所或组织”。应基本符合下列要求:(1)主要面向社会提供公共物流服务;(2)物流功能健全;(3)辐射范围大;(4)存储、吞吐能力强,能为转运和多式联运提供物流支持;(5)为下游配送中心提供物流服务。

二、物流中心的功能

从理论上说,物流中心应具备以下功能:

(一)基本功能

1.运输功能

物流中心首先应该负责为客户选择满足客户需要的运输方式,然后具体组织网络内部的运输作业,在规定的时间内将客户的商品运抵目的地。

2.储存功能

物流中心需要有仓储设施,通过仓储环节保证市场分销活动的开展,同时尽可能降低库存占压的资金,减少储存成本。

3.装卸搬运功能

公共型的物流中心应该配备专业化的装载、卸载、提升、运送、码垛等装卸搬运机械,以提高装卸搬运作业效率,减少作业对商品造成的损毁。

4.包装功能

物流中心的包装作业在于通过对销售包装进行组合、拼配、加固,形成适于物流和配送的组合包装单元。

5.流通加工功能

流通加工功能主要目的是方便生产或销售,为制造商或分销商完成一定的加工作业。物流中心必须具备的基本加工职能有贴标签、制作并粘贴条形码等。

6.物流信息处理功能

物流信息处理功能可以对在各个物流环节的各种物流作业中产生的物流信息进行实时采集和分析。传递并向货主提供各种作业明细信息及咨询信息。

(二)增值功能

1.结算功能

物流中心的结算功能是物流中心功能的拓展,包括物流费用的结算,以及替货主向收货人结算货款等。

2.需求预测功能

物流中心经常基于出货信息来预测未来一段时间内的商品进出库量,进而预测市场对商品的需求。

3.物流系统设计咨询功能

公共型物流中心要充当货主的物流专家，因而必须为货主设计物流系统，代替货主选择和评价运输商、仓储商及其他物流服务供应商。国内有些专业物流公司正在进行这项尝试，这是一项增加价值和提高公共物流中心竞争力的服务。

4.物流教育与培训功能

物流中心通过向货主提供物流培训服务，可以培养货主与物流中心经营管理者的认同感，有利于提高货主的物流管理水平，实现双赢。

现代物流中心应该更多地考虑如何提供增值物流服务，这些增值物流服务是物流中心基本功能的合理延伸，其主要功能是加快物流流程，降低物流成本，提高物流运作效率，增加物流透明度。

任务四　配送合理化

学习内容

1.配送合理化的判断标志；

2.配送合理化的措施；

3.认识配送不合理化的表现。

学习目标

完成本学习任务后，你应当能：

1.了解配送合理化的判断标志，掌握配送合理化的措施，理解配送不合理化的表现；

2.能够结合企业实际情况，判断配送是否合理。

案例导入

"京东到家"整合了各类O2O(线上到线下)生活品类，向用户提供3公里范围内生鲜、超市产品、鲜花、外卖送餐等各类生活服务项目，并基于移动端定位实现2小时内快速送达。

"任何年满18周岁的成年人都可以申请参与众包配送员。"京东到家物流事业部总经理李晨表示，"京东众包"是一种全新、社会化的全民配送服务，是基于LBS定位(基于位置的服务)而产生的一种创新精准的物流方式，可有效提高配送效率。

参与者可以是公司白领、大学生、"互联网＋"工作者，也可以是跳广场舞的大爷大妈。只要经过培训，即可抢单，完成周边3～5公里商品的2小时配送。

李晨说，这种"从群众中来，到群众中去"的物流配送，能够合理运用社会运力资源，推动O2O电商的真正普及，而且对于人们就业意识的改变、就业门槛的降低、人力资源与社会保障的创新性尝试等有极大的促进作用，有利于进一步推动社会民生进步。

（资料来源：http://www.100ec.cn/detail-6299727.html）

课前学习思考

“京东众包”如何提高配送效率？

知识学习

一、配送合理化的判断标志

配送合理化是配送决策系统的主要内容，判断配送合理化的指标和方法还没有统一的标准，可以参考以下指标：

（1）资金标志：资金总量、资金周转、资金投向的改变等。

（2）库存标志：库存总量、库存周转等。

以库存周转率进行说明，库存周转率又称为存货周转率，它是衡量和评价企业购入存货、投入生产、销售收回等各环节管理状况的综合性指标。它是一定时期内主营业务成本除以平均存货余额所得的比率，其计算公式是：

存货周转率（次数）＝主营业务成本/平均存货余额，

平均存货余额＝（年初存货余额＋年末存货余额）/2

例如，PQ公司的主营业务成本为4206357万元，年初存货为1509286万元，年末存货为98274万元。按照上述公式计算如下：

平均存货余额＝（1509286＋98274）/2＝803780（万元）

存货周转率（次数）＝4206357/803780＝5.2332（次）

（3）成本和效益标志：总效益、资源筹措资本等。

（4）供应保证标志：缺货次数、供应能力等。

供应能力可以用以下4项绩效尺度进行衡量：缺货频率、供应比率、订单完成率和补给周期供给水平，这4个指标可以确定一个配送中心满足顾客对存货需求的能力。其中，供应比率是衡量缺货的程度或影响大小。

例如，J公司订货100个单位，只有94个单位可得，那么订货供应比率为94%。

（5）社会运力节约标志：社会车辆空驶减少、社会车辆数减少同时承运量增加等。

（6）用户企业仓库、供应、进货人力物力节约标志。实行配送后，各用户库存量、仓库面积、仓库管理人员减少为合理；用于订货、接货、做供应的人减少才为合理。真正解除了用户的后顾之忧，这样的配送合理化程度则可以说是一个高水平了。

二、配送合理化的措施

配送合理化的措施比较多，主要可以考虑以下几个方面：

(一)实行送取结合

配送企业与用户建立稳定、密切的协作关系。在配送时,将用户所需的物资送到,再将该用户生产的产品用同一车辆运回,这种产品也成了配送中心的配送产品之一,或者作为代存代储,免去了生产企业的库存包袱。同时,物流企业可以采取多种途径实现送取结合。例如,顺丰速运公司推行的蜂巢快递柜,可以在居民小区内送达、寄存、收取快递件。

(二)推行共同配送

共同配送是指用户到某个区域的分配不是由企业单独完成,而是由许多配送企业共同完成。共同配送是在核心组织(配送中心)的同一计划和相同的时间安排下进行的。通过共同配送,可以以最短的距离和最低的交付成本完成分配,从而达到配送的合理化效果。例如,厦门象屿配送中心内的物流公司采取专线或集货的方式实现共同配送。

(三)推行加工配送

通过加工和分销相结合,我们应该充分利用初始中转,而不是增加新的转运来合理化分配。在分配的帮助下,处理的目的更加清晰,与用户关系更加密切。例如,海底捞公司配送中心采用直接配送和转运战略,可以在配送中心内进行简单加工。

(四)推行专业性独立配送或综合配送

专业性独立配送是指根据产品的性质对它们进行分类,并将它们单独和专业地分发。这种配送的优点是可以充分发挥各种专业组织的优势,方便用户根据自身利益选择配送企业,从而有助于形成竞争机制,主要适用于小杂货配送、服装配送、食品配送等。

(五)推行即时配送

即时配送是解决用户担心供应中断和提高供应保障能力的重要途径。即时配送是配送企业快速响应能力的体现,也是配送企业能力的体现。例如,厦门金龙物流公司临近厦门金龙客车公司,通过信息系统的连接,为金龙客车提供即时配送服务,提高了金龙客车的生产效率。

(六)推行准时配送

配送实现准时化,可以安全地实现低库存或零库存,追求最高的工作效率,满足客户的需求。此外,确保供应能力也取决于准时供应。例如,美团和饿了么都推出“准时保障,超时赔付”的策略,提高了顾客满意度。

三、配送不合理化的表现

配送决策是全面决策,在决策中应避免因不合理配送造成的损失,但有时会出现一些不合理的现象。

(一)库存决策不合理

配送应充分利用集中库存总量低于各用户分散库存总量,从而大大节约社会财富，同时降低用户实际平均分摊库存负担。因此，配送企业必须依靠科学管理来实现较低的库存总量，降低总库存，而不是简单的库存转移。

（二）价格不合理

如果配送价格高于用户的购买价格，会损害用户的利益，这是不合理的表现。但有时，由于较好的服务，较高的配送价格用户也是可以接受的。

（三）配送与直达的决策不合理

一般的配送会增加环节，但环节的增加可以降低用户的平均库存水平，这不仅抵消了环节增加的支出，还可以实现盈利。但如果用户批量较大，可以通过社会物流系统直接调拨货物，比采用配送的方式节省更多成本。因此，在这种情况下，不直接调拨而采用配送是不合理的。

（四）运输不合理

配送可以集中配备车辆，有利于节省容量和运费，提高车辆配载能力。如果不能利用这个优势，车辆没有达到满负荷运行，这是不合理的。另外，在配送中可能会出现某种形式的不合理运输，如超载和空载等。

知识链接

配送车辆的选择

一般远距离配送都有自己的专线车辆，车辆配载能力一方面取决于搬运的装货水平，另外一方面取决于车辆的大小。前者一般影响不大，后者则是关键。

通常，7.2 米长的车辆的超载现象是最严重的，容易遭遇路政罚款和查处；9.6 米长的车辆如果前后都是四轮的，比较省油，但也容易出现超载现象；如果是前面四个轮子，后面八个轮子的车辆，则具有 20 吨的配送能力，所以很多较远距离的配送会选用前面四个轮子，后面八个轮子的 9.6 米高栏车辆，但相应的油耗会比较大一些。

项目小结

本项目主要对配送的概念、配送模式、配送中心、物流中心和配送合理化进行介绍。通过学习，了解配送、配送中心和物流中心的概念和功能，掌握配送的模式、配送中心的作业流程，理解配送合理化。本项目学习难点是对配送中心和物流中心的理解，并能够正确区分配送中心和物流中心。建议结合企业实际案例，或者实地调研物流中心和配送中心，帮助学生理解，提高感性认识。

教学分享

1.学习课时

本项目建议学习 4 个课时。

2.教学方法

建议采用讲解、体验式教学(包括视频资料学习、参访物流企业、网络平台的资源学习等)、小组讨论、案例教学等方法。应把握的知识重点包括:配送中心的认知和物流中心的认知。

3.学习环境要求

(1)学习场地:①多媒体教室;②典型配送中心和物流中心。

(2)学习资料:①视频资源;②课程网络资源。

课后习题

一、单项选择题

1.完整的配送过程的第一步是(　　)。

A.进货　　B.储存　　C.配货　　D.交货

2.完整的配送过程的最后一步是(　　)。

A.进货　　B.储存　　C.配货　　D.交货

3.B2C(企业对消费者)电商平台的崛起,推动了(　　)模式的发展。

A.自营配送　　B.共同配送　　C.第三方配送　　D.以上都不是

4.工商企业和电子商务网站进行货物配送的首选模式和方向是(　　)。

A.自营配送　　B.共同配送　　C.第三方配送　　D.以上都不是

5.长富巴氏鲜奶坚持每日准时配送,每日新鲜,其采用的配送方式是(　　)。

A.准时配送　　B.定时配送

C.定时、定路线配送　　D.共同配送

二、多项选择题

1.配送中心应满足的基本要求有(　　　)。

A.主要为特定的用户服务　　B.配送功能健全

C.辐射范围小　　D.多品种、小批量、多批次、短周期

E.主要为末端客户提供配送服务

2.配送中心按照其内部特性划分,主要有(　　　)。

A.储存型配送中心　　B.流通型配送中心

C.加工配送中心　　D.城市配送中心

3.配送中心的功能主要有(　　　)等。

A.集货　　B.储存　　C.分拣

D.装卸搬运　　E.流通加工

4.配送中心一般流程的主要特点是(　　　)。

A.有较大的储存场所　　B.分货、拣选、配货场所较大

C.配货设备较大　　D.需临近生产工厂

5.物流中心的增值功能主要有(　　　)。

A.结算功能　　B.需求预测功能

C.物流系统设计咨询功能　　D.物流教育与培训功能

三、简答题

1.什么是配送?

2.简述共同配送模式。

3.新型配送中心应具备的条件有哪些?

4.什么是物流中心?

5.简述配送合理化的判断标志。

四、计算题

1.M公司2019年主营业务成本为420万元,2019年年初存货余额为95万元,2019年年末存货余额为106万元,则其存货周转率(次数)为多少?

2.H公司下单数量是5000个单位,由于配送中心比较繁忙,只有4890个单位可得,那么订货供应比率是多少?

五、案例分析题

在国内各大电商平台奋力“分食”零售产业这块“肥肉”后,重压之下,国外的零售巨头不得不纷纷改变了“打法”。

沃尔玛作为最早一批进入中国的外资零售企业之一,高效的供应链体系一直是其核心竞争力之一,并使之在中国的市场上保持了持续的辉煌。但在当前,变化莫测的中国市场,沃尔玛也不得不改变打法来保持之前的优势。

沃尔玛团队致力于打造一个高效的物流网络,满足沃尔玛多业态全渠道的发展。且一直致力于将国际领先的物流管理体系与本土优势资源相结合,应用更多的前沿科技,不断为智慧物流的发展开辟新思路,并希望与合作伙伴携手发展。

沃尔玛创新共同配送,采用“共享卡车”为承运商增量提效。

1.通过跨界资源整合达到整体资源增量

众所周知,在农历新年或者小长假期间,消费需求急剧增加。尤其是在过年期间,还需要面对大量司机返乡过年所致的运力短缺等问题。此时的零售行业面临巨大的物流配送挑战。

如何克服春运时期交通拥堵状况,又能保证运力呢?

“一般,在春节期间,运力需求较平日增加3～5倍甚至更多,而且行业内都会在此期间争抢运力资源,这也是零售行业长期以来面临的挑战。”沃尔玛相关负责人坦言。

面对这一问题,沃尔玛今年有了新的对策。

“我们和承运商成功实践了‘共享卡车’的创新思路,通过跨界资源整合达到整体资源增量。2018年‘共享卡车’在沃尔玛天津配送中心和嘉兴配送中心落地实践,两个配送中心各有1位承运商集中提供增量资源,支持共计16位承运商调配增量资源共享卡车,估算节约成本超过26万元,实现160家商场在春节期间的稳定供应。”沃尔玛方介绍说,“后续‘共享卡车’项目还将在今年内推广到沃尔玛全国8个干货配送中心。”

2.利用积累的市场数据分析提前预测需求

的确，在零售业，销售高峰即市场需求出现大幅度波动时有发生。如何应对需求波动、持续保证稳定的供应，运力充沛是先决条件之一。而沃尔玛的供应链团队遍布全国各地400多家门店的日常商品运转，运输正是确保这个庞大网络正常运作的重要“血脉”。

“为满足沃尔玛全国门店的商品供应，平均每天约有800辆卡车行驶在配送途中，每天完成100万箱货物的准时送达。”沃尔玛方补充说。

具体来说，就是沃尔玛利用积累的市场大数据分析提前预测需求，并牵头协同多家承运商，由其中一家承运商按照预测集中准备相应的增量运输资源，其他承运商则通过沃尔玛的供应链平台实时分享信息，调拨这个增量资源池中的车辆，共享运力，从而保证了区域运力充足，降低了资源准备过度的浪费，节约了运输高峰期的社会运力，最终实现商品平稳供应。

思考题

1.请同学们思考，沃尔玛物流升级的措施是什么？

2.沃尔玛应该如何应对外部的挑战，从而更好地使配送实现合理化？

技能训练

一、实训目标

通过实训能够将理论与实践相结合，使学生进一步了解物流企业及其业务流程，掌握配送中心和物流中心的主要功能要素。

二、组织安排

将学生分为5～10人一组，按小组完成实训任务。

三、实训内容：掌握企业概况

1.按小组考察，了解某配送中心和物流中心的运作模式；

2.通过参观，掌握配送中心和物流中心的运作状况，增加对配送中心和物流中心的认识。

四、实训要求

根据具体情况，选择有一定代表性的配送中心和物流中心企业，完成物流专业的配货送货的认识实习，限期两周。

◆ 模块九 ◆
信息处理

学习任务

1.认识物流信息，理解物流信息在企业经营中的重要性；

2.掌握常用的现代物流信息技术；

3.理解物流信息系统的分类。

技能目标

1.理解物流信息和物流信息系统的作用；

2.掌握条码技术、射频识别技术、电子数据交换技术、全球定位系统、地理信息系统等常用的现代物流信息技术；

3.在正确理解物流信息、物流信息技术和物流信息系统的概念的基础上，能够较深入分析企业信息运作状况。

任务一　物流信息概述

学习内容

1.物流信息的概念；

2.物流信息的特点；

3.物流信息的分类；

4.物流信息的作用。

学习目标

完成本学习任务后，你应当能：

1.准确把握物流信息的概念，了解其特点和作用，理解其分类；

2.通过观察身边的物流企业的运作情况，指出该企业在信息处理方面的优势和劣势。

案例导入

善之农:云端解决农业物流信息不对等

数据显示,善之农自2013年年底开始运营之后,每年保持300%以上的复合增长率。

善之农采用互联网的方式整合蔬菜市场的上下游,建立了一条生产端到销售端的通路。

在生产端,善之农优化供应链,直接面对蔬菜市场终端供应商,在公司“菜买卖”App平台上,以批发的方式将从农产品代理商购进的农产品销售给蔬菜市场终端供应商,减少蔬菜中间流通环节,降低农产品的综合成本。

为了提升效率,善之农还建立了农产品的线上采购模式。善之农向基地农户或者产地经纪人采购农产品,各类中小终端批发商再通过“菜买卖”App下达订单,由网站后台系统自动处理订单并通过专业的物流体系进行配送。

这种采购模式节约了大量人力,反应更加快速,内部运营效率更高;省去了大部分中间环节,实现了更低成本;模式可复制性强,随着规模的扩大将进一步增强对上游的议价能力。

在销售端,善之农采用“自主网站+App”销售模式。目前网站的客户数量覆盖上海地区,会员数近8000人,从网站建立之初就采用多品类农产品的差异化运营模式。善之农的自主App,坚持以本土化模式来深耕本地市场,完成将优质中国品牌向全国范围的推广。

同时,善之农投入大量的资金,建立起强大的供应链、仓储、物流和运营管理的信息系统,以支持自主网站销售规模的高效运转。目前,善之农已经在全国建立了23个农产品产地标准化直供分级包装基地。在产地将分级后的农产品按照公司制定的相应产品标准分装在标准包装内,直接将标准化包装农产品运送到上海的2个分仓,跳过了销地一级批发市场流通环节,降低农产品流通成本,在提高农产品产地标准化程度的同时达到对产品质量的源头监督和管控。

善之农CEO王守罡表示,这套模式让产地客户销售周期缩短50%的时间,产品减少损耗20%以上,提升上游的盈利水平10%~15%,农贸市场客户获得低于市场价格的30%左右的成本价格,劳动强度大幅下降了80%。

(资料来源:http://news.10jqka.com.cn/20180709/c605551218.shtml)

课前学习思考

1.善之农如何应对农业信息不对称?

2.善之农改进信息系统后,获得的优势是什么?

知识学习

一、物流信息的概念

2017—2020 年，国务院相继出台《关于进一步推进物流降本增效促进实体经济发展的意见》《新一代人工智能发展规划》等多个文件，提出要发展智慧物流、推进产业自动化升级，对物流信息的收集和应用提出了更高的要求。

我国国家标准《物流术语》对物流信息(logistics information)的定义是“反映物流各种活动内容的知识、资料、图像、数据、文件的总称”。

二、物流信息的特点

在电子商务时代，随着人类需求向个性化方向发展，物流过程也朝着多品种、少量生产、高频率、小批量分布的方向发展。因此，物流过程中的物流信息也呈现出很多不同的特征。与其他现场信息相比，物流信息的主要特点有：

(一)物流信息来源广泛

物流信息来源分布范围广，信息来源丰富，信息量大。

(二)物流信息的动态性强

物流信息价值的衰减速度快，因此对信息工作及时性要求较高。在大规模系统中，强调及时性，信息收集、加工、处理的时效性要求高。

(三)物流信息种类繁多

不仅系统各环节信息种类繁多，而且物流系统与其他系统密切相关，如生产系统、销售系统、消费系统等。

对点案例

在京东上下单买一件东西，直到送到客户手里，要调动京东商城(订单来源)、沧海(订单处理系统)、玄武(仓库管理系统)、青龙(配送系统)四大系统。假如货物不是仓储配送型，而必须要经过长途运输的话，还需要经过赤兔(干线运输系统)，需要处理的物流信息非常多。

思考题

请同学们思考，京东不同的系统需要处理哪些信息？

三、物流信息的分类

(一)按管理层次划分

1.运营管理信息

运营管理信息在运营管理层产生，反映和控制企业的日常生产和管理，如日常产品质量指标、客户订单合同、供应商的原材料信息等。这种信息通常以大量和高频率为特征。

2.知识管理信息

知识管理信息是知识管理部门的相关人员收集、分类、存储和查询自己的知识，并进行知识分析的信息。例如，专家决策知识、物流企业经营相关知识、工人的技术和经验相关的信息。

3.战术管理信息

战术管理信息是部门负责人在本地和中期决策中涉及的信息，如月度销售计划的完成，单位产品的制造成本、库存成本、市场业务等。

4.战略管理信息

战略管理信息是高层管理决策者制定企业业务目标和战略决策所需的信息，如业绩综合报表、消费者趋势、市场动态和国家政策法规等。

(二)按信息来源划分

1.物流系统内的信息

物流系统内的信息是物流活动中发生的信息，包括物流信息、物流操作层信息，以及物流控制层信息和物流管理层信息等。

2.物流系统外的信息

物流系统外的信息发生在物流活动之外，但它为物流活动提供信息，包括供应商信息、客户信息、订单合同信息、社会可用运输资源信息、运输和地理信息、市场信息、政策信息以及企业生产和财务部门与物流有关的信息。

四、物流信息的作用

在制订物流战略计划，进行物流管理，开展物流业务，制定物流方针等方面都不能缺少物流信息。

(一)在物流计划阶段中的作用

长期的物流战略计划和短期的物流战略计划的制订，关键在于是否有正确的内部信息和外部信息。

物流信息在建立长期战略计划模型和计算当前绩效，以及计划和绩效比较中发挥着重要作用。在物流预算方面，物流信息在预算编制和预算控制中也发挥着重要作用。物流信息在订货、进货、库存管理、仓库管理、运输、配送等具体物流环节的计划阶段，如安排物流据点、确定库存水平、确定运输方式、找到运输计划和最佳搭配中起着重要作用。

(二)物流信息在物流实施阶段中的作用

1.作为物流活动的基础

信息是组织商业企业物流活动的基础。商业物流系统中的每个子系统都与商品运输紧密相连。子系统的输出是另一个子系统的输入。要合理组织商业企业的物流活动，使运输、仓储、装卸、配送等环节密切合作。只有通过信息沟通，商业物流才可以顺利进行。物流信息的任何延误或阻碍，都会造成商业物流的混乱局面，严重影响商业物流系统的社会效益。

2.发挥物流调度指挥的作用

在物流活动中，必须加强正确而又灵活机动的调度和指挥，必须正确有效地运用信息，使物流活动进行得更为顺利。同时还必须利用信息的反馈作用，通过利用执行过程中产生的信息反馈，及时进行调度或做出新的决策。

(三)在物流评价阶段的作用

物流信息在物流评价阶段发挥着重要作用。物流评价就是对物流"实际效果"的把握。为了把各种物流活动维持在合理的状态，需要形成系统和规定处理的标准。同时，还需要经常检查计划和效果，对差距大的地方加以修正。

知识链接

物流信息标准

信息技术推动了人类从工业社会过渡到信息社会。随着信息社会的到来，信息资源的开发、信息的生产处理和分配，已经成为世界经济增长最快的产业之一。与信息产业不可分割的信息技术标准化，尤其是作为信息处理之基础的信息分类编码标准化工作，越来越受到人们的重视。物流活动是改变商品/产品的时间和空间效能的活动，它是国民经济正常运转的保障，是人类赖以生存的基础。

物流信息分类编码标准体系旨在汇集与物流信息系统相关的现有国家标准，提出待制定的相关国家标准，一方面，明确标准，是制定工作的需求；另一方面，该体系反映现有标准化状况，为物流信息系统设计人员提供参考，为进一步采用国际标准和国外先进标准提供支撑。

物流信息分类编码标准体系总表分三个层次：第一层次为门类，第二层次为类别，第三层次为项目。整个标准体系分为三个门类：第一门类为基础标准，这些标准是制定标准时所必须遵循的、全国统一的标准，是全国所有标准的技术基础和方法指南，具有较长时期的稳定性和指导性；第二门类为业务标准，它是针对物流活动(装卸、搬运、仓储、运输、包装和流通加工)的技术标准，对物流信息系统建设具有指导意义；第三门类为相关标准，它是伴随人类社会技术进步(特别是通信和信息处理技术进步)而产生的专门领域标准，其中 EDI(电子数据交换)应用于商业贸易和政府审批(如报关等)，它与物流活动密切相关，而 GPS(全球定位系统)则是提供对运输工具(含运输物品)的动态实时跟踪和导航的工具系统，也与物流活动密切相关。

任务二 常用的现代物流信息技术

学习内容

1.现代物流信息技术的概念；

2.条码技术；

3.射频识别技术；

4.电子数据交换技术；

5.全球定位系统；

6.地理信息系统。

学习目标

完成本学习任务后，你应当能：

1.准确把握现代物流信息技术的概念，掌握常用现代物流信息技术的构成和在物流领域的使用情况；

2.通过观察身边的物流运作状况，指出物流信息技术的适用情况。

案例导入

作为亚洲最大规模的科技峰会之一，RISE 科技峰会于 2018 年 7 月 9 日至 12 日在香港会议展览中心举行，来自 100 多个国家和地区的科技创新企业参展，话题涉及创新创业、人工智能、金融科技等。

物流运营商百世集团董事长周韶宁在峰会上接受专访时表示，目前中国物流综合信息技术应用世界领先，未来 5 至 10 年物流行业将受智能技术驱动，“一带一路”沿线国家对信息技术和智能物流需求很大。

周韶宁表示，10 年来，通过数字化和信息化，物流行业和电子商务相辅相成，促进了我国数字经济的发展。他介绍，当前我国快递业每天约有 1.3 亿个包裹，而美国每天有 3000 万到 4000 万个包裹。相比欧美，我国物流行业通过应用倒逼技术发展，目前我国物流综合信息化应用走在世界前沿。

他认为，当前物流技术以信息化和自动化为主导，但未来 5 至 10 年，人工智能将推动物流行业的发展，打通最后一公里配送，对于现在的物流业既是机遇又是挑战。

与此同时，“一带一路”倡议为我国物流行业带来新机遇。随着东南亚市场的发展，包括百世在内的我国物流快递企业已布局东南亚市场。截至 2020 年 7 月，百世集团已在泰国、越南、马来西亚、柬埔寨和新加坡正式起网运营。

周韶宁表示，下一步百世还将打开进口渠道，中西欧的食品、药妆、奶粉等进口商品可搭乘中欧铁路列车等交通方式进入新疆，借助百世在国内成熟的快递、快运、云仓网络，48 小时送达国内消费者手中。

（资料来源：http://www.xinhuanet.com/tech/2018-07/14/c_1123125984.htm）

课前学习思考

周韶宁认为，中国物流综合信息技术应用世界领先，未来 5 至 10 年物流行业将受什么技术推动？

知识学习

一、物流信息技术的概念

我国国家标准《物流术语》对物流信息技术(logistics information technology)的定义是“运用于物流各环节中的信息技术”。根据物流的功能和特点，物流信息技术包括计算机技术、网络技术、信息分类编码技术、条码技术、射频识别技术、电子数据交换技术、全球定位系统(GPS)、地理信息系统(GIS)等。

物流信息技术是物流现代化的重要标志，也是物流技术发展最快的领域。从数据采集的条码系统，到办公自动化系统的计算机、互联网、各种终端设备和其他硬件，以及计算机软件都在快速发展。同时，随着物流信息技术的不断发展，产生了一系列新的物流理念和物流管理方法，促进了物流的发展。在供应链管理方面，物流信息技术的发展也改变了企业利用供应链管理获取竞争优势的方式。成功的企业通过应用信息技术并选择其业务来支持其管理战略，通过利用信息技术提高供应链活动的效率，增强整个供应链的管理决策能力。

二、条码技术

(一)条码概述

条码技术是一种在计算机应用实践中开发的自动识别技术。它为我们提供了一种识别和描述物流中的货物的方法。

条码是实现 POS 系统、电子数据交换、电子商务和供应链管理的技术基础，是物流管理现代化、提高企业管理水平和竞争力的重要技术手段。

我国于 1988 年成立了“中国物品编码中心”，专门负责全国物品的编码管理工作，并且于 1991 年加入欧洲物品编码协会(EAN)。国际 EAN 编码协会分配给我国的系统代码是 690 和 691，也就是说我国的物品条码前 3 位是 690 或 691。

(二)条码的种类

常见的条码大概有二十多种码制，其中包括：Code 25 码(标准 25 码)、ITF 25 码

(交叉25码)、UPC-A码、EAN-13码、中国邮政编码(矩阵25码的一种变体)、Code 93码、ISBN码、ISSN码、Code 128码、Code 39EMS(EMS专用的39码)等一维条码和PDF 417、QR Code、Code One等二维条码。

1.一维条码

一维条码是由一组规则排列的条、空以及对应的数字组成的标记,“条”是指对光线反射率较低的部分,“空”是指对光线反射率较高的部分,这些条和空组成的数据表达一定的信息,并能够用特定的设备识读,转换成与计算机兼容的二进制和十进制信息。

(1)一维条码的结构。图9-1是一维条码的结构,一般由空白区、起始符、数据符、校验符和终止符等五部分构成。

空白区	起始符	数据符	校验符	终止符	空白区

图9-1　一维条码的结构

商品的条形码是商品身份的统一编码。它将商品的编码数字以平行线条式的符号代替,以便扫描器读入计算机,经解码后再转成数字代码,由计算机处理。

(2)EAN条码。EAN条码有两种版本:标准版和缩短版。EAN-13(标准码)通常用于一般商品,由13位数字所组成;EAN-8(缩短码)用于包装面积或者印刷面积不足以印刷标准码的商品,由8位数字组成。

EAN-13条码的起始符与终止符相同,均为两个细条(101),中间分隔符为01010。如图9-2所示。

图9-2　EAN-13条码符号结构

①系统码(system code):最前面的2或3个数字,通常用于表示商品所注册的所在国家(不必是生产过程的所在地)。

②厂商码(manufacturer code):根据系统码的长度不同,可以由4或5个数字表示。

③商品代码(product code):包含5个数字。

④校验码(check digit):一个1位的校验用数字。

缩短版商品条码的代码(EAN-8码)只有一种结构,并且只含两个部分:商品项目识别代码和校验码：

①商品项目识别代码：由中国物品编码中心在前缀码的基础上编制并直接分配给厂商特定商品项目的代码，包含7个数字。

②校验码：1位数字。

(3)储运条形码。储运条形码是用在商品装卸、仓储、运输等配送过程中的识别符号，也叫物流条形码，通常印在包装外箱上，用来识别商品种类以及数量，也可用于仓储批发业销售现场的扫描结账。

储运条形码的标准体系包括码制标准以及应用标准。

①码制标准。如表9-1所示的三种条码是储运条码中常用的码制。

表9-1　储运条形码码制标准

码制标准	国家标准
通用商品条码(EAN-13)	GB/T12904—1991
交叉25码	GB/T16829—1997
EAN-128条码	(EAN/UCC-128)GB/T15429—1994

②应用标准。应用标准包括了位置码、储运单元条码与条码应用标识。

(4)EAN-128码。商品条形码和储运条形码都属于不携带信息的标识码，在物流配送过程中，若需要将生产日期、有效日期、运输包装序号、重量、体积、尺寸、送出地址、送达地址等的重要信息条形码化，以便扫描输入，这时就可应用EAN-128码，如图9-3所示。

图9-3　EAN-128条码符号结构

EAN-128码可以携带大量的信息，所以其应用领域非常广泛，包括制造业的生产流程控制、批发物流业或者运输业的仓储管理、车辆调配、货物追踪、医院血液样本的管理、政府对管制药品的控制追踪等。

EAN-128码是根据EAN/UCC-128码的定义标准将数据转变成条形码符号，为识别所携带信息的意义，用不同的应用识别码进行识别。编码时，应用识别码定义其后码的长度的意义，而信息码则是固定或者可变长度的数字。

知识链接

不同的码制及其应用领域

(1)EAN 码/UPC 码:是国际通用的编码体系,是一种长度固定、无含义的条码,所表达的信息全部为数字,主要应用于国际商品标识。

(2)39 码和 128 码:ASCII 字符集编码,美国国防部和汽车行业最先使用 Code 39 码,我国目前为企业内部自定义码制,可以根据需要确定条码的长度和信息,它们的信息可以是数字,也可以包含字母,主要应用于工业生产线领域、图书管理等。

(3)交叉 25 码:主要应用于包装、运输以及国际航空系统的机票顺序编号等。

(4)Codabar 码:主要应用于血库、图书馆、包裹等的跟踪管理。

2.二维条码

二维条码是在二维方向上都表示信息的条码。二维码的符号是在水平与垂直两个方向印刷标识,用某种特定的几何图形按一定规律在平面(二维方向上)分布的黑白相间的图形记录数据信息。在代码编制上,巧妙地利用构成计算机内部逻辑基础的“0”和“1”比特流的概念,使用若干个与二进制相对应的几何形体来表示文字数值信息,通过图像输入设备或光电扫描设备自动识读,以实现信息自动处理。表 9-2 是二维条码与一维条码的比较。

表 9-2　二维条码与一维条码的比较

项目 条码类型	错误校验及纠错能力	垂直方向是否携带信息	对数据库和通信网络的依赖	识读设备	信息密度与信息容量	用途
一维条码	可通过校验字符进行错误校验,没有纠错能力	不携带信息	多数应用场合依赖数据库及通信网络	可用线扫描器识读,如光笔、线阵 CCD、激光枪等	信息密度低,信息容量较小	对物品的标识
二维条码	具有错误校验和纠错能力,可根据需求设置不同的纠错级别	携带信息	可不依赖数据库及通信网络而单独应用	对于行排式二维条码可用线扫描器的多次扫描识读;对于矩阵式二维条码仅能用图像扫描器识读	信息密度高,信息容量大	对物品的描述

二维条码的特征表现在以下几点:(1)可表示大量信息。二维条码从纵向和横向两个方向存储信息,一个二维条码可以表示数百行或数千行信息。(2)高密度的印刷。二维条码可以用相当于一维条码数 10 倍的密度印刷,而且可以根据信息量的多少扩大与缩小面积。(3)订正的功能。由于可以包含大量信息,因此其中也有用来订正错误的数据。在二维条码部分受损或者粘有污迹的情况下,可以自动复原,正常读取数据。(4)全方位的读取。二维条码可以 360 度全方位读取数据。(5)信息种类的多样

化。二维条码不仅可以使用英文数字和记号表示信息，还可以用汉字及图片表示信息。

(1)行排式二维条码。行排式二维条码是指按照一行来排列条码，主要有 Code 16K、Code 49、PDF 417 条码等。

①Code 16K。Code 16K 是二维条码的一种，它于 1988 年由 Laserlight 系统公司的 Ted Williams 推出。Code 16K 是一种多层、连续型可变长度的条码符号。Code 16K 如图 9-4 所示，它由一个 16 层的 Code 16K 符号组成，可以表示 77 个 ASCII 字符或 154 个数字字符。Code 16K 通过唯一的起始符/终止符标识层号，通过字符自校验进行错误校验。

图 9-4　Code 16K

②Code 49。Code 49 是一种多层、连续型、可变长度的条码符号。Code 49 可以表示全部的 128 个 ASCII 字符。每个 Code 49 条码符号由 2 到 8 层组成，每层有 18 个条和 17 个空。Code 49 如图 9-5 所示，层与层之间由一个层分隔条分开，每层包含一个层标识符，最后一层包含表示符号层数的信息。

图 9-5　Code 49

③PDF 417 条码。PDF 417 条码是一种高密度、高信息含量的便携式数据文件，是实现证件及卡片等高可靠性信息自动存储、携带并可用机器自动识读的理想手段。PDF 417 条码如图 9-6 所示。

图 9-6　PDF 417 条码

PDF 417 条码的特性比较多，主要如表 9-3 所示。

表 9-3 PDF 417 条码特性

项　　目	特　　性
类型	连续型多层
每个符号字符模块总数	17
符号宽度	可变
符号高度	可变(3～90 层)
每个符号字符单元数	8(4 条、4 空)
最大数据容量	每个符号表示 1850 个文本字符,2710 个数字或 1108 个字节
可编码字符集	全部 ASCⅡ 字符及扩展 ASCⅡ 字符,8 位二进制数据

(2)矩阵式二维条码。矩阵式二维条码(又称棋盘式二维条码)是在一个矩形空间通过黑、白像素在矩阵中的不同分布进行编码。主要有 Maxicode、QR Code、Data Matrix 条码等。

①Maxicode。Maxicode 是在 1980 年代晚期,美国知名的 UPS(United Parcel Service)快递公司认知到利用机器辨读资讯可有效改善作业效率、提高服务品质而研发的条码。

Maxicode 是一种中等容量、尺寸固定的矩阵式二维条码,它由 884 个六边形模块构成,这些模块共排成 33 层,每层最大由 30 个模块组成。Maxicode 是特别为高速扫描而设计的,主要应用于包裹搜寻和追踪上。UPS 除了将 Maxicode 应用到包裹的分类、追踪作业上,还推广到其他应用上。Maxicode 如图 9-7 所示。

图 9-7　Maxicode

②QR Code。QR Code 是由日本 Denso 公司于 1994 年 9 月研制的一种矩阵二维条码符号,它具有一维条码及其他二维条码所具有的信息容量大、可靠性高、可表示汉字及图像多种文字信息、保密防伪性强等优点。QR Code 如图 9-8 所示。

图 9-8 QR Code

③Data Matrix 条码。Data Matrix 原名 Datacode，由美国国际资料公司（简称 ID Matrix）于 1989 年发明。Data Matrix 又可分为 ECC000-140 与 ECC200 两种类型，ECC000-140 具有多种不同等级的错误纠正功能，而 ECC200 则通过 Reed-Solomon 演算法产生多项式计算出错误纠正码，其尺寸可以依需求印成不同大小，但采用的错误纠正码应与尺寸配合，由于其演算法较为容易，且尺寸较有弹性，故一般以 ECC200 较为普遍。Data Matrix 如图 9-9 所示。

图 9-9 Data Matrix 条码

三、射频识别技术（RFID）

射频识别技术（下文简称“RFID 技术”）也被称为电子标签技术，它是一种非接触式自动识别技术，通过射频信号自动识别目标物体，以获取相关数据。射频识别技术是一种可以通过无线电讯号识别特定目标并读写相关数据的无线通信技术。

RFID 技术识别工作可以在各种恶劣环境中运行，无须人工干预。短距离射频产品不怕油、灰尘等恶劣环境，可广泛应用于诸如物流管理、交通运输、医疗卫生、商品防伪、资产管理以及国防军事等领域；长距离射频产品主要用于交通，并且可以识别长达数十米的距离，例如自动收费或识别车辆身份等。RFID 技术被公认为是 21 世纪十大重要技术之一。

（一）RFID 的构成

RFID 基本原理是一个基本的 RFID 系统，包括标签、读写器、应用系统三个部分。RFID 系统的组成如图 9-10 所示。

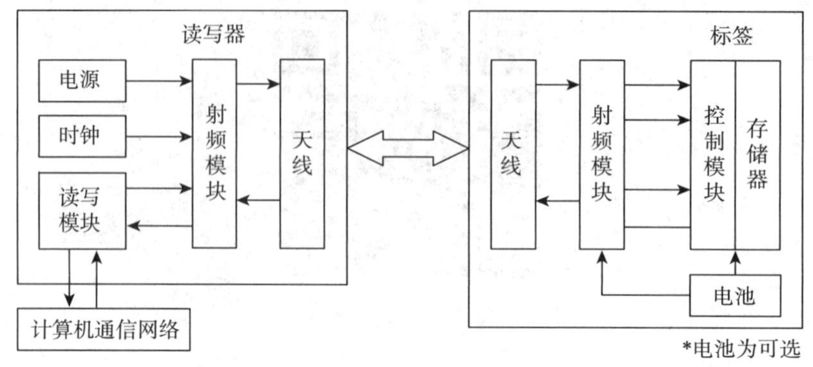

图 9-10 RFID 系统的组成

1.标签(Tag)

标签由天线和芯片组成,天线在标签和读卡器间传递射频信号,芯片里面保存每个标签具有的唯一电子编码和用户数据。

每个标签都有一个全球唯一的 ID 号码——UID(user identification,用户身份证明),UID 是在制作芯片时放在 ROM(read-only memory,只读存储器)中的,无法修改。

用户数据区是供用户存放数据的,可以进行读写、覆盖、增加的操作。

2.读写器(reader)

读写器是读取(或写入)标签信息的设备,可设计为手持式或固定式。读写器对标签的操作有三类:

(1)识别(identify):读取 UID;

(2)读取(read):读取用户数据;

(3)写入(write):写入用户数据。

读写器基本功能构造示意图如图 9-11 所示。

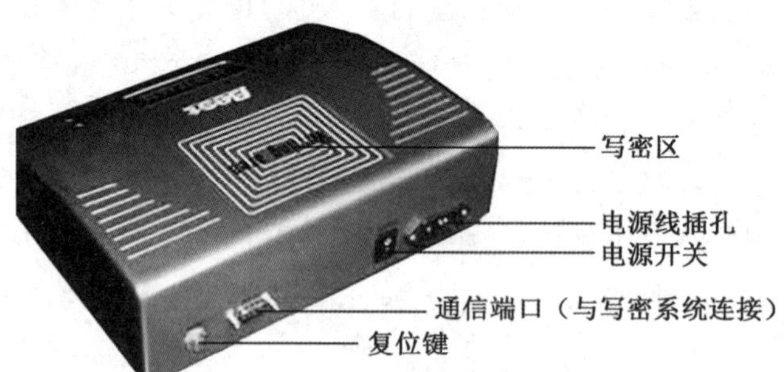

图 9-11 读写器基本功能构造示意图

(二)RFID 的工作流程

(1)阅读器通过发射天线发送一定频率的射频信号;

(2)当射频卡进入发射天线工作区域时产生感应电流,射频卡获得能量被激活;

(3)射频卡将自身编码等信息通过卡内置发送天线发送出去;

(4)系统接收天线接收到从射频卡发送来的载波信号,经天线调节器传送到阅读器,阅读器对接收的信号进行解调和解码然后送到后台主系统进行相关处理;

(5)主系统根据逻辑运算判断该卡的合法性,针对不同的设定做出相应的处理和控制,发出指令信号,控制执行机构动作。

RFID 工作流程如图 9-12 所示。

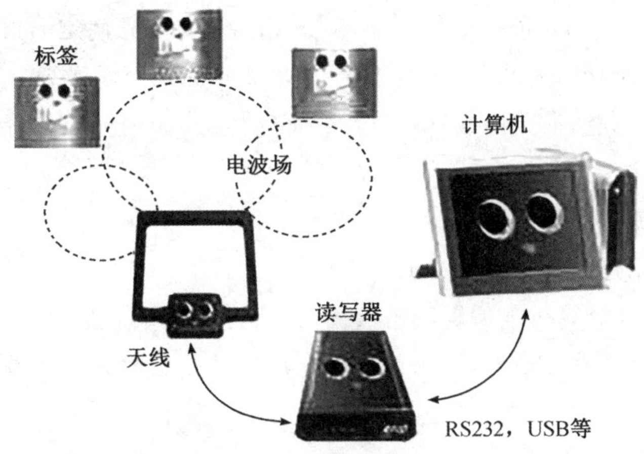

图 9-12　RFID 工作流程

(三)RFID 的特点

RFID 在本质上是物品标识的手段,它被认为将最终取代现今应用非常广泛的传统条码,成为物品标识的最有效方式。

RFID 的特点主要有:

(1)读取方便快捷:数据的读取无须光源,可以透过外包装进行;有效识别距离大,采用自带电池的主动标签时,有效识别距离可以达到 30 米以上。

(2)识别速度快:标签一进入磁场,解读器就可以即时读取其中的信息,并能够同时处理多个标签,实现批量识别。

(3)数据容量大,标签数据可动态更改,具有更好的安全性。

(4)动态实时通信:标签以每秒 50～100 次的频率与解读器进行通信,所以只要 RFID 标签所附着的物体出现在解读器的有效识别范围内,就可以对其位置进行动态的追踪和监控。

四、电子数据交换技术(EDI)

电子数据交换技术(electronic data interchange,下文简称“EDI”)是指通过电子方式,采用标准化的格式,利用计算机网络进行结构化数据的传输和交换。简单地说,EDI 就是按照商定的协议,将商业文件标准化和格式化,并通过计算机网络,在贸易伙伴的计算机网络系统之间进行数据交换和自动处理。

(一)EDI 系统构成要素

构成 EDI 系统的三个要素是:EDI 软件和硬件、通信网络、数据标准化。

一个部门或企业要实现 EDI,首先必须有一套计算机数据处理系统;其次,为使本企业内部数据比较容易地转换为 EDI 标准格式,须采用 EDI 标准;最后,通信环境的优劣也是关系到 EDI 成败的重要因素之一。

EDI 标准是整个 EDI 最关键的部分,由于 EDI 是以事先商定的报文格式形式进行数据传输和信息交换的,因此,一次制定统一的 EDI 标准至关重要。EDI 标准主要分为基础标准、代码标准、报文标准、单证标准、管理标准、应用标准、通信标准、安全保密标准等。

(二)EDI 的工作流程

EDI 的工作流程主要有以下四步:

(1)用户可以在计算机上编辑原始数据,并通过 EDI 转换软件(mapper)将原始数据格式转换为平面文件(flat file),平面文件是用户的原始数据格式和 EDI 的标准格式之间的控制文档。

(2)通过翻译软件将平面文件翻译成标准格式文件以进行电子数据交换。

(3)将通信信封(envelope)添加到文件的外层,通过通信软件系统交换中心的邮箱(mailbox)发送到增值服务网络(VAN)或直接发送给其他用户。

(4)对方用户执行相反的过程,最后成为用户应用系统能够接收的文件格式。

五、全球定位系统 (GPS)

全球定位系统(global positioning system,下文简称“GPS”)是美国国防部耗资 30 多亿美元建成的新一代卫星导航定位系统,可向全球用户提供连续、实时、高精度的三维位置、三维速度和时间信息。

GPS 具有在海洋、陆地和空中进行全方位实时 3D 导航和定位的能力。GPS 可应用于车辆自定位、跟踪和调度,以及用于铁路运输管理、军事物流等物流领域。

(一)GPS 系统的构成

1.GPS 系统由三部分组成:

(1)空间部分:空间部分的 24 颗卫星分布于六个轨道平面,其中三颗为备用卫星。平均轨道高度 20200 公里,运行周期 11.975 小时。

(2)地面监控系统:该系统由一个主控站、三个注入站和五个监测站组成。

(3)接收机部分:该部分接收 GPS 卫星定位信号,能够计算当前接收机的三维坐标、三维速度和一维时间。

2.GPS 组成示意图

GPS 系统的三部分有各自独立的功能和作用,对于整个系统来说,它们都是不可缺少的。图 9-13 为 GPS 组成示意图。

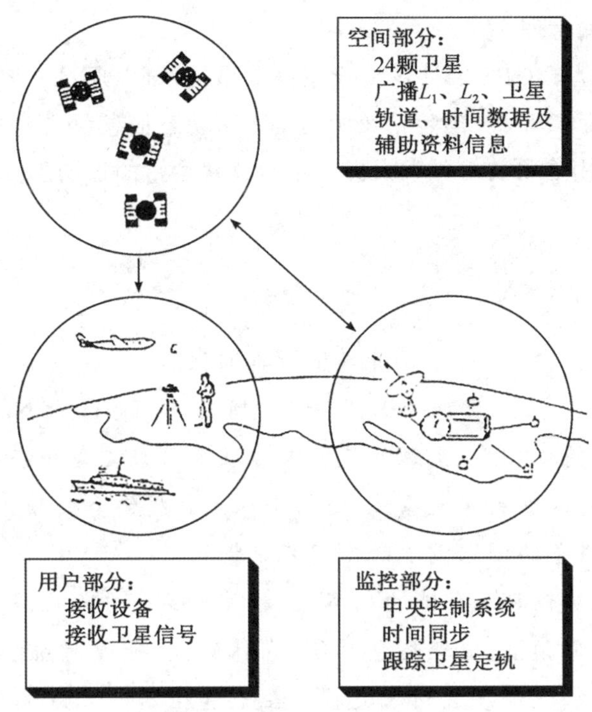

图 9-13　GPS 组成示意图

(二)GPS 的应用

1.用于军事物流

GPS 在军事物流中，如后勤装备的保障等方面应用普遍，尤其美国，其在世界各地驻扎着大量军队，无论是在战时还是在平时，都对后勤补给提出很高的要求。美军在20 世纪末的地区冲突中依靠 GPS 和其他顶尖技术，以强有力的、可见的后勤保障，为"保卫美国的利益"做出了贡献。世界上其他的国家也借助 GPS 系统提高军事物流的效率。

2.城市交通疏导

GPS 能随时提醒驾驶员注意险情、道路拥挤堵塞等情况，还能规划最优路线，让驾驶员最省力地到达目的地。

3.固定点的定位测量

确定某一地点(仓库)的地理位置是 GPS 最精确的功能。

4.车辆监控系统

GPS 可以对移动车辆进行实时动态跟踪，利用无线通信设备将目标的位置和其他信息传送至主控中心，在主控中心进行地图匹配后显示在监视器上。主控中心还能对移动车辆的正确位置、速度和状态等必要的参数进行调度和管理，提高运营效率。

5.进行车辆、船舶跟踪导航

三维导航是 GPS 的首要功能，飞机、船舶、地面车辆以及步行者都可以利用导航接收器进行导航，它可以指示出物体所在的准确的地理位置。

6.用于铁路运输管理

我国铁路开发基于GPS的计算机管理信息系统，可以通过GPS和计算机网络实时收集全路列车、机车、车辆、集装箱及所运货物的动态信息，可实现列车、货物的追踪管理。铁路部门运用这项技术可大大提高路网及其运营的透明度，为货主提供更高质量的服务。

知识链接

中国北斗卫星导航系统

中国北斗卫星导航系统（如图9-14所示）（BeiDou Navigation Satellite System，BDS，下文简称“北斗系统”）是中国着眼于国家安全和经济社会发展需要，自主建设、独立运行的卫星导航系统，是为全球用户提供全天候、全天时、高精度的定位、导航和授时服务的国家重要的空间基础设施。

随着北斗系统建设和服务能力的发展，相关产品已广泛应用于交通运输、海洋渔业、水文监测、气象预报、地理信息测绘、森林防火、通信时统、电力调度、救灾减灾、应急搜救等领域，逐步渗透到人类社会生产和生活的方方面面，为全球经济和社会发展注入新的活力。

2020年7月31日，习近平总书记向世界宣布北斗三号全球卫星导航系统正式开通，标志着北斗“三步走”发展战略圆满完成，北斗迈进全球服务新时代。

北斗系统由空间段、地面段和用户段三部分组成。

空间段：北斗系统空间段由若干地球静止轨道卫星、倾斜地球同步轨道卫星和中圆地球轨道卫星三种轨道卫星组成混合导航星座。

图9-14　中国北斗卫星导航系统

地面段：北斗系统地面段包括主控站、时间同步/注入站和监测站等若干地面站。

用户段：北斗系统用户段包括北斗兼容其他卫星导航系统的芯片、模块、天线等基础产品，以及终端产品、应用系统与应用服务等。

北斗系统除了具有军用功能，还创新融合了导航与通信能力，具有实时导航、快速定位、精确授时、位置报告和短报文通信服务五大功能。

六、地理信息系统

地理信息系统(geographic information system,下文简称“GIS”)是由计算机软硬件环境、地理空间数据、系统维护和使用人员四部分组成的空间信息系统,它可以对在地球上存在的东西和发生的事件进行成图和分析。GIS技术把地图这种独特的视觉化效果和地理分析功能与一般的数据库操作集成在一起。

(一)GIS系统的构成

GIS系统由人员、数据、硬件、软件和过程等五部分构成:

(1)人员。人员是GIS中最重要的组成部分。开发人员必须定义GIS中被执行的各种任务,开发处理程序。熟练的操作人员通常可以克服GIS软件功能的不足。

(2)数据。精确的可用数据可以影响到查询和分析的结果。

(3)硬件。硬件的性能影响到软件对数据的处理速度、使用是否方便和可能的输出方式。

(4)软件。软件不仅包含GIS软件,还包括各种数据库,绘图、统计、影像处理及其他程序。

(5)过程。GIS要求明确定义,以一致的方法来生成正确的可验证的结果。

(二)GIS的技术优势

GIS的技术优势在于它的空间分析能力。GIS具有独特的地理空间分析能力、快速的空间定位搜索和复杂的查询功能、强大的图形处理和表达、空间模拟和空间决策支持等,可产生常规方法难以获得的重要信息,这是GIS的重要贡献。

GIS是跨学科的产物,它基于地理空间数据,利用地理模型分析方法及时提供各种空间和动态地理信息。它是一个用于地理研究和地理决策的计算机技术系统。它的基本功能是将表单数据(无论是从数据库、电子表格文件还是直接在程序中)转换为地理图形显示,然后浏览、操作和分析显示结果。它的显示范围可以从洲际地图到非常详细的街区地图,显示包括人口、销售、运输路线和其他内容在内的对象。

(三)GIS在物流中的应用和模型

1.GIS在物流中的应用

(1)运输配送管理。运输配送管理用于运输线路的确定,运费、仓库容量、物资的实时查询,合理的装卸策略,运输车辆的调度等。

(2)动态监管。动态监管的功能是在GIS上即时掌握通过GPS所获取的移动位置信息,是车辆移动状态的可视化,可以设定一个在一定时间内能够达到的区域,统计该区域的销售额和顾客数量,还可以依据道路成本(距离、移动时间)对物流据点的整合或新建进行仿真分析。

(3)信息管理。在GIS的可视化环境中对企业的物流进行可视化,实时动态管理,在数据库中包括两种数据类型:基本型和导出型,前者包括了企业的生成布局,各个工作岗位需求物料、客户分布资料等,而后者是指需要经过计算的如生产计划、岗位工作情况等。

2.用于物流分析的常用GIS模型

(1)网络物流模型。网络物流模型用于解决寻求最有效的分配货物路径问题,以及物流网点的布局问题,如由哪个仓库提货给客户,所耗的运输代价最小;在考虑线路上车流密度的前提下,怎样把空的货车从所在位置调到货物所在位置等。

(2)设施选址模型。在物流系统中,仓库和运输线共同组成了物流网络。仓库处于网络的节点上,节点决定着线路,如何根据需求的时间需要并结合经济效益等原则,解决在既定区域内设立多少个仓库,每个仓库的位置,规模如何,确定仓库、零售商店、加工中心等设施的最佳位置,它们之间的物流关系等问题,均可用此模型进行解决,提高服务质量,降低操作费用,使利润最大化。

(3)车辆路线模型。车辆路线模型用于解决在货物输送中,如何降低输送费用并保证服务质量的问题,包括决定使用多少车辆,每个车辆经过什么路线等,以物资运输的安全性、及时性和低费用为目标,综合考虑,选择合理的运输方式并确定费用最低的运输路线。

任务三　物流信息系统

学习内容

1.物流信息系统的概念;

2.物流信息系统的功能;

3.物流信息系统的分类。

学习目标

完成本学习任务后,你应当能:

1.准确把握物流信息系统的概念,了解其作用,理解其分类;

2.通过观察身边企业的信息系统使用情况,指出其存在的问题。

案例导入

2015年4月专注于物流整体解决方案的IT供应商唯智信息vTradEx宣布,正式签约准时达物流有限公司。从众多国内外物流软件厂商中脱颖而出,全面助力富士康科技集团供应链一体化平台项目建设。

准时达物流有限公司作为服务于富士康科技集团各产品事业单位及众多外部客户的物流整合商,依托富士康科技集团,为其提供多元化整体物流解决方案。目前,富士康准时达物流已全面启动供应链平台一体化建设项目。作为国内领先的

IT系统服务商,唯智信息签约准时达物流,将共同完成富士康集团物流业务的全面整合,实现富士康内部业务全面、准确、高效的信息化支持,以及外部客户物流服务的拓展提升。

此次供应链一体化信息平台项目,唯智信息为富士康科技集团提供四大物流业务的技术支持,全面助力富士康物流整合及制造供应链的优化提升。其中包括:支持电商战略核心业务的储配物流业务管理、全国仓储VMI和CMI业务、关务及保税物流业务及全国内部外部运输管理业务。同时作为在全球范围内服务包括众多顶尖客户的高新科技制造企业,富士康内部拥有多达70多个事业单位。数十年发展过程中,不同事业单位均使用多套不同系统作为业务支持,多事业群多套系统的集成交互将成为该项目的核心与挑战。届时,唯智信息将依托其强大的技术团队,及自主产品EDI-Server为富士康企业内部实现多达300个接口的交互和集成,有效完成内部信息流交互一体化。

中国物流与采购联合会主办的2017第二届全球物流技术大会于3月27—29日在成都隆重举办。作为"智·云时代"的物流信息化领跑者,唯智信息助力富士康准时达智能供应链,保驾护航整套供应链系统的运转,在实际操作中磨砺出的"唯智准时达物流信息系统项目",荣获"2017年度物流技术创新奖"。

(资料来源:https://www.prnasia.com/story/119488-1.shtml)

课前学习思考

1.唯智信息公司的优势什么?

2.为什么"唯智准时达物流信息系统项目"能荣获"2017年度物流技术创新奖"?

知识学习

一、物流信息系统的概念

良好的物流信息系统可以有效缩短从接收订货到发货的时间,实现库存适量化,提高搬运作业效率和运输效率,使接收订货和发出订货更为省力,提高接收订货和发出订货的精度,防止发货、配货出现差错,可以较好地调整需求和供给。

我国国家标准《物流术语》对物流信息系统(logistics information system)的定义是"由人员,计算机硬件、软件,网络通信设备及其他办公设备组成的人机交互系统,其主要功能是进行物流信息的收集、存储、传输、加工整理、维护和输出,为物流管理者及其他组织管理人员提供战略、战术及运作决策的支持,以达到组织的战略竞优,提高物流运作的效率与效益"。

二、物流信息系统的功能

物流信息系统的主要功能是进行物流信息的收集、存储、传输、加工整理、维护和输出，为物流管理者及其他组织管理人员提供战略、战术及运作决策的支持，以达到组织的战略竞优，提高物流运作的效率与效益。物流信息系统是物流系统的神经中枢，它作为整个物流系统的指挥和控制系统，可以分为多个子系统或者多种基本功能。通常，可以将其基本功能归纳为以下 5 个方面。

（一）数据收集

物流数据的收集首先是将数据通过收集子系统从系统内部或者外部收集到预处理系统中，并整理成为系统要求的格式和形式，然后再通过输入子系统输入到物流信息系统中。这一过程是其他功能发挥作用的前提和基础，如果一开始收集和输入的信息不完全或不正确，在接下来的过程中得到的结果就可能与实际情况完全相左，这将会导致严重的后果。因此，在衡量一个信息系统性能时，应注意它收集数据的完善性、准确性，以及校验能力、预防和抵抗破坏的能力等。

（二）信息存储

物流数据经过收集和输入阶段后，在其得到处理之前，必须在系统中存储下来。即使在处理之后，若信息还有利用价值，也要将其保存下来，以供以后使用。物流信息系统的存储功能就是要保证已得到的物流信息能够不丢失、不走样、不外泄，整理得当、随时可用。无论哪一种物流信息系统，在涉及信息的存储问题时，都要考虑到存储量、信息格式、存储方式、使用方式、存储时间、安全保密等问题。如果这些问题没有得到妥善解决，信息系统是不可能投入使用的。

（三）信息传输

在物流系统中，物流信息一定要准确、及时地传输到各个职能环节，否则信息就会失去其使用价值了。这就需要物流信息系统具有克服空间障碍的功能。物流信息系统在实际运行前，必须要充分考虑所要传递的信息种类、数量、频率、可靠性要求等因素。只有这些因素符合物流系统的实际需要时，物流信息系统才是有实际使用价值的。

（四）信息处理

物流信息系统的最根本目的就是要将输入的数据加工处理成物流系统所需要的物流信息。数据和信息是有所不同的，数据是得到信息的基础，但数据往往不能直接利用，而信息是从数据加工得到，它可以直接利用。只有得到了具有实际使用价值的物流信息，物流信息系统的功能才算发挥。

（五）信息输出

信息的输出是物流信息系统的最后一项功能，也只有在实现了这个功能后，物流信息系统的任务才算完成。信息的输出必须采用便于人或计算机理解的形式，在输出形式上力求易读易懂、直观醒目。

以上 5 项功能是物流信息系统的基本功能，缺一不可。而且，只有 5 个过程都没有出错，最后得到的物流信息才具有实际使用价值，否则会造成严重后果。

三、物流信息系统的分类

随着业务体量、客户需求的多元化，企业会经历单一系统、多系统、系统群三个阶段。不论是哪一个阶段，物流信息系统可以分为三大类：核心业务系统、辅助业务系统、后勤支持系统。

（一）核心业务系统

核心业务系统是企业内部对核心过程执行所需的资源进行管理的主要系统。核心业务系统主要包括订单管理系统、运输管理系统、仓储管理系统和财务结算系统等。

（二）辅助业务系统

辅助业务系统是企业为了完成核心业务活动而对辅助业务进行统一管理的系统。辅助业务系统主要包括 GIS 系统、GPS 系统、PDA 手持终端系统、BI 商业智能系统等。

（三）后勤支持系统

后勤支持系统是为了顺利实施核心业务和辅助业务而提供后勤保障的系统。后勤支持系统主要包括 OA 办公系统、HR 人事系统和后勤管理系统等。

对点案例

典型快递公司的核心业务系统

主流快递和快运公司的系统在其学名的基础上，为了体现产品的特性或者企业文化，还会起一些比较有特点的名字，如表 9-4 所示。

表 9-4　典型快递公司的核心业务系统名称

企业	系统类型	系统名称
顺丰	核心业务系统群	阿修罗
德邦	零担运输	FOSS
	快递	悟空
	整车运输	骆驿
	仓储	松鼠
圆通	核心业务系统	金刚
申通	核心业务系统	梧桐
安能	快递	天龙
	快运	鲁班
韵达	核心业务系统	泰山
优速	核心业务系统	乾坤

续表

企业	系统类型	系统名称
远成	快运系统	朱雀
	合同物流系统	麒麟
	仓配系统	千里马
云鸟	智能调度系统	鸟眼
百世	快递	q9
	快运	v5
	供应链	t8

项目小结

本项目主要对物流信息的概念、特点、作用，常用的现代物流信息技术和物流信息系统进行讲授。通过学习，了解物流信息以及物流信息系统的概念、特点和作用，掌握条码技术、射频识别技术、电子数据交换技术、全球定位系统、地理信息系统等常用的现代物流信息技术，理解物流信息和物流信息系统的分类。本项目的学习难点是对现代物流信息技术和物流信息系统的理解，并掌握不同物流信息技术在物流中的运用。建议实地调研信息系统先进的物流企业，深入了解物流信息技术和物流信息系统的使用情况。

教学分享

1.学习课时

本项目建议学习4个课时。

2.教学方法

建议采用讲解、体验式教学(包括视频资料学习、参访物流企业、网络平台的资源学习等)、小组讨论、案例教学等方法。应把握的知识重点包括：现代物流信息技术认知和物流信息系统的认知。

3.学习环境要求

(1)学习场地：①多媒体教室；②运用先进物流系统的企业。

(2)学习资料：①视频资源；②课程网络资源。

课后习题

一、单项选择题

1.涉及业绩综合报表、消费者趋势、市场动态和相关信息、国家政策法规等信息，是属于(　　)。

A.运营管理信息　　B.知识管理信息

C.战术管理信息　　D.战略管理信息

2.条码于(　　)被发明出来。

A.20 世纪 40 年代　　B.20 世纪 60 年代中期

C.20 世纪 70 年代　　D.20 世纪 80 年代

3.UPC 码(universal product code)是由(　　)制定的。

A.乔·伍德兰德　　B.贝尼·西尔佛

C.IBM,NCR　　D.美国统一编码协会

4.应用于血库、图书馆、包裹等的跟踪管理的是(　　)。

A. EAN 码/UPC 码　　B. 39 码和 128 码

C. 交叉 25 码　　D. Coda bar 码

5.GPS 是(　　)的缩写。

A.射频识别技术　　B.电子数据交换

C.全球定位系统　　D.地理信息系统

二、多项选择题

1.1977 年,欧洲共同体制定出欧洲商品代码有(　　　)。

A. 39 码　　B. EAN-13 码　　C. EAN-8 码　　D. ISBN

2.EAN-13 条码标准将 13 个数字分为(　　　)等部分进行编码。

A.系统码　　B.厂商码　　C.商品代码　　D.检验码

3.矩阵式二维码主要有(　　　)等条码。

A. ISBN　　B. Maxicode　　C. QR Code　　D. Data Matrix

4.电子数据交换系统由(　　　)组成。

A. EDI 软件　　B. EDI 硬件　　C.通信网络　　D.数据标准化

5.GIS 系统主要由(　　　)构成。

A.人员　　B.数据　　C.硬件

D.软件　　E.过程

三、简答题

1.什么是物流信息?

2.简述物流信息的作用。

3.储运条形码的标准体系有哪些?

4.电子数据交换的工作流程是怎样的?

5.GIS 在物流中有哪些应用?

四、案例分析题

广州标领医药 WMS 系统

众所周知,医药商品是关系到人民生命安全的特殊商品。广州标领医药 WMS 系统,对其流通的每一个环节都是受控的,尤其是作为医药企业,连接自身产品与消费者

的物流中心，其重要性不言而喻。

现代化的医药物流不仅仅是简单的药品进、销、存或者是药品的配送，还需要整合营销渠道的上下游资源，建立起严谨可执行的风险管控体系，明确监管执行制度，并实现缩短库存以及配送的时间、减少物流成本、提高服务水平和资金使用效益的目标，进一步提升医药企业的实力水平。

想要实现以上目标，建立条形码/FRID的医药WMS系统是必然的选择，系统通过采购药品入库、药品质检、按照规划进行策略上架及拣选、保质期预警等功能，可以保障药品流向的透明性和可控性，并能快速、准确处理日常仓库的繁重作业，让医药企业享受到信息化技术所带来的种种改变。

广州标领医药WMS系统的特色：

(1)系统精细化的运作规范管理及校验机制，有利于提高品名规格、批准文号、生产厂家、批次效期、存放库位的精细化管理水平；

(2)实现储运各环节信息共享到采购、销售、财务部门及供应商和收货网点，完成信息的快速传达与运作网络化；

(3)系统注重拣货效率的改善，拣货方式多样化，拣货手段人性化，可依据货物形态、指示介质、人与物的关系、订单处理方式等拣选方式；

(4)系统重视供应链协同理念，来货有计划，出库可平衡，协同上下游，出库环节高度重视复核工作；

(5)系统降低物流成本、缩减劳动力，提高资源利用率；

(6)完善的批次管理，一旦药品发生质量问题就可以实现有效的控制和及时的追溯；

(7)系统提供各类数据报表，如库存月报、收发明细报表、收发汇总报表、员工绩效月报、计费报表等，并可根据自身自定义报表。

广州标领医药WMS系统利用条码/FRID识别技术，有效解决药品的包装标识问题、保质期管理问题，优化先进先出管理、追溯管理方式，提高医药企业利润和产品质量，保持并提升企业的竞争力。

(资料来源：https://baijiahao.baidu.com/s?id=1620339592817953270&wfr=spider&for=pc.)

思考题

1.请同学们思考，医药物流WMS系统是如何提高物流效率的？

2.医药物流WMS系统的趋势是什么？

技能训练

一、实训目标

通过实训能够将理论与实践相结合，使学生进一步了解物流信息，掌握现代物流信息技术和物流信息系统的含义和构成。

二、组织安排

将学生分为5～10人一组，按小组完成实训任务。

三、实训内容：掌握企业概况

1.按小组考察，了解某先进物流企业信息系统的运作流程；

2.通过参观，掌握物流信息系统的运作状况，增加对物流信息系统的认识。

四、实训要求

根据具体情况，选择有一定代表性的具有先进物流系统的企业，完成物流信息系统的认识实习，限期一周。

学习情境三:发展篇

随着近年来国内经济的发展和变化,我国已经成为具有全球影响力的物流大国和全球最大的物流市场。当前,我国整个物流行业面临着前所未有的机遇与挑战。本章介绍物流的发展前沿,通过本章的学习,你可以掌握供应链管理、智慧物流和国际物流的相关前沿知识。

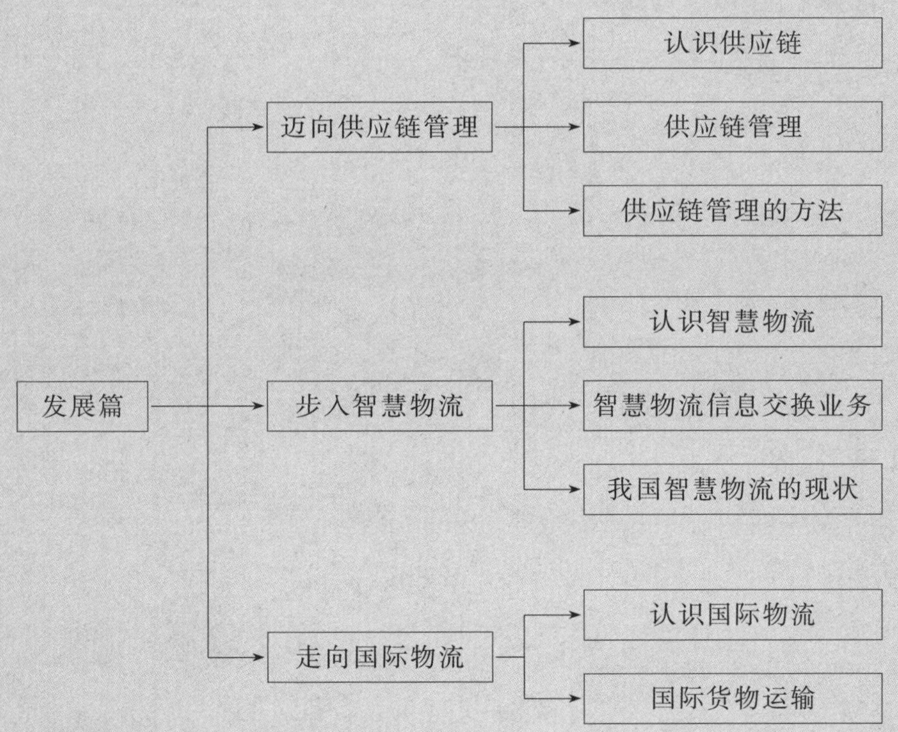

◆ 模块十 ◆
迈向供应链管理

学习任务

1.认识和理解供应链的概念和相关内容；

2.认识和理解供应链管理的概念和相关内容；

3.掌握供应链管理的方法。

技能目标

1.理解供应链和供应链管理；

2.掌握快速反应、有效客户反应和准时制生产的内容、因素；

3.在正确理解供应链、供应链管理的基础上，能够对身边的一般供应链问题，提出自己的观点与见解。

任务一　认识供应链

学习内容

1.供应链的概念；

2.供应链的分类；

3.供应链合作伙伴关系的建立和风险。

学习目标

完成本学习任务后，你应当能：

1.准确把握供应链的概念，了解其基本特征和分类；

2.通过观察身边的供应链合作伙伴关系，指出其建立原因和存在的风险。

案例导入

ZARA 极速供应链

在供应链成员企业中，服装企业的业务流程非常复杂、烦琐，许多服装企业每天需要处理成百上千的库存单位，并要管理无数的款式、结构、客户标识甚至更多的数据。在这种复杂性极高的经营管理中，以精确预测、采购管理、生产计划和分销管理为特点的供应链管理就显得尤为重要。下面就以西班牙ZARA公司采用基于产品的供应链设计方法为例分析服装企业供应链的设计思路。

一、向供应链的各环节“挤压”

ZARA的全程供应链可划分为四大阶段，即产品组织与设计、采购与生产、产品配送、销售与反馈。所有环节都围绕目标客户运转，整个过程不断滚动循环和优化。

1.产品组织与设计

ZARA的开发模式基本是基于模仿而不是一般服装企业所强调的原创性设计或开发，所以ZARA设计师的主要任务不是创造产品，而是在艺术指导决策层的指导下重新组合现成产品，诠释而不是原创流行。在产品组织与设计阶段，ZARA与大多数服装企业不同的是：它是从顾客需求最近的地方出发并迅速对顾客的需求作出反应，始终与时尚保持同步，而不是去预测6～9个月后甚至更长时间的需求。

2.采购与生产

确定设计方案并决定投产后，马上就开始制作样衣。由于面料和小装饰品等辅料在ZARA仓库里都有，所以制作样衣只需要很短的时间。同时，相关人员开始制订原材料采购计划和生产计划。如果决定自产，且有现成的布料库存，则直接领用布料开始生产；如果没有现成的面料，可以选择采购已染色的面料，或采购原纱(未染色的织布，放在仓库里)，进行染色后整理再生产。如果从公司内部的工厂不能获得满意的价格、有效的运输和质量保证或者产能有限，采购人员可选择外包。这些供应商有70%集中在ZARA总部西班牙加利西亚省和葡萄牙北部，其余的主要分布在欧洲其他地方。

3.产品配送

产品包装检查完毕以后，每个专卖店的订单都会独立放在各自的箱子里，通过大约20公里的地下传送带运送到配送中心。为加快物流周转，ZARA总部还设有双车道高速公路直通配送中心，通常订单收到后8个小时以内货物就可以被运走，每周给各专卖店配送2次。

4.销售与反馈

ZARA的各专卖店每天把销售信息发回总部，并且根据当前库存和近两周内的销售预期每周向总部发两次补货订单。总部拿到各专卖店的销售、库存和订单等信息后，会分析判断各种产品是畅销还是滞销。如果滞销，则取消原定生产计划，这样ZARA就可以把预测风险控制在最低水平。如果产品畅销，且总部有现存面料，迅速通过高效的供应链系统追加生产、快速补货，以抓住销售机会，如果没有面料则会停产。

二、以品牌为核心的协同供应链

可以发现，所有这些供应链上的环节协同起来都围绕着其品牌的目标客户在运作，整个物流体系在全程协同供应链计划体系下运作，细分为产品上市前的销售预测、销售计划、产品推广计划、面料和辅料采购计划、外协生产计划、自产计划、配送计划、库存计划、要货和主动补货计划、促销计划等。ZARA 也对其供应链进行了非常有效的剪裁，把与时尚关系不是很大的工作外包，而自己掌握对时尚敏感的绝大部分工作。

以消费者为中心，缩短前置时间，向供应链的各环节"挤压"时间并消除可能的瓶颈，减少或取消那些不能带来增值的环节，小批量、多品种以营造"稀缺"，跨部门沟通、协同，快速响应，满足市场需求，从而提升品牌价值和竞争力——这就是 ZARA 的极速供应链的真谛。

（资料来源：马士华.供应链管理（第二版）[M].武汉：华中科技大学出版社，2014:48-52.）

课前学习思考

ZARA 以品牌运作和响应急速为核心的协同供应链运作模式，为供应链管理理论与实践研究开拓了哪些新的思路？

知识学习

一、供应链概述

（一）供应链的概念

供应链一词从英文 supply chain 直译过来并沿用至今。关于供应链的概念，国内外学者从不同的侧重点给出了不同的解释。我国国家标准《物流术语》对供应链（supply chain）的定义是"生产及流通过程中，涉及将产品或服务提供给最终用户活动的上游与下游企业所形成的网链结构"。供应链即围绕核心企业，通过对信息流、物流、资金流的控制，从采购原材料开始，制成中间产品以及最终产品，最后由销售网络把产品送到消费者手中的将原材料供应商、制造商、分销商、零售商直到最终用户连成一个整体的功能网链结构和模式，供应链组成如图 10-1 所示。

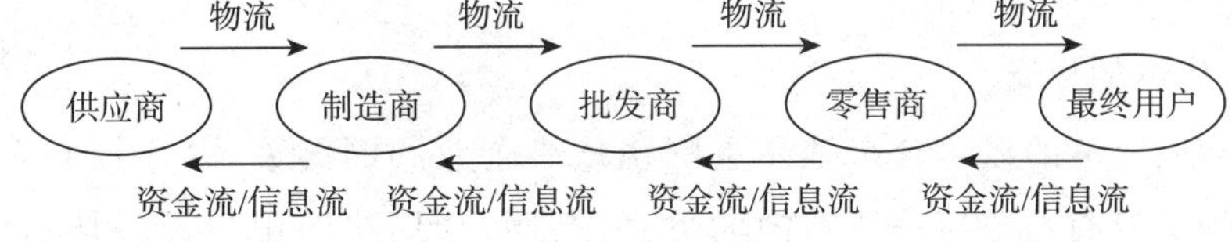

图 10-1　供应链组成

由供应链的概念可以看出，供应链实际上是物流的延伸和扩展，是物流发展到集约化阶段的产物。物流贯穿供应链全过程，成为供应链中不可或缺的一个子集，理解供应链的概念，应注意以下三个内容：

首先，供应链是围绕核心企业进行运作的。供应链的核心企业是掌握供应链运作的企业，一般是供应链中较强的企业节点。我国规模较大、实力较强的企业实体一般为生产企业，所以在我国供应链的核心企业一般为生产企业，如海尔。随着卖方市场向买方市场的转化及全球竞争的加剧，一些零售企业和分销商迅速发展壮大，充当起供应链核心企业的角色，如沃尔玛。

其次，供应链不仅是一条连接供应商和用户的物料链、信息链、资金链，而且也是一条增值链。这条增值链通过采购、生产制造和分销等功能实现，并尽量去除不增值的活动。

最后，供应链是从扩大的生产概念出发，将企业的生产活动进行了前伸和后延。供应链突破企业界限，其管理延伸到供应商的供应商及客户的客户，对整个渠道成员进行统一管理。

（二）供应链的基本特征

从上述供应链的定义可以表明供应链的特征。首先它是网状结构，其次每个企业都是这个网链中的节点。因此，供应链的基本特征可以归纳如表10-1所示。

表10-1 供应链的特征

全面性	全员性	相对性	网络性	双向性
供应链包括了企业提供给最终客户所需要的产品和服务的一系列流程和行为	企业的任何成员都可以与供应链产生连接	在供应链中客户和供应商是相对的概念，一个企业的客户可以是另一个企业的供应商	分销系统中包含着各种分销商，如批发商、零售商等	产品与服务在供应链中通常是由供应商流向客户，而各种需求信息通常是从客户流向供应商

从以上特征可以看出，供应链实际上不是一条链状的东西，而是一种网状的、复杂的东西。它是一个“供应”和“需求”的网络。在这个网络中，企业可以有许多供应商，也可以有许多客户。在这个“供需”关系的网络上，还有许多企业不能与本企业某项业务形成供应链关系。但是它们客观存在于这个网络里，是企业的潜在供应链关系，当企业进行新的业务时，也许会用到这些企业，与它们形成供应链关系。所以，网络上的任何企业都是本企业的潜在客户。

（三）供应链的要素

近年来，供应链的概念越来越注重围绕核心企业的网链关系，如核心企业与供应商、供应商的供应商乃至与一切前向的关系，与用户、用户的用户及一切后向的关系。此时对供应链的认识形成了一个网链的概念，像丰田、耐克、尼桑、麦当劳和苹果等公司的供应链管理都从网链的角度来实施。从供应链的各种定义来看，都包括了主导企业、平台、横向合作、均衡利益等基本因素。

1.主导企业

主导企业是一个单向的连续流向的过程，通过信息、资金、物流、商务等基本要素组成不可分割的链的一个整体。通过确立主导企业，客观分析企业的实际需求并挖掘潜在需求，从而使节点企业与主导企业保持一致的发展方向，最终实现整条供应链的战略目标。

2.平台

利用技术手段建立平台，整合社会资源。供应链中的企业通过 Internet 调用供应链管理平台上的相关应用，同时以 Internet 为技术（包括数据中心、数据可视化等）手段，以供应链管理平台为中心相互联结和沟通，并结合本企业的实际情况与当今供应链发展的趋势，整合企业内有关库存、运输、设施、顾客的资料及与本企业保持联系的合作企业的相关资源，有效地减少因信息沟通不畅或信息传递过程中的失真所导致的重复与浪费，从而使供应链成员企业之间进行无缝对接，大大提高工作效率，减少失误与浪费。

3.横向合作

通过横向协议对参与企业进行管理。供应链的整体效率和价值创造能力并不是一个企业的效率和价值创造能力，而是供应链中所有成员共同努力的结果。因此，为保证供应链成员完成既定的战略目标，链中的所有成员需通过签订服务协议，保持成员之间的长期合作关系，才能对整条供应链进行有效的管理。

4.均衡利益

供应链企业是作为一个整体开展活动的，企业间存在着复杂的相互关联的合作关系，需要各成员企业的相互协作，而公平有助于企业间的团结，避免企业间过度竞争，从而影响整个供应链的绩效。因此，供应链成员企业，无论规模大小、实力强弱，在合作中的地位和对利益追求的权力是均等的，如果供应链企业相互间不平等，那么就不可能形成长期的合作关系，也不能使整个供应链保持高效的运营，更不能实现供应链利益最大化。

知识链接

理解供应链

可以将供应链描绘成一棵枝叶茂盛的大树：生产企业构成树根；独家代理商则是主干；分销商是树枝和树梢；满树的绿叶红花是最终用户。树根与主干、树枝与主干的一个个节点中蕴藏着一次次的流通，遍体相通的脉络便是信息管理系统。供应链上各企业之间的关系与生物学中的食物链类似。在“草—兔子—狼—狮子”这样一个简单的食物链中（为了便于论述，假设在这一自然环境中只生存这 4 种生物），如果把兔子全部杀掉，那么草就会疯长起来，狼也会因兔子的灭绝而饿死，连最厉害的狮子也会因为狼的死亡而慢慢饿死。可见，食物链中的每一种生物之间是相互依存的，破坏食物链中的任何一种生物，势必导致这条食物链失去平衡，最终破坏人类赖以生存的生态环境。

同样道理,在供应链“企业A—企业B—企业C”中,企业A是企业B的原料供应商,企业C是企业B的产品销售商。如果企业B忽视了供应链中各要素的相互依存关系,而过分注重自身的内部发展,生产产品的能力不断提高,但企业A不能及时向它提供生产原材料,或者企业C的销售能力跟不上企业B产品生产能力的发展,那么我们可以得出这样的结论:企业B生产力的发展不适应这条供应链的整体效率。

(资料来源:徐国权.物流基础[M].哈尔滨:哈尔滨工业大学出版社,2017:232-233.)

二、供应链的分类

根据不同的划分标准,供应链可以分为不同的类型,如表10-2所示。

表10-2 供应链的分类

按范围不同	内部供应链
	外部供应链
按稳定性不同	稳定的供应链
	动态的供应链
按容量和需求不同	平衡的供应链
	倾斜的供应链
按功能性不同	效率型供应链
	反应型供应链

(一)根据范围不同划分

根据供应链涉及的范围不同,可以划分为内部供应链和外部供应链。

1.内部供应链

内部供应链是指企业内部产品生产和流通过程中所涉及的采购部门、生产部门、仓储部门、销售部门等组成的供需网络。

2.外部供应链

外部供应链是指企业外部的,与企业相关的产品生产和流通过程中涉及的原材料供应商、生产厂商、储运商、零售商以及最终消费者组成的供需网络。

3.内部供应链和外部供应链的关系

两者共同组成了企业产品从原材料到成品再到消费者的供应链。内部供应链是外部供应链的缩小化。如对于制造商,其采购部门就可看作外部供应链中的供应商。它们的区别只在于外部供应链范围大,涉及企业众多,企业间的协调更困难。

(二)根据稳定性不同划分

根据供应链存在的稳定性划分,可以将供应链分为稳定的和动态的供应链。

1.稳定的供应链

稳定的供应链是指基于相对稳定、单一的市场需求而组成的供应链,这种供应链的稳定性较强。供应链的稳定性一方面取决于市场需求的稳定性,即当市场的一切需求相对稳定的环境下所形成的供应链的稳定性较强;另一方面,当供应链中的核心企业对其他成员企业具有很强的辐射能力和吸引能力,且经过长期运作形成了较强的系统性、一致性和竞争优势的情况下,供应链的稳定性也较强。

2.动态的供应链

动态的供应链是指基于相对频繁变化、复杂的需求而组成的供应链,这种供应链的动态性较高。与稳定的供应链相反,客观上,在需求频繁变化、复杂的市场环境下所形成的供应链必然是动态的,因为需求的变化必然导致供需关系的变化,而基于供需关系所形成的供应链也就必然发生变化。在实际管理运作中,需要根据不断变化的需求,相应地改变供应链的组成。

(三)根据容量和需求不同划分

根据供应链容量与用户需求的关系可以划分为平衡的供应链和倾斜的供应链。

1.平衡的供应链

一条供应链具有一定的、相对稳定的设备容量和生产能力(所有节点企业能力的综合,包括供应商、制造商、运输商、分销商、零售商等),但用户需求处于不断变化的过程中,当供应链的容量能满足用户需求时,供应链处于平衡状态。平衡的供应链可以实现各主要职能(采购/低采购成本、生产/规模效益、分销/低运输成本、市场/产品多样化和财务/资金运转快)之间的均衡。

2.倾斜的供应链

当市场变化加剧,造成供应链成本增加、库存增加、浪费增加等现象时,企业不是在最优状态下运作,供应链则处于倾斜状态。同样,当供应链的能力远远超过市场用户的需求时,节点企业利润受阻,运营状态受到影响,供应链的平衡状态被打破,趋于倾斜状态,供应链需要自然调节,寻求新的平衡。

(四)根据功能性不同

根据供应链的功能模式(物理功能、市场中介功能和客户需求功能)可以把供应链划分为效率型供应链和反应型供应链。

1.效率型供应链

效率型供应链也称实用型供应链、功能型供应链,主要体现供应链的物理功能,即以最低的成本将原材料转化成零部件、半成品、产品,以及在供应链中的运输等。

2.反应型供应链

反应型供应链也称创新型供应链,主要体现供应链的市场中介功能,即把产品分配到满足用户需求的市场,对未预知的需求做出快速反应等;反应型供应链主要体现供应链的客户需求功能,即根据最终消费者的喜好或时尚的引导,调整产品内容与形式来满足市场需求。

三、供应链合作伙伴关系

供应链合作伙伴关系是一种战略合作的伙伴关系,形成目的是降低供应链总成本、降低库存水平、增强信息共享、改善相互之间的交流、保持战略伙伴之间操作的一致性、产生更大的竞争优势,以实现供应链上各节点企业的财务状况、质量、产量、交货期、用户满意度和业绩的改善与提高。显而易见,供应链合作伙伴关系必须要求强调合作和信任。形成的过程是随着市场对企业要求的不断变化发展起来的。

(一)供应链合作伙伴关系的含义

供应链合作伙伴关系(supply chain partnership, SCP)是在供应链内部两个或两个以上独立的成员之间形成的一种协调关系,以保证实现某个特定的目标或效益。建立供应链合作伙伴关系的目的,在于通过提高信息共享水平,减少整个供应链产品的库存总量,降低成本和提高整个供应链的运作绩效。

(二)供应链合作伙伴关系的建立

供应链合作伙伴关系的建立需要有以下几个充分条件:双方的独立性、相互之间的利益共享以及在一个或多个战略关键领域的持续合作。在集成化供应链管理环境下,供应链合作伙伴关系的运作需要减少供应商的数量,并使相互之间的连接更加紧密。因此,企业会去寻找、筛选那个最适合自己的合作伙伴,为了达到共同的目标,结成长期的合作伙伴关系。

1.建立的过程

在过去的几十年里,企业面临的竞争环境发生了巨大的变化,许多企业都应用即时化的方法进行管理。这样的方法要求企业加快对用户编号需求的反应速度,同时也必须要加强与合作企业的合作关系,这就要求企业将自身的业务与合作伙伴集成在一起,缩短相互之间的距离,站在整个供应链的角度来考虑增值问题。所有企业的做法就是将原来的关系转向建立供应链合作伙伴关系,这种合作关系不仅限于联系供应商及客户,而且要延伸至供应商的供应商、客户的客户。

供应链合作伙伴关系绝不应该仅考虑企业之间的交易价格本身,还有很多方面值得双方关注。比如,制造商总是期望他的供应商完善服务,做好技术创新,实现产品的优化设计等等。供应链合作伙伴关系的潜在效益,往往在SCP建立后三年左右甚至于更长的时间才能转化成实际利润或效益。企业只有着眼于供应链管理整体竞争优势的提高和长期的市场战略并能忍耐一定时间,才能从供应链的合作伙伴关系中获得更大效益。

2.建立的意义

建立供应链合作伙伴关系的动力是核心竞争力、不断变化的顾客期望和外包战略,在此基础上建立供应链合作伙伴关系具有十分重要的意义:

(1)降低库存所面对的供需关系上的不确定因素。通过合作,共享需求与供给信息,能使许多不确定因素明确。

(2)快速响应市场,集中力量于自身的核心竞争优势,能充分发挥各方的优势,并能迅速开展新产品的设计和制造,从而使新产品响应市场的时间明显缩短。

(3)以战略合作关系为基础的供应链管理,能发挥企业的核心竞争优势,获得竞争地位。

(4)制造商帮助供应商更新生产和配送设备,加大对技术改造的投入,提高产品和服务质量,增加用户满意度。

3.建立的模式

在从传统的企业关系向全新的供应链合作伙伴关系转化的过程中,为了达到生产的均衡化和物流的同步化,必须加强部门间、企业间的合作与沟通。但是基于简单物流关系的企业合作关系可以认为是一种处于作业层和技术层的合作,而在透明性、协作性、同步性、集智性、柔性与敏捷性等方面都不能很好地适应越来越激烈的市场竞争的需要,企业需要更高层次的合作与集成,于是产生了供应链合作伙伴关系的企业集成模式,如图 10-2 所示。

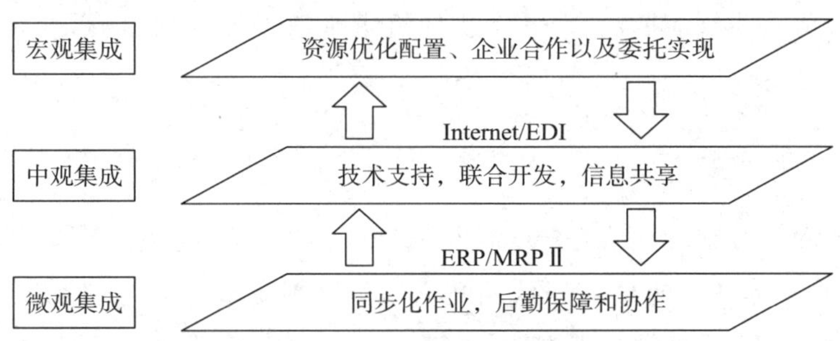

图 10-2　供应链合作伙伴关系的企业集成模式[①]

在合作伙伴关系的企业集成模式下,企业在宏观、中观和微观上都实现相互作用的集成。宏观层面上主要是实现企业之间的资源优化配置、企业合作以及委托实现;而在中观层面上主要是在一定的信息技术的支持和联合开发的基础上实现信息的共享;微观层面上则是实现同步化、集成化的生产计划与控制,并实现后勤保障和服务协作等业务职能。

具有合作伙伴关系的企业集成模式体现了企业内外资源集成与优化利用的思想,基于这种运作环境的产品制造和销售过程,从产品的研究开发到投放市场,周期大大地缩短了,而且顾客导向化程度更高。模块化、简单化产品,标准化组件的生产模式使企业在多变的市场中,柔性和敏捷性显著增强。企业集成也从原来的中低层次的内部业务流程重组上升到企业间的协作,这是一种最高级别的企业集成模式。在这种企业关系中,市场竞争策略最明显的变化就是基于时间的竞争和价值链的价值让渡系统管

---

① 陈民伟,林朝朋,陈香莲.供应链管理实务[M].哈尔滨:哈尔滨工业大学出版社,2017.

理，或基于价值的供应链管理。

(三)供应链合作风险

当我们谈到供应链合作时，首先想到的就是合作所产生的规模经济和协同价值，而对在合作伙伴关系形成过程当中产生的风险以及风险管理的认识并没有很到位。例如：爱立信，一个曾经和诺基亚有同样实力的手机生产企业，在它的最重要的芯片供应商，位于美国新墨西哥州的飞利浦芯片工厂发生火灾后，数百万个手机芯片被粉尘破坏，致使爱立信新型手机无法按时推出，手机市场份额由12%快速降至9%，爱立信手机当年最高亏损达到17亿美元。除此之外，欧洲的"疯牛"病、SARS、禽流感等事件的发生都属于供应链风险事件。

供应链是一个多层次的、动态的、复杂的系统，企业加入供应链后，将部分业务外包，并专注于核心业务，一方面提高了自身的竞争力；另一方面，供应链是一个网链结构，由围绕核心企业的供应商、供应商的供应商和用户、用户的用户组成，供应链中的企业环环相扣，彼此影响，一旦某一环节出现了问题，都可能会波及其他企业，进而影响整个供应链的正常运转。每个企业由于有对自身利益最大化的追求和周围环境的影响，供应链存在合作伙伴风险是必然的。供应链合作伙伴关系中的风险不但关系到企业自身的生存和发展，甚至会对整个供应链带来诸多的不利影响，因此供应链运行风险管理尤为重要。

对点案例

过去，供应商与下游顾客(如分销商、零售商)之间的对抗多于合作，直至今日，许多企业仍然想将自己的成本降低或利润增加计划建立在损害供应链与其他成员的利益的基础之上，这些公司没有认识到将自己的成本简单地从上游转移到下游并不能使它们自己增加竞争力，因为所有这些成本都是要转嫁给最终消费者的。因此世界一流的公司并不这样做，它们力图通过增加整个供应链提供给消费者的价值、减少整个供应链的成本的方法来增强整个供应链的竞争力，它们知道，真正的竞争不是公司与公司的竞争，而是供应链与供应链的竞争。

思考题

请同学们考虑，在竞争加剧的环境下，为了维持竞争地位，供应链上下游企业之间，应当如何进行合作？

任务二　供应链管理

学习内容

1.供应链管理的产生背景及原因；
2.供应链管理的概念；
3.供应链管理的主要内容；
4.供应链管理的目标；
5.供应链管理的作用。

学习目标

完成本学习任务后，你应当能：
1.熟悉和了解供应链管理的起源，掌握供应链管理的概念；
2.了解供应链管理的目标和作用；
3.掌握供应链管理的主要内容。

案例导入

麦当劳的供应链管理

“麦当劳不仅仅是一家餐厅”，这是麦当劳经营理念的精髓所在。餐厅的后面是全面、完善、强大的支援系统的配合。要说到麦当劳的成功，供应商功不可没。麦当劳从原料到粗加工到物流配送都是由其供应商完成的。

麦当劳和供应商的关系，也是世界上最奇怪的关系。虽然大部分事情都由供应商完成，但麦当劳对供应商的影响和渗透却胜过企业自身，麦当劳有一套全球统一的产品品质规范和要求，供应商的每个生产和运输环节都一丝不苟地按照麦当劳的要求完成，分毫不差，但这一切都没有一份协议书。麦当劳和供应商的所有商务往来，从来不签协议，只以双方握手作为标志。这在一般企业看来，简直是不可思议的事情。然而在麦当劳，这却是沿袭多年的惯例。当谈到这些时，上海华联麦当劳有限公司总经理陈清慧显得很自豪，她说：“我们相互之间依靠的是诚信，我们选择供应商第一位的要求是诚信，所以往往都是多年的合作伙伴。”

1990 年，麦当劳在深圳开设了中国第一家店，然而早在 1983 年，麦当劳的供应商已经先期进入，在中国开设工厂和农场，包括薯条、牛肉、鸡肉、鱼肉、苹果、菠萝、奶制品等，为麦当劳开业做准备，可谓用心良苦。

麦当劳的经营理念为“3S 主义”，即简单化(simplification)、标准化(standardization)、专业化(specialization)，这种标准化除了体现在食品加工上以外，麦当劳还有专用的餐厅厨房设备供应商、餐厅桌椅供应商、冷气设备和制冰机器供应商、专用招牌供应商等等，它们都应麦当劳的要求在中国设厂。

课前学习思考

麦当劳的供应链管理给其带来了哪些优势？

知识学习

一、供应链管理的产生原因

供应链管理的兴起，既是时代发展的要求，也是企业应对挑战、积极对应的结果。由于经济活动的不确定性日益增大，企业间竞争日趋激烈，竞争方式和手段与以前大不相同。为了满足越来越多变的商业需求，最终在竞争中胜出，企业开始将现代管理手段延伸至供应商和顾客渠道，试图寻找可使成本削减、生产改进的额外资源。当这项原本面向企业内部的减少成本、最优化生产的运动扩展至供应商、分销商及相关合作企业时，供应链管理便应运而生了。通过供应链上伙伴的密切合作，可以发掘许多跨渠道的功能，如产品改进、预测、库存管理和物流管理等，由此产生了新的利润增长点。

二、供应链管理的概念

我国国家标准《物流术语》对供应链管理(supply chain management)的定义是"对供应链涉及的全部活动进行计划、组织、协调与控制"。具体来说，供应链管理是在满足用户需要的同时，通过对整个供应链系统的计划、组织、协调与控制等，最大限度地提高运作效率，降低成本，以实现供应链整体优化而采用的从供应链的供应商到用户的用户的一种集成化的管理过程，供应链管理的出发点是提高用户的满意程度，努力做到将正确的产品，按照合适的包装，在恰当的时间，以准确的数量和合理的价格，送到确定的用户指定的地点。供应链管理的最终目的是增强企业的市场竞争力，以获得经营利润。

图 10-3 是一个网链结构模型图，从图中可以看出供应链是由所有加盟的节点企业组成，节点企业在需求信息的驱动下，通过供应链的职能分工与合作(生产、分销、批发、零售等)，以资金流、物流、信息流为媒介实现整个供应链的不断增值。

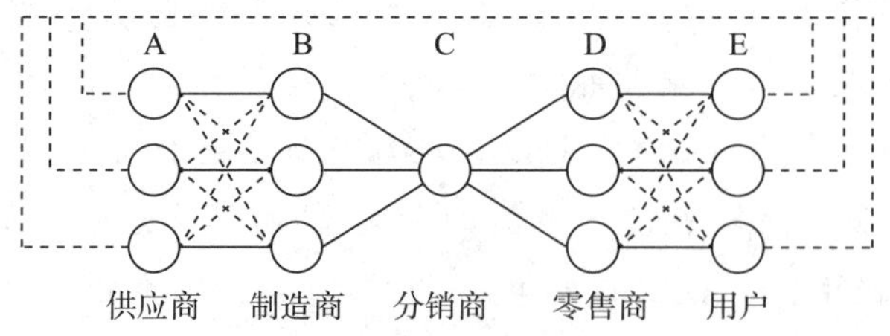

图 10-3 网链结构模型图①

---

① 陈民伟，林朝朋，陈香莲.供应链管理实务[M].哈尔滨：哈尔滨工业大学出版社，2017.

三、供应链管理的主要内容

供应链管理是以集成化、同步化生产计划为指导，以为供应链提供全程物流服务和信息支持技术等为支撑，围绕供应链管理、生产作业、订单交付、需求管理、逆向物流，依托 Internet/Intranet 全球信息网络来实现的，如图 10-4 所示。

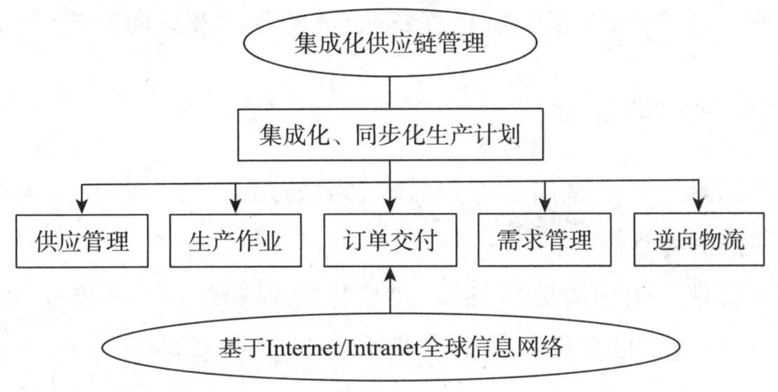

图 10-4　供应链管理的主要内容

供应链上的企业通过整合资金信息、客户需求信息以及制造、仓储、运输和配送信息等，有效实现物流、资金流、信息流、商流的共享与优化，从而在战略层次上形成竞争优势。不同主体在供应链中所处的地位与作用不同，具体的供应链管理内容会存在较大的差别，一般而言，供应链管理的主要内容包括以下几个方面：

(一)供应链的网络设计

供应链的网络设计包括组织结构设计，如供应商、制造商、分销商、零售商、用户的评价、选择与定位；相关经营主体经营关系的构筑；供应链管理平台信息网络的设计等。

(二)供应商关系管理

供应商关系管理涉及对供应商(包括原料供应商、设备及其他资源供应商、服务供应商等)的现状和历史、提供的产品或服务进行管理，并对信息交流、合同签订及相关的业务决策等进行全面的支持。

(三)客户关系管理

客户关系管理需要企业利用互联网技术和信息技术加强与供应链下游客户的交流，不断改善产品与服务以满足客户多样性的需求。客户关系管理涉及营销活动管理、客户分析、客户维护、满意度调查、合同管理、渠道管理等方面。

(四)生产管理与产品管理

生产管理涉及多工厂的协调管理与流程控制，包括多工厂生产计划、生产作业计划、跟踪控制和库存处理等。产品管理是企业在产品生命周期中对产品开发、生产、营销和支持等环节进行管理的业务活动，包括需求管理、市场管理、开发管理和库存管理等。

(五)信息管理

信息管理包括需求预测、计划与管理、生产计划、生产作业计划和跟踪控制、库存管理、制造管理、分销和促销管理、客户关系管理与增值服务、协调管理与控制等方面的信息化、电子化和集成化管理。

(六)物流管理

供应链管理下的物流管理是集成化的物流管理，主要涉及分销渠道设计与管理，用户服务水平的确定，物流过程中信息流、资金流的管理及反向物流(回流)的管理等。

四、供应链管理的目标

供应链管理的最终目的是满足客户需求，降低成本，实现利润，具体表现为：

(一)提高客户满意度

这是供应链管理与优化的最终目标，供应链管理和优化的一切方式方法，都是朝这个目标而努力的，这个目标同时也是企业赖以生存的根本。

(二)提高企业管理水平

供应链管理与优化的重要内容就是流程上的再造与设计，这对提高企业管理水平和管理流程，具有不可或缺的作用，同时，随着企业供应链流程的推进和实施、应用，企业管理的系统化和标准化将会有极大的改进，这些都有助于企业管理水平的提高。

(三)节约交易成本

结合互联网手段整合供应链将大大降低供应链内各环节的交易成本，缩短交易时间。

(四)降低存货水平

通过扩展组织的边界，建立信息共享机制，供应商能够随时掌握存货信息，组织生产，及时补充，因此企业已无必要维持较高的存货水平。

企业要在客户满意度和成本之间进行平衡。比如消费者在购买汽车时，今天有购买这辆车的需求，但是由于收入水平的提高或投资受益，也许明天对汽车的要求就会更高。而对于供应方的生产厂家来说则要求批量和稳定，这样就会产生矛盾，因此企业应根据市场需求来制定相应的管理目标。

五、供应链管理的作用

企业能够在供应链上找到更多空间，把供应链向上延伸到供应商，向下延伸到售后服务以及客户，以贯穿整个价值链。在向两端延伸供应链的同时，整合供应商来缩短链条同样是产业发展的需要。供应商企业的并购整合是大趋势。供应链管理的具体作用如下：

(一)创造竞争的成本优势

首先，供应链管理让企业在选择运营模式上，可通过服务外包实现企业轻资产运行，减轻企业负债和简化管理，供应链管理企业也可通过承接外包实现规模效应；其次，可借助信息共享平台消除信息失真，有效地减少供应链成员企业之间的重复作业，消除流程中多余的步骤，保证计划的真实可行性，从而使供应链流程简单化、高效化、低成本；最后，改变库存观念，把库存当作平衡和优化的机制，而不是作为维持生产和销售的措施。

（二）创造竞争的时空优势

企业有效地实施供应链管理可以实现成员之间的优势互补，最大限度地减少产品销售、服务提供的空间距离和时间距离，实现对客户需求的快速敏捷反应，大幅度缩短订货到完成交货的周期，从而实现供应链各环节即时出售、即时制造、即时供应，以便获取市场竞争的时间和空间优势。

（三）创造竞争的整体优势

企业有效地实施供应链管理可以使“链”上的各个企业都受益。也就是说，企业通过合作竞争，使上游供应商和下游客户之间在所有权上纵向合并，专注于企业的核心业务，而非核心业务则通过“资源外购”和“业务外包”的方式进行有效的整合，不断巩固企业的核心竞争力。事实上，正是通过供应链环节的整合，尽量地跨越中间商，完成从制造商到最终用户的完美供需链条，从根本上获取最多的时间和空间价值、最新的信息资源、最大的利润空间。

总之，通过实施有效的供应链管理能够使企业管理者构筑完美的供应链管理战略，以增加供应链管理的敏捷性和柔性，使企业满足市场需求的能力得到最大的提升。

知识链接

物流管理在供应链管理中有着重要的作用，这一点可以通过价值分布来考查。不同的行业和产品类型，供应链价值分布不同，物流价值（采购和分销之和）在各种类型的产品和行业中都占到了整个供应链价值的一半以上，制造价值不到一半。在易耗消费品和一般工业品中，物流价值的比例更大，达到80%以上，这充分说明物流的价值意义。供应链是一个价值增值链，有效地管理好物流过程，对于提高供应链的价值增值水平，有着举足轻重的作用。

一方面，从传统的观点看，物流对制造企业的生产是一种支持作用，被视为辅助的功能部门。但是，由于现代企业的生产方式的转变，即从大批量生产转向精细的准时化生产。这时的物流，包括采购与供应，都需要跟着转变运作方式，实行准时供应和准时采购等。另一方面，顾客需求的瞬时化，要求企业能以最快的速度把产品送到用户的手中，以提高企业快速响应市场的能力。所有的这一切，都要求企业的物流系统具有和制造系统协调运作的能力，以提高供应链的敏捷性和适应性。因此，物流管理不再是传统的保证生产过程连续性的问题，而是要在供应链管理中发挥重要作用：

▲创造用户价值，降低用户成本。

▲协调制造活动，提高企业敏捷性。

▲提供用户服务，塑造企业形象。

▲提供信息反馈，协调供需矛盾。

要实现以上几个目标，物流系统应做到准时交货、提高交货可靠性、提高响应性、降低库存费用等。现代市场环境的变化，要求企业加速资金周转、快速传递与反馈市场信息、不断沟通生产与消费的联系、提供低成本的优质产品，生产出满足顾客需求的顾客化的产品，提高用户满意度。因此，只有建立敏捷而高效的供应链物流系统才能达到提高企业竞争力的要求。供应链管理将成为21世纪企业的核心竞争力，而物流管理又将成为供应链管理的核心能力的主要构成部分。

任务三　供应链管理的方法

学习内容

1.快速反应的概念及实施；

2.有效顾客反应的概念及实施；

3.准时制生产的概念及实施。

学习目标

完成本学习任务后，你应当能：

1.熟悉和了解供应链管理的三种基本方法：快速反应、有效顾客反应和准时制生产；

2.掌握三种供应链管理方法实施应考虑的主要因素。

案例导入

中国ECR委员会

2000年，中国ECR委员会(ECR China)在北京成立，并于同年7月正式加入亚洲ECR委员会(ECR Asia)。

亚洲ECR委员会的宗旨是：向国内企业引进世界最新的供应链管理运作理念，推广供应链管理新技术与成功的供应链管理经验；协调、制定并推广相关标准。由于全国的ECR委员会都在各国的GS1(EAN)组织底下运作，因此在全体委员会投标同意下，由中国物品编码中心承接中国ECR委员会秘书处的工作。自中国ECR委员会成立以来，中国物品编码中心扮演所有行政事务统筹协调的角色，努力推动中国ECR委员会各项计划的实施，取得了可喜的成绩。

中国ECR委员会的愿景是：希望在ECR China成员的共同努力与支持下，建立 ECR China 知识中心(knowledge center),构建具备教育培训、活动联谊、会议展览、咨询顾问等多功能知识分享与经验交流的场所,并建置 ECR China 官网(http:www.ecrchina.com),积极推广 ECR 在国内各产业的应用与发展。

课前学习思考

请你分析,中国 ECR 委员会成立的重要意义。

知识学习

一、快速反应(QR)

(一)快速反应的概念

对制造业和零售业等行业而言,尤其是面临愈加复杂和多变的外部需求时,企业需要构建能够对外界需求作出快速反应的供应链,通过供应链合作伙伴充分的信息共享减少供应链波动风险,进而实现缩短供应链周期、降低库存成本的目标。而快速反应就是实现上述目标的重要方法之一。

快速反应(quick response,下文简称"QR")是指物流企业面对多品种、小批量的买方市场,不是储备了"产品",而是准备了各种"要素",在用户提出要求时,能以最快速度抽取"要素",及时"组装",提供所需服务或产品。QR 是美国纺织服装业创立的一种供应链管理方法。

(二)QR 实施应考虑的因素

快速反应系统的构建和实施需要考虑不同行业和不同产品的具体特征。QR 需要供应链多节点企业协同实施,需要供应链上下游之间的共同合作。正如在医药服务供应链中,患者从发病到顺利接受医疗救助的过程不但需要医院各部门之间的通力合作,还需要医院与 120 急救中心等其他相关部门的快速合作。通常认为,QR 实施应该考虑的因素如表 10-3 所示。

表 10-3　QR 实施应考虑的因素

利用信息技术	基于互联网开发和利用 EOS 系统、POS 系统、EDI 技术等现代信息技术
建立伙伴关系	通过积极、有效的分工和协作,实现供应链节点企业的协调运营和削减库存、避免缺货、降低商品风险和提高运作效率
信息共享	将销售信息、库存信息、生产信息、成本信息等与合作伙伴交流共享,并在此基础上各方共同发现问题、分析问题和解决问题
优化生产模式	缩短商品的生产周期,以进一步缩短产品上市的前置期;进行多品种、少批量生产和高频率、小批量配送,降低零售商的库存水平,提高顾客服务水平

对点案例

沃尔玛的 QR 实践

零售巨人沃尔玛是 QR 系统的垂直推动者之一。1983 年沃尔玛公司开始采用 POS 系统,1985 年开始建立 EDI 系统,两大信息系统的建设为沃尔玛实施 QR 奠定了技术条件。1986 年它与 Seminole 公司和 Milliken 公司在服装商品中的订货业务和付款通知业务方面开展合作,建立垂直型的 QR 系统。为提高订货速度和准确性,沃尔玛通过 EDI 系统发出订货明细清单和受理付款通知,并与其他商家一起成立了 VICS 委员会来协商确定零售业内统一的 EDI 标准和商品识别标准(UPC 商品识别码)。沃尔玛基于行业统一标准设计出 POS 数据的输送格式,通过 EDI 系统向供应商传送 POS 数据。

供应商方面,基于沃尔玛传送过来的 POS 信息,及时了解沃尔玛的商品销售情况,把握商品的需求动向,并及时调整生产计划和材料采购计划。通过 EDI 系统,在发货之前向沃尔玛传送预先发货清单 ASN,帮助沃尔玛做好进货准备工作,省去货物数据的输入作业。

沃尔玛在接收货物时,用扫描器读取包装箱上的物流条码,把扫描读取的信息与预先储存在计算机内的进货清单 ASN 进行核对,判断到货和发货清单是否一致;利用电子支付系统 EFT 向供应商支付货款。同时只要把 ASN 数据和 POS 数据进行比较,就能迅速了解商品库存的信息。沃尔玛节约了大量事务性作业成本,压缩了库存,提高了商品周转率。

二、有效顾客反应 (ECR)

(一)有效顾客反应的概念

有效顾客反应(efficient consumer response,下文简称“ECR”)是 1992 年从美国的食品杂货业发展起来的一种供应链管理策略,也是一个由生产厂家、批发商和零售商等供应链成员组成,各方相互协调和合作,以更好、更快并以更低的成本满足消费者需要为目的的供应链管理解决方案。我国国家标准《物流术语》中对 ECR 的定义是“以满足客户要求,最大限度降低物流过程费用为原则,能及时做出迅速、准确反应,使提供的物品供应或服务流程最佳化而组成的协作系统”。

ECR 是服务性企业满足顾客需求的解决方案和核心技术,目标是最有效地满足顾客不断增长、多样化的需求。ECR 是通过供应链上各个企业以业务伙伴方式紧密合作,了解顾客需求,建立的一个以顾客需求为基础和具有快速反应能力的系统。

ECR 以提高顾客价值、提高整个供应链的运作效率、降低整个系统的成本为目标,从而提高企业竞争能力。例如在医药行业,医院通过不同科室医生的通力合作,了解患者的病况,并对病况快速做出反应,提升患者接受治疗的质量。

(二)ECR 实施应考虑的因素

实施有效客户反应的两个主要原则是以消费者为核心和合作。ECR 的实施有赖于供应链中各个节点的合作与协同,有赖于在信息共享的基础上改善供应链中的业务流程。

ECR 实施还需要考虑以较低的成本,使这些业务流程自动化,以进一步降低供应链的成本和时间。ECR 的实施,能进一步满足客户对产品和信息的多变需求,给客户提供最优质的产品和适时准确的信息。

ECR 实施时首先要在供应链上营造变革氛围,为变革创造环境。同时要选择好初期的合作伙伴,保证系统实施的成功,还必须有针对性地开发信息技术和信息系统,以支持 ECR 的实施。

ECR 实施时必须遵循一定的原则,要考虑五个方面的因素,如表 10-4 所示。

表 10-4　ECR 实施应考虑的因素

减少成本、提高服务	不断致力于向供应链的客户提供产品性能更优、质量更好、品种更多、服务更好以及更加便利的产品和服务
建立合作型关系	供应链各节点企业要从传统的竞争型、分配型关系转变为合作型关系,通过节点环节的充分合作,以实现互利双赢的经营联盟来代替传统的输赢关系,达到获利的目的
信息系统支持	综合使用各种信息技术和信息系统以实现信息的自由、准确传递,从而支持基于供应链的最优决策
流通中增值	尽可能缩减不能增加产品附加值的环节,降低各环节成本,使顾客能在需要的时间内以合理的成本获取所需产品或服务
整体利益出发	制定共同一致的绩效考核和激励机制,在供应链上实现利益的合理公平分配。

对点案例

沃尔玛的 ECR 实践

20 世纪 80 年代末 90 年代初美国食品杂货业面临激烈的市场竞争,为了提高竞争力,沃尔玛与上游供应商开展了 ECR,其核心是要求供应商和自己一起关注消费者的需求,把精力转移到了解消费者的需求上,并为之做出努力,使消费者少付出金钱、时间、精力和风险而更加方便地获得更多信息,并得到更好的品质、更新的创意、更新鲜的商品。实施 ECR 的过程中,沃尔玛将条码自动识别技术、POS 系统和 EDI 集成起来,利用信息传输系统和互联网在供应链(由生产线直至付款柜台)之间建立一个无纸的信息传输系统,以确保产品能不间断地由供应商流向最终客户;同时,信息流能够在开放的供应链中循环流动,既满足客户对产品和信息的需求,即给客户提供最优质的产品和适时准确的信息,又满足生产者和经销者对消费者消费倾向等市场信息的需求,从而更有效地将生产者、经销者和消费者紧密地联系起来,降低成本,给消费者带来更大效益,最终造福社会。由此,由 ECR 而结为利益共同体的供应商和零售商双方都成了市场的赢家。

三、准时制生产(JIT)

(一)准时制生产的概念

准时制生产(just in time,下文简称"JIT")在狭义上指在需要的时间把物料送达需要的地方。它的实施是每道工序都与后续的工序同步,以使库存最少。广义上适用于加工车间、流程生产以及重复型生产等所有生产类型。其核心是零库存和快速应对市场变化。这一生产方式早期的最佳运作诞生于丰田公司。

(二)JIT 的核心思想

JIT,首先暴露出生产过量和其他方面的浪费,然后对设备、人员等进行淘汰、调整,达到降低成本、简化计划和提高控制的目的。在生产现场控制技术方面,JIT 的基本原则是在正确的时间,生产正确数量的零件或产品,即时生产。它将传统生产过程中前道工序向后道工序送货,改为后道工序根据"看板"向前道工序取货,看板系统是 JIT 生产现场控制技术的核心,但 JIT 不仅仅是看板管理。

对点案例

丰田公司的 JIT 实践

20 世纪后半叶,世界汽车市场进入了一个市场需求多样化的新阶段,对质量的要求越来越高,如何有效地组织多品种、小批量生产以提高企业的竞争能力成为每个制造商都在考虑的问题。1953 年,日本丰田公司的副总裁大野耐一综合了单件生产和批量生产的特点和优点,创造了一种在多品种、小批量混合生产条件下高质量、低消耗的生产方式即准时生产,即只在需要的时候,按需要的量,生产所需的产品。为彻底消除无效劳动和浪费,丰田公司确定了七个具体要达到的目标:废品量最低,库存量最低,准备时间最短,生产提前期最短,减少零件搬运,机器损坏少,批量小。利用 JIT 对产品和生产系统的设计,在生产过程中逐一完成上述目标,即通过产品的模块化设计、通用件和标准件使用,使产品易生产、易装配,当产品范围扩大时,即使不能扩展工艺过程,也要力求不增加工艺过程;通过自动化生产和均衡化生产,使物流在各作业之间、生产线之间、工序之间、工厂之间平衡、均衡地流动,并采用月计划、日计划,根据需求变化及时对计划进行调整。

丰田公司的 JIT 提倡采用对象专业化布局,用以减少排队时间、运输时间和准备时间。在工厂一级采用基于对象专业化布局,以使各批工件能在各操作时间和工作间顺利流动,减少通过时间;在流水线和工作中心一级采用微观对象专业化布局和工作中心布局,可以减少通过时间。同时通过柔性化生产保证生产资源的合理利用，包括柔性化的劳动力安排和柔性化的设备功能设计。JIT 强调全面质量管理，目标是消除不合格品，消除可能引起不合格品的根源并设法解决问题。几十年的实践表明，丰田公司的 JIT 管理模式是成功的。

项目小结

本项目主要对供应链、供应链管理的概念和供应链管理的方法进行认知和学习。通过学习，了解供应链的概念、分类和供应链合作伙伴关系的建立，掌握供应链管理的概念、内容和方法等，并熟悉供应链管理的三种基本方法。本项目学习难点是对供应链管理的三种基本方法的掌握。建议结合企业实际案例帮助学生理解。树立学生对供应链和供应链管理的基本意识。明确学习供应链管理的意义和作用，掌握正确的学习方法。

教学分享

1.学习课时

本项目建议学习 4 个课时。

2.教学方法

建议采用讲解、体验式教学（包括视频资料学习、参访物流企业、网络平台的资源学习等）、小组讨论、案例教学等方法。应把握的知识重点包括：物流管理的认知和第三方物流的认知。

3.学习环境要求

（1）学习场地：①多媒体教室；②典型物流企业。

（2）学习资料：①视频资源；②课程网络资源。

课后习题

一、单项选择题

1.供应链不包含以下哪个流？（　　）

A.物流　　B.资金流　　C.商流　　D.知识流

2.供应链的特征不包含以下哪项？（　　）

A.全面性　　B.全员性　　C.相对性　　D.简单性

3.根据供应链涉及范围的广泛程度划分，供应链的类型包含（　　）。

A.稳定供应链　　B.全球型供应链　　C.内部供应链　　D.单元供应链

4.供应链合作伙伴关系的企业集成模式不包含（　　）。

A.宏观集成　　B.中观集成　　C.微观集成　　D.拉动供应链

5.供应链管理的目标有（　　）。

A.提高客户满意度　　B.风险管理

C.库存管理　　D.信息管理

二、多项选择题

1.供应链管理中的快速反应实施过程中要考虑的因素主要有(　　)。

A.利用信息技术　　B.建立伙伴关系

C.信息共享　　D.优化生产模式

2.供应链管理中的有效客户反应实施过程中要考虑的因素主要有(　　)。

A.建立合作型关系　　B.信息系统支持

C.流通中增值　　D.整体利益出发

3.供应链由以下哪几个要素构成?(　　)

A.主导企业　　B.平台　　C.横向合作　　D.均衡利益

三、简答题

1.什么是供应链?你对供应链的内涵是如何理解的?

2.什么是供应链合作伙伴关系,供应链合作伙伴关系建立的意义有哪些?

3.什么是供应链管理?供应链管理的主要内容有哪些?

4.简述供应链管理的主要方法。

5.请就供应链管理在我国的发展现状及前景谈谈你的看法。

四、案例分析题

服装品牌供应链污染

继国际绿色和平组织NGO(Non-Government Organization,非政府组织)2011年发布《时尚之毒——全球服装品牌的中国水污染调查》报告之后,国内第二份关注纺织服装行业水污染,由公众环境研究中心等五家环保组织撰写的报告《为时尚清污——绿色选择纺织品牌供应链污染》于2012年4月9日发布。

报告披露了46个供应链存在违规的服装品牌和服装零售商名单,既包括国内外知名品牌,如ZARA、耐克、H&M、Levis、阿迪达斯、Esprit、Calvin Klein、Armani、安踏、雅戈尔、李宁、361°等,也包括著名零售商,如乐购、沃尔玛、家乐福、梅西百货、塔吉特等企业。

环保组织在调研中发现,中国的纺织业排污量大,用水效率低下。其中印染废水的排放量占整个纺织业废水排放总量的80%。同时,纺织企业在循环用水方面远远落后于其他产业,造成用水效率极低。大量纺织企业存在环境违规记录,不能做到稳定达标排放。仅在中国,污染地图数据库中收录的纺织企业就超过6000家,这些企业中,不乏大型国际、国内品牌的供应商。

环保组织称,通过调研初步梳理出超标违规的纺织产品制造商与知名品牌间的供货关系后,随后向46家企业的CEO发出信件,仍有大部分企业未作出回应,环保组织还称为此将持续予以观察,同时将在线对品牌的供应链管理进行动态评价。

虽然供货商与品牌公司之间是平等的合同关系,但品牌公司也可以在选择供货商时考虑其环保等级。作为低成本制造的获益者,品牌公司对供应商保护环境有监督之责。

思考题

请同学们思考，如何实施绿色供应链管理？

技能训练

一、实训目标

通过实训能够将理论与实践相结合，使学生进一步了解供应链管理。

二、组织安排

将学生分为5～10人一组，按小组完成实训任务。

三、实训内容：掌握企业概况

以小组为单位，通过书刊、报纸、网络等收集有关供应链管理的案例。选择一则进行角色模拟扮演，以小品或话剧形式展示给其他同学观看，并分析指出本组表演所带来的有关供应链管理方面的启示。

四、实训要求

1.教师布置任务，指出实训要点、难点和注意事项；

2.表演之前，小组发言代表对本组的演员及角色进行介绍陈述，表演结束后，小组发言代表陈述本组表演所带来的启示；

3.由各组组长组成评审团，对各组表演进行评分；

4.教师进行最后总结及点评，并为各组实训结果打分；

5.各组的评审团评分加上教师的总结评分作为该组最终得分，对于得分最高的团队，适当进行鼓励和奖励。

◆ 模块十一 ◆
步入智慧物流

学习任务

1.认识智慧物流的产生、功能；

2.掌握智慧物流信息交换业务；

3.了解我国智慧物流的现状。

技能目标

1.掌握各种运输方式下智慧物流信息交换的对象和内容；

2.能够结合物流企业实际情况，对物流企业发展智慧物流过程中存在的问题，提出发展的对策和建议。

任务一　认识智慧物流

学习内容

1.智慧物流的产生；

2.智慧物流的概念；

3.智慧物流的功能；

4.智慧物流的基本体系框架。

学习目标

完成本学习任务后，你应当能：

1.准确把握智慧物流的概念，了解其产生过程和功能；

2.结合物流企业的实际情况，概括企业智慧物流的体系框架。

案例导入

得益于多年来电商和网购的发展，人们的生活发生了翻天覆地的变化。有人形象地描绘现在年轻人宅在家里的生活状态——从生活用品到餐饮美食，足不出户，通过网购和快递都可以实现，甚至很多大城市，商品网上下单仅需半小时即可送达。

所谓智慧物流就是利用信息技术使得装备与控制智能化，代替人又高于人的物流发展新模式，大幅提升效益。智慧物流的发展与移动互联网、云计算、大数据、物联网等新兴技术密切相关。

在智慧零售时代，苏宁物流运用大数据、自动化和高科技，提升用户在购物时的舒适感、便捷感。苏宁物流在基础规模快速发展的同时，将人工智能技术广泛应用于物流全产业链，包括仓储、干线运输、末端配送等场景，始终走在行业前列。从"苏宁云仓"的启用，到仓库拣选 AGV 机器人（如图 11-1 所示），到最后一公里配送的无人机和无人车配送，苏宁物流正在打造智慧物流全流程解决方案。

图 11-1　苏宁 AGV 机器人

课前学习思考

1.什么是智慧物流？

2.在智慧零售时代，发展智慧物流有什么意义？

知识学习

一、智慧物流的产生

物联网被称为继计算机、互联网之后，世界信息产业的第三次浪潮。

2005 年，在突尼斯举行的信息社会世界峰会（WSIS）上，国际电信联盟（ITU）发布了《互联网报告 2005：物联网》一文，该文正式提出了物联网的概念。

2008 年年底 IBM 的 CEO 彭明盛在物联网概念的基础上，首次抛出"智慧的地球"这一概念。2009 年 2 月 24 日，IBM 中国公司在北京发布了"智慧的地球"战略，通过将下一代 IT 技术应用在各行各业中，以应对经济危机、能源危机、环境恶化，从而打造一个"智慧的地球"，并通过超级计算机和"云计算"将"物联网"整合起来，实现人类社会与物流系统的整合。在此基础上，人类可以凭借更加精细和动态的方式管理生产与生活，进而达到"智慧"状态。为了实施这一全新的战略，IBM已经推出了各种"智慧"的解决方案，如智慧的医疗、智慧的电网、智慧的油田、智慧的城市、智慧的企业等。

2009年，时任美国总统奥巴马提出将"智慧的地球"作为美国国家战略，认为IT产业下一阶段的任务是把新一代IT技术充分运用在各行各业之中，具体地说，就是把感应器嵌入和装备到电网、铁路、桥梁、隧道、公路、建筑、供水系统、大坝、油气管道等各种物体中，并且被普遍连接，形成所谓"物联网"，然后将"物联网"与现有的互联网整合起来，实现人类社会与物流系统的整合，在这个整合的网络当中，存在能力超级强大的中心计算机群，能够对整合网络内的人员、机器、设备和基础设施实施实时的管理和控制。①

为顺应现代物流业自动化、网络化、可视化、实时化、跟踪与智能控制的发展新趋势，响应物联网发展的趋势，2009年12月，中国物流技术协会信息中心、华夏物联网、《物流技术与应用》编辑部联合提出"智慧物流"的概念。

知识链接

"智慧"就是通过认识万物来引导万物的思想。这之中有两大重点：认识和引导，围绕这两大重点，形成了"智慧"的基本架构。正在构建的智慧物流世界中，感知是通过传感器、手机、RFID等设备实现的，它们如同人的感官，是获取数据的工具，建立起物流世界数据采集的基础。

在物流世界中，互联网和物联网如同人的神经系统，建立了信息交互的机制和基础设施。物联网和互联网的最大区别是物联网将自动传输信息和数据，更像人的感官和神经系统关系，发生即传导，而互联网的信息是被动上传的。因此，物联网才是智慧物流世界的传导基础。

然而技术还远未达到"智慧"，智慧在于从已知中发现未知，从无序中提炼有序。它不是我们对已知规律进行求证的过程，而是利用已知数据发现未知规律，并最终成为决策并付诸行动的过程。因此，自动发现规律，用规律指导行为，主动决策并自觉行动，才是"智慧"。所以，智慧物流的"智慧"是通过能自动读写信息的设施设备获得信息感知，传导通过物联网完成，引导则是通过云计算、大数据分析以及决策系统实现的。

二、智慧物流的概念

2009年物联网的发展席卷全球，物联网在物流领域的应用掀起了智能物流研究的热潮。就物流领域而言，物联网为智能物流的发展提供了技术支持，智能物流又为物联网的发展提供了实现的可能。而智慧物流则是物联网、云计算、大数据等新一代信

① 于胜英.智慧物流信息网络[M].北京：电子工业出版社，2016.

息技术深化应用背景下的智能物流，是智能物流发展到达的一个新的阶段。

智慧物流是指利用集成智能化的技术，基于物联网和大数据的基础上，综合运用物联网、计算机、自动控制和智能决策等技术，由自动化设备和信息化系统独立完成订单、运输、仓储、配送等物流作业环节，使物品从物流开始到结束都被实时跟踪和管理，从而实现信息流的速度快于实体物流。

三、智慧物流的功能

（一）降低物流成本

生产商、批发商、零售商等可以通过智慧物流信息平台展开合作，依靠其中的关键技术，如货物标识、货物追踪、即时定位等，实现物流的智能调度管理，整合物流核心业务流程，加强物流管理的合理化，有效实现各参与方之间的信息共享，帮助企业降低物流成本，提高企业利润，从而改善备受诟病的物流成本居高不下的现状，并且能够提升物流业的规模、内涵和功能，促进物流行业的转型升级。

（二）推进物流产业的发展

通过智慧物流的建设，仓储运输、配送、信息服务等多功能集于一体，打破了行业限制，优化闲散物流资源的配置，实现集约化高效经营，将推进物流产业的发展。此外，将零散的物流企业整合在一起，将过去分散于多处的物流资源进行整合，发挥了整体优势与规模优势，实现传统物流企业的现代化、专业化和互补性。这些传统物流企业还可将基础设施、配套服务与信息共享，降低其运营成本和费用支出，获得物流规模效益。

（三）促进供应链的智能融合

随着 RFID 技术和传感器网络的普及，物与物的互联互通，将进一步整合企业的物流系统、生产系统、采购系统和销售系统等供应链中的重要组成部门，促进供应链的智能融合。

（四）提高政府部门工作效率

智慧物流的发展可以帮助政府部门提高工作效率，具体表现为可以全方位、全流程监管货品的生产、运输、销售等流通环节，在减轻相关政府部门工作压力的同时，使监管变得更透明、更彻底。此外，政府部门工作效率的提高，将进一步推进我国政治体制的改革，精简政府机构，裁汰冗员，削减政府开支。

（五）提升地方的综合竞争力

智慧物流体现了现代经济运作特点，集多种服务功能于一体，即强调信息流与物流快速、高效、通畅地流动，以降低地方社会成本，提高地方生产效率，整合地方的闲散社会资源。此外，智慧物流的建设，全方位打开了企业对外通道，以产业升级带动城市经济发展，进而提升当地的综合竞争力。

对点案例

智慧仓储:物流系统解决方案

智慧仓储是指在仓储管理业务流程再造基础上,利用RFID技术、网络通信信息系统应用等信息化技术及先进的管理方法,实现入库、出库盘库、移库管理的信息自动抓取、自动识别、自动预警及智能管理功能,以降低仓储成本,提高仓储效率,提升仓储智慧管理能力。

智慧仓储的任务包括:①提高货物出入库效率。实现非接触式货物出入库检验、问题货物标签信息写入、检验信息与后台数据库联动。②提高货物盘库效率。库管员持移动式阅读器完成非接触式货物盘库作业,缩短盘库周期,降低盘库人工成本,盘库信息与后台数据库联动,自动校验。③提高货物移库效率。实现仓储货物在调拨过程中的全方位实时管理,准确快读定位移库货物,提高移库工作灵活性,通过对移库货物的移库分析,找出最佳货物存放位置。④实现仓储管理智慧化。各类仓储单据、报表快速生成;问题货物实时预警,特定条件下货物自动提示;通过信息联网与智能管,形成统一的信息数据库,为供应链整体运作提供可靠依据。

智慧仓储具有仓储信息自动抓取、仓储信息自动识别、仓储信息自动预警、仓储信息智能管理等多项功能。

思考题

请同学们思考,智慧仓储有哪些功能?

四、智慧物流的基本体系框架

智慧物流的体系架构和物联网类似,其体系框架如图11-2所示。

(一)应用层

应用层是智慧物流的"神经中枢"。物流信息处理和应用系统通过获取感知层的物流动态数据,与其他物流信息处理与应用系统实现互通。应用层由以下3个层次组成:

1.物流执行层

通过物流执行作业,实现物流自动化作业,如自动化立体仓库、货物自动分拣、仓库自动通风等。

2.物流管理层

通过管理层的控制以及和其他信息应用系统之间的互通,实现物流的可视化跟踪和预警,实现物流全过程的有效管控。

3.物流决策层

运用大数据处理技术,建立数据中心,对物流进行优化、预测、诊断、评价、分类、聚类、影响分析、关联规则分析、回归分析等,为物流运营提供决策支持。

上述功能的相互作用可以推进智慧物流及其相应的技术在智能医疗、公共安全、智能家居、智能城市等方面的应用。

(二)通信层

通信层被称为连接智慧物流的“神经末梢”和“神经中枢”。智慧物流发展的基础是通信基础网络。通信基础网络由无线通信技术、M2M 技术(machine to machine)、互联网技术、无线网络技术组成。以互联网为例,互联网旨在解决基本的通信通道问题,只要符合互联网的通信标准,即可在互联网上传递文字、图像、视频、语音等。通信层可以实现感知层数据向应用层系统的传递。

(三)感知层

感知层又被比作智慧物流的“神经末梢”。感知层的主要作用是综合识别与感知,即通过视频等物流监控技术采集仓库、道路、闸口、车辆的动态图像信息,通过车载终端等物流定位技术采集车辆的位置、车况信息;通过电子标签、RFID 技术、感应器等物流识别技术识别货物、托盘、集装箱及运输车辆的身份。这些数据经过感知层的处理后,通过信息网络传递给通信层和应用层。

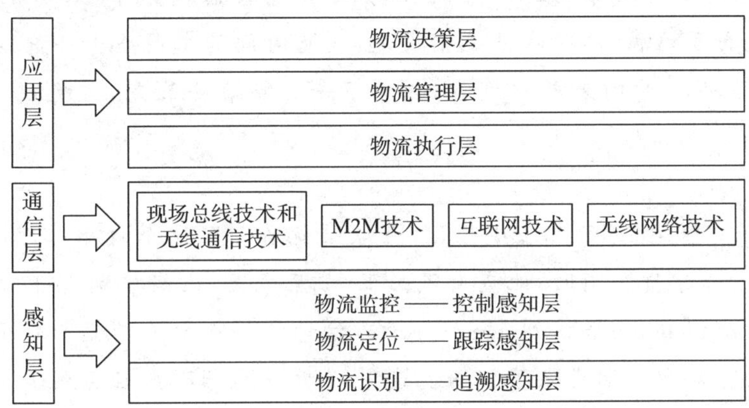

图 11-2　智慧物流的体系框架

任务二　智慧物流信息交换业务

学习内容

1.道路运输信息交换;

2.水路运输信息交换;

3.航空运输信息交换;

4.铁路运输信息交换;

5.物流信用信息服务;

6.物流跟踪信息服务;

7.物流园区信息交换与服务。

学习目标

完成本学习任务后,你应当能:

1.熟悉各种类型的智慧物流信息交换业务;

2.结合物流园区实例,学会分析物流园区与其互联对象之间的物流数据交换和物流信息服务交换业务。

案例导入

小王经常光顾某电商平台,本月1号通过电商平台定了一套豪华沙发(三件套),总共7000元,三台空调(一台立式、两台挂式),总共9000元。沙发在佛山乐从生产,空调在中山生产。

1.物流需求

电商平台推荐了几家协定的物流公司,小王对比后选择了"联运汇"这家物流公司,小王支付了运费,同时在系统中设定:交货时间为本月6号下午2:00。小王想这几天去旅游,6号回来就收到货,并于下午5点前安装完,当晚就可以享受新生活了。

2.预约提货

1号下午,"联运汇"的客服小张,打开电脑就看到了这个订单,非常开心,这可是利润较高的一票货。同时,他查看了一下,截至今天,已经接到近30单发往遂宁的货,按照系统推算,如果接到150单左右,估计能拼个整车直达。小张赶紧将最新的统计信息,向老板南哥做了汇报。南哥一听,说:"好的,让系统自动安排调车吧。"南哥做了系统的权限确认,系统马上显示,原来还是C车队去上门提货,根据约定提货费用是100元。

3.准时收货

4号当天,天气晴朗。上午10点,沙发厂家准时把货送来。C车队的老板起了个大早,打开调度管理系统,根据系统的"未完成任务"安排,系统通知了恰好在中山厂家附近,一部高4米2的车,顺拉其他地方的货,分发给"联运汇"这家物流公司。司机小哥很快就完成了去厂家开单、提货、分货等操作,并特地检查了货物外包装,尽量减少运输途中摇晃的问题。

4.拼货发车

"联运汇"物流公司现场管理人员,上午11点前就完成了收货确认,并顺手在每个物品外包装上贴了一个标示"目的地——遂宁、王"。

客服人员小张在电脑里收到这个信息,知道货已经收到,找到调长途车的小欧了解下一步的情况。系统显示:昨天已定好一部17米5的平板车,预计下午1:00过来。按装车时间2～3个小时来估计,时间刚好。

5.智能跟踪和预警

司机5号下午准时抵达了重庆市,小张心里满是舒坦。只是担心明天一早是否能够准时抵达遂宁,于是,特地打电话给小欧,让小欧盯紧一点,小欧在电话那头"洋洋得意"地说:"放心啦,我早已启用了电子围栏技术,司机如果没有准时到达指定的位置,就会启动预警系统的。相关人员就会收到通知,采取行动。"

6.智能调度

本地服务商主要管着几十台小车、近百名有专业技术的安装师傅,以及几百名"呼之能战"的搬运工。小慕根据经验,把他们按照技能、价格、服务态度、服务区域等进行了分类和打分,并变成了一个计算的参数。再加上已经为这些相关人员装上了App,定位、下单、报价、客户点评都系统化了。

课前学习思考

小王在交易过程的各环节中产生了哪些物流信息的交换?

知识学习

一、道路运输信息交换

(一)道路运输信息交换对象

道路运输是物流业中的主要运输方式,其交换对象一般包括发货人、收货人、道路运输企业、仓储企业及商业增值平台等。不同企业的实际情况不尽相同,因此所涉及的信息交换对象也会有所区别。道路运输过程中的信息交换对象如图11-3所示。

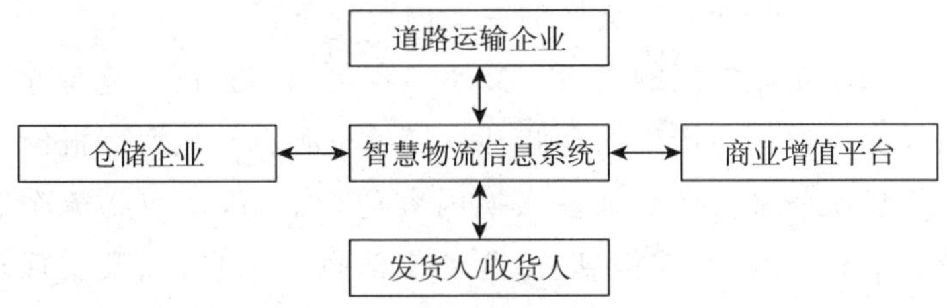

图11-3　道路运输信息交换对象

(二)道路运输信息交换内容

道路运输信息的交换以道路运输企业为主体,通过改造道路运输企业信息系统,实现道路企业与各交换对象之间的信息系统互联,主要交换互联的内容有:

(1)发货人/收货人和道路运输企业之间的交换。交换的主要内容是货物托运、运输状态、签收及费用结算等信息的交换。

(2)运输企业之间的交换。交换的主要内容是货物操作状态反馈、货物操作要求、费用结算等信息的交换。

二、水路运输信息交换

(一)水路运输信息交换对象

港口是水路运输的核心实体节点,也是水路运输信息交换的枢纽。以港口为核心,水路运输信息的交换对象包括船代、船公司、堆场、仓库、运输企业等单位。通过智慧物流信息系统,可以实现货物订舱信息、物流运输信息、回单信息、报关信息等由传统的纸质方式向电子化方式的转变。水路运输过程中的信息交换对象如图 11-4 所示。

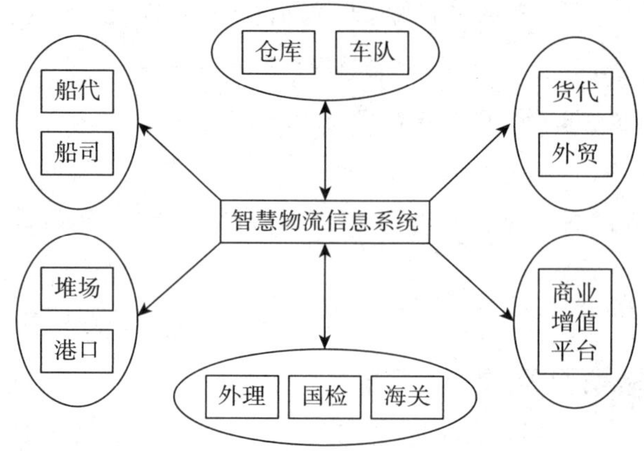

图 11-4 水路运输信息交换对象

(二)水路运输信息交换内容

水路运输以港口为中心节点,重点实现和进出口物流企业、公共信息服务平台、行业主管部门信息系统之间的交换,交换的主要内容如下:

(1)与进出口物流企业之间的交换。交换内容包括:与货代、仓储企业等相关方面的互联信息,以及交换过程中产生的仓储、回程车、车源、货源、海运报价等信息。

(2)与公共信息服务平台的交换。交换内容包括:与进出口物流企业互联的基本信息、车源与货源信息、货物跟踪信息、行业动态信息等信息,以及实现与商业增值平台(物流金融平台、电子商务平台等)之间共享的物流相关信息。

(3)与行业主管部门信息系统的交换。在交换过程中,企业可调用行业监管数据和交通运输、海关、质检、税务工商等部门的业务系统互联。交换内容包括:实现集装箱进出港区、人车户信用信息等信息。

三、航空运输信息交换

(一)航空运输信息交换对象

航空货运站作为机场的地面服务代理,在整个物流链上起着举足轻重的作用,贯穿着整个物流链。机场可以联合航空销售代理、航空公司、各机场联检单位、客户,通过智慧物流可以实现航空运输参与者的数据交换和信息服务互联。航空运输过程中主要需要与货代、航空公司、海关、商检等单位进行信息交换,具体交换对象如图 11-5 所示。

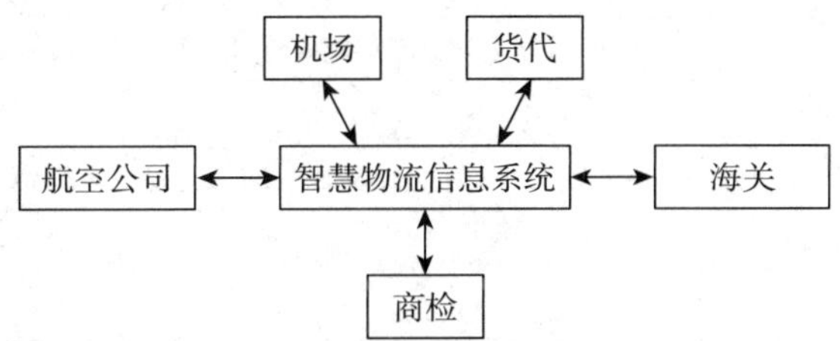

图 11-5　航空运输信息交换对象

(二)航空运输信息交换内容

1.机场货运站和货代之间的信息交换内容

机场货运站和货代之间需要交换代理人托运书及代理人托运书回执信息。具体交换内容包括:运单号、运输声明价值标志、品名、商品代码、毛重、体积、件数、包装重量、发货人姓名、发货人注册号、收货人姓名、收货人注册号、始发站、始发站描述、最终目的站、目的站、目的站描述、动作发生时间等信息。

2.机场货运站和海关之间的信息交换内容

机场货运站和海关之间的信息交换内容包括:空运出口理货报告申报、空运出口运抵报告申报、空运进口分流运抵报告申报、报关单放行回执。

3.机场货运站和航空公司之间的信息交换内容

机场货运站和航空公司之间采用航协协作的国际航空通信协会的信息传输标准格式,通过 SITA 网络传输进出口舱单报文,使进境飞机尚未落地前、离岗飞机起飞后舱单报文自动实现交换,其交换的具体信息包括:航空公司舱单、主舱单、分舱单。

4.机场货运站和商检之间的信息交换内容

机场货运站向商检申报主舱单数据,数据用于和货代企业申报的数据进行比对,评估货物实际的数量、体积、件数及属性。机场货运站和商检之间通过智慧物流信息系统进行信息的交换,具体交换内容包括:货物出境申报信息、货物出入境舱单国检回执、出入境舱单核销申请及出入境舱单核销回执。

四、铁路运输信息交换

(一)铁路运输信息交换对象

铁路货物运输是现代运输的主要方式之一,也是构成陆上货物运输的基本运输方式之一,在整个运输领域中占有重要的地位。典型的铁路运输能够完成站到站运输,和道路运输方式相结合可以实现门到门运输。因此根据不同的业务场景,铁路运输往往涉及包括铁路承运方、铁路货运代理方、货主、道路运输承运方等多个参与方。铁路运输信息交换主要以铁路承运方为主体,通过智慧物流信息系统,实现铁路运输过程中各交换对象的信息互通,主要交换对象如图 11-6 所示。

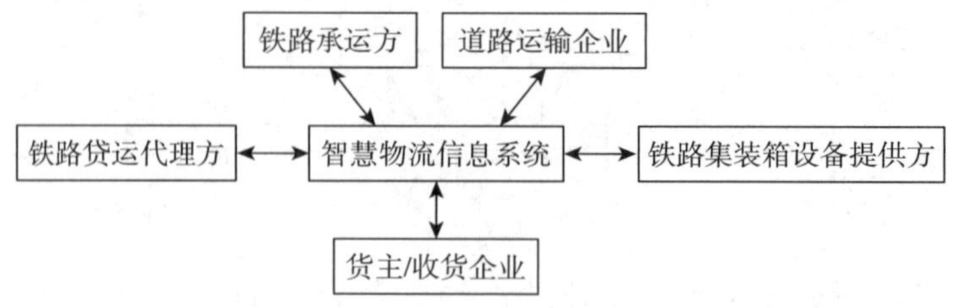

图 11-6 铁路运输信息交换对象

(二)铁路运输信息交换内容

1.与铁路承运方的信息交换内容

铁路承运方作为铁路运输的主体,在整个信息互联中主要接收铁路货运委托方的货物运输需求信息,包括运输计划预测及托运信息,提供货物方的托运信息确认、货票信息、运输过程状态等信息。

2.与铁路货运代理方的信息交换内容

铁路货运代理方作为铁路运输中承接铁路和公路转换的节点,在信息交换过程中交换的信息包括接收整理货主的货物运输委托信息,向铁路承运方发送货物运输需求信息,接收铁路承运方的信息反馈。

3.与道路运输企业的信息交换内容

道路运输企业接收铁路承运方或铁路货代的公路运输需求,向运输需求方反馈公路运输的状态信息。

4.与铁路集装箱设备提供方的信息交换内容

铁路集装箱设备提供方接收铁路集装箱设备的需求信息。

五、物流信用信息服务

物流信用信息服务涉及物流企业、车辆、人员等信用对象,每个信用对象的信息分为基本信用信息与动态信用信息。

(一)基本信用信息

基本信用信息包括物流企业工商注册信息、物流企业银行开户信息、物流企业运输经营许可证信息、车辆行驶证信息、人员从业资格信息等。

(二)动态信用信息

动态信用信息是指物流企业、车辆、人员在从事物流业务过程中产生的信用信息,包括行政处罚信息、投诉信息、交易双方的评价信息、交通责任事故信息、保险信息、担保/抵押信息、荣誉信息、行政强制信息、法院判决信息、公共事业欠费信息、欠缴税费信息等。

六、物流跟踪信息服务

(一)物流跟踪的基本模式

1.集中式仓库型

集中式仓库型(centralized warehouse)模式的全局有个中央的仓库。货物在供应链各环节流通时,会产生状态变化信息,这些信息一方面存储在本地,另一方面通过智慧物流信息系统写入仓库。这个过程可通过两种方式完成:一是仓库主动到各个企业的信息系统中收集新的物流状态变化信息;二是企业的信息系统主动向仓库提交或报告新的物流状态变化信息。此时用户直接查询仓库,即可得到货物在供应链中流通的实时信息。

2.集中式索引型

集中式索引型(centralized index)模式的全局有个中央的发现服务器。货物在供应链各环节流通时,会产生状态变化信息,这些信息一方面存储在本地,另一方面以地址索引的方式发送至中央发现服务器。用户以某一标准的标志(如货物、单证号等)为输入信息向发现服务器发出查询请求,发现服务器返回一系列的索引地址,用户可通过自行访问索引地址,查询到货物在供应链中流通的实时信息。

3.集中式流程型

集中式流程型(centralized process)模式的全局也有个中央的发现服务器,货物在供应链各环节流通时,所产生的状态变化信息,存储在本地,但并不以地址索引的形式发送至中央发现服务器。集中式流程型的用户主要通过预先设置一个流程,明确货物所要周转的特定节点(如港口、仓库、运输企业等),当物品离开某个节点后,发现服务器再以某种定时器的方式向其下一个节点查询信息。一旦货物抵达该节点,货物事件信息存入本地数据库,并受理发现服务器的查询,返回相应的事件信息给中央数据库。

4.跟踪供应链型

跟踪供应链型(follow the chain)模式是一种分布式的模式。跟踪供应链型模式需要将一个查询引擎安装在各个企业的信息系统中,各个企业的信息系统对本地物流状态变化信息进行绝对的访问控制。本地查询引擎接收查询并结合本地数据和本地安全策略给出一个查询结果,基于该结果,最初的查询被重写,并沿着供应链发往下游企业的信息系统的查询引擎,如此递归地查询下去,用户可以查询到货物在供应链中移动的详细信息。

(二)物流跟踪的实现方式

为了实现对货物的跟踪,需要对货物在不同企业之间所发生的状态变化信息进行整合,还原该货物运输的全过程,实现对该票货物的跟踪。智慧物流信息网络环境下,物流信息的跟踪主要通过运单跟踪实现。

运单跟踪通过将货主、货代、运输方、收货方之间的运输信息以数据交换的方式发送至统一的物流跟踪中心,再由跟踪中心针对货物的托运单、派车单、托运状态变化单、运输回执单等相关单证的关联，清洗、整合出结果，货主可以跟踪到货物运输状态的实时变化信息。

七、物流园区信息交换与服务

(一)物流园区信息交换对象

物流园区是道路运输的核心实体节点，是道路运输和其他运输方式的衔接节点，也是物流信息交汇枢纽。

物流园区信息交换对象如图 11-7 所示。

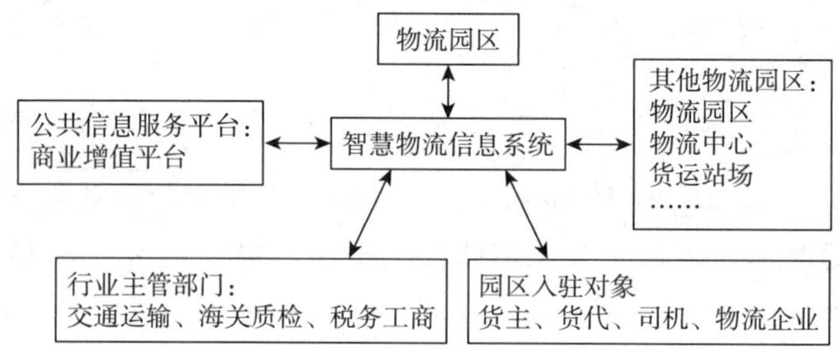

图 11-7　物流园区信息交换对象

(二)物流园区信息交换内容

1.与入驻对象之间的交换内容

与物流园区内入驻的货主、货代、司机、物流企业等主体互联的信息，在交换过程中提供物流园区的仓储资源、车源、货源等信息。

2.与其他物流园区信息系统的交换内容

与其他物流园区、货运站场之间互联的信息，在交换过程中提供车辆信息、信用信息等。

3.与公共信息服务平台的交换内容

与物流信用中心、物流交易中心等物流公共信息服务平台互联的信息，在交换过程中提供物流园区基本信息、车源、货源、货物跟踪等信息。

4.与行业主管部门信息系统的交换内容

与交通运输、海关质检、税务工商等部门的业务系统互联的信息，在交换过程中提供车辆进出园区、物流站场统计信息、人车户信用信息等信息。

对点案例

物流链云平台是物流信息化领军企业唯智公司基于在运输管理系统(TMS)领域长达十五年的经验积累，以及对中国客户运输管理需求的深刻理解，结合最先进的互联网技术，历时 20 个月，耗资数千万精心打造的新一代运行在云端的 TMS 产品。该产品旨在打通供应链，采用租用模式，为货主、承运商、专线公司、司机、仓储服务商以及收货人提供低成本、高成熟度的物流管理平台，让企业通过和生态圈的互联交换实现物流管理升级。

物流链云平台是一套完整、成熟、高端的运输管理软件，覆盖了全面的运输管理功能需求，包括：订单管理、线路分单、调度配车、承运商管理、在线招标、全程实时监控、互联网车队管理、回单签收、KPI 分析等全部 TMS 功能模块。

基于“私有云＋公有云＋专有云”的“混合云”具体包含了五大混合，即架构的混合、流程的混合、服务的混合、API(应用程序编程接口)的混合以及数据的混合。其中，架构的混合能有效地帮助客户实现企业内部和上下游供应商物流链条的混合；流程的混合能帮助客户整合内、外部流程，提高企业与合作伙伴间的协同效率，促进整个供应链的流程优化；服务的混合是指一旦供应链有需求，“混合云”即以最佳的服务配置来解决管理问题；API 的混合则不仅针对企业内部建立了私有 EDI(电子数据交换)接口，又在云端开发了公有的 EDI 接口，两者可同时服务于企业的数据对接；至于数据的混合则可以为企业提供内部数据和行业数据的交换。

思考题

物流链云平台涉及的信息交换对象及内容包括哪些？

任务三　我国智慧物流的现状

学习内容

1.我国智慧物流面临的主要问题；

2.我国智慧物流发展的应对策略。

学习目标

完成本学习任务后，你应当能：

1.熟悉和了解我国智慧物流面临的主要问题；

2.能够结合现在物流企业智慧物流发展的实际情况，提出相应的应对策略。

案例导入

我国首批智慧物流示范单位

2016 年 7 月 27 日，商务部公布了第一批智慧物流配送示范单位名单，根据该名单，全国共有 5 个示范城市、20 个示范基地(园区)、60 个示范企业入围。顺丰速运、苏宁物流、菜鸟网络、海尔日日顺等相关企业榜上有名。

课前学习思考

1.我国第一批智慧物流上榜企业与传统物流企业有何不同？

2.智慧物流发展对物流业发展的意义是什么？

知识学习

一、我国智慧物流发展面临的问题

在经济全球化和电子商务的快速发展下，传统的产业发展方式显然难以满足消费者快速增长的需求。新一轮科技的进步，为物流产业转型创造了重大机遇，能够有效提高资源利用率和物流效率的智慧物流成为行业发展的必然趋势。数据显示，2013—2018年我国智慧物流市场规模增速均保持在两位数以上，2018年市场规模达到4860亿元，同比增长19.4%。预计2020年，市场规模将超过5000亿元，到2025年市场规模将超过万亿元。

尽管物流服务水平有了很大提升，但从物流全链服务看、分地区看、分行业看，“互联网＋物流”的应用水平又是不平衡的、不充分的，我国智慧物流发展面临的问题如下：

（一）物流信息标准体系不健全

物流信息标准化是智慧物流发展的基础，这就要求在文件格式、编码、数据接口、电子数据交换、全球定位系统等方面实现标准化，以此消除不同企业之间的信息沟通障碍。国外发达国家的物流信息标准化水平较高，已经在条形码、信息交换接口等方面建立起较为统一的标准，物流软件也融入了格式、流程等方面的行业标准，使物流企业与客户、供应商等更便于沟通与服务。而我国尚未建立起较为健全的信息标准体系，物流信息化业务标准与技术标准的制定和修改跟不上物流信息化发展的需要，物流信息平台与信息系统遵循各自制定的规范，导致企业间、平台间、组织间很难实现信息交换与共享，电子化的物流网络之间难以兼容，数据难以交换，信息难以共享，使得商品从生产、流通到消费等各个环节难以形成完整通畅的供应链，严重阻碍了我国智慧物流的发展进程。

（二）物流企业规模小、布局散、管理乱

目前，有不少企业已经开始利用物联网技术构建智慧物流系统。但是，这些企业规模普遍不大，在全国范围内分布不平衡，且缺乏有效的管理措施，导致管理混乱，生产要素难以自由流动，资源配置得不到优化，难以形成统一、开放、有序的市场，特别是缺乏龙头企业带动，难以形成产业集群。大多数中小企业在物流信息化方面显得很吃力，由于缺乏相应的人才和资金，管理层对信息技术应用重视程度不够，即使引进了相关智慧物流技术，配套基础设备也跟不上，导致企业效益没有明显提高。中小企业缺乏信息化手段来调配车辆的运输，在我国运输能力有40%是空载状态，经常是出去的时候超载，回来的时候空载，导致我国的物流成本比世界平均水平要高出一到两倍。

（三）信息技术落后，信息化平台不完善

我国的智慧物流发展水平和国外相比还存在较大差距。一方面表现为信息技术

相对落后，我国在条形码、射频识别技术、全球定位系统、地理信息系统、电子数据交换等信息技术的应用还不够成熟，多数企业物流设备落后，缺乏条形码自动识别系统、自动导向车系统、货物自动追踪系统。另一方面表现为信息化平台不完善，缺乏基于大数据技术的数据挖掘平台、数据开发平台，缺乏云计算、大数据、移动互联网技术的支撑，物流云平台的使用也较少，手机移动定位技术和手机物流移动服务终端产品使用较少。

(四)缺乏物流专业人才

随着物流业迅速发展，我国对物流专业人才的需求越来越大，智能物流人才尤其匮乏，已经成为制约我国智慧物流发展的瓶颈，目前我国物流人才缺口至少有30万人，绝大多数物流企业缺乏高素质的物流一线岗位技能人才和既懂物流管理业务，又懂计算机技术、网络技术、通信技术等相关知识，熟悉现代物流信息化运作规律的高层次复合型人才，高端人才和一线技能型人才培养规模仅占22.7%，现有物流管理人才中能真正满足物流企业实际需求的不到1/10。大中专院校物流人才培养方案和企业实际需要相比还存在较大差距，培养智慧物流合格人才的任务十分紧迫。

知识链接

我国智慧物流发展的主要特点如图11-8所示。

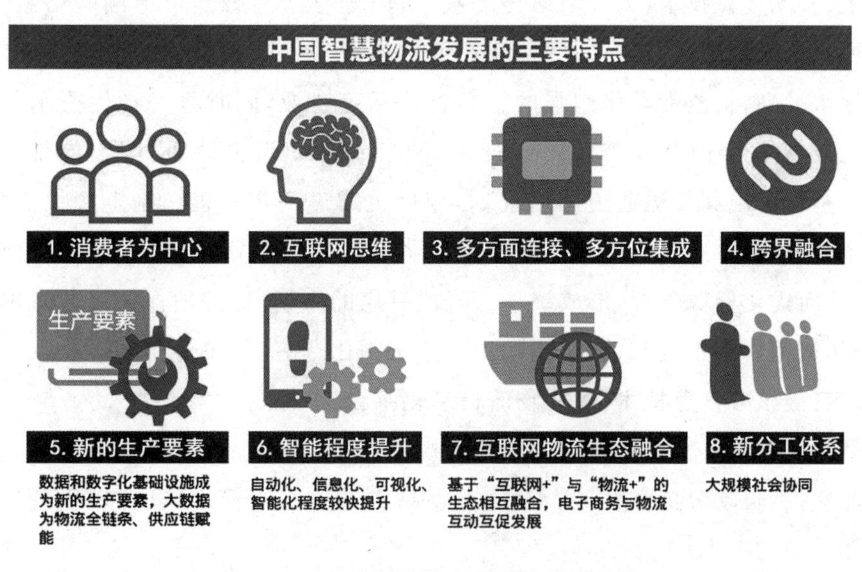

图11-8　我国智慧物流发展的主要特点

二、我国智慧物流发展的应对策略

(一)完善智慧物流信息化标准建设

物流是集订单处理、装配、仓储、运输等一系列环节为一体的系统性工作，而智慧物流是在信息化基础上加强各环节供应链沟通的工作，以此实现物流工作智能化的管理协作。为达到这个目的，智慧物流信息化标准的体系建设成为必不可少的部分，智慧物流信息化标准建设越完善，企业间信息沟通就越流畅。这就要求在物流关键技术、关键流程等方面实现标准化。

(1)加快研究和制定物流信息技术、编码、安全、管理和服务标准。研究推广产品与服务分类代码、物流单元编码、托盘编码等物流信息分类编码标准，物流数据元、物流单证等物流信息基础标准，条形码、射频识别技术等物流信息采集标准，信息系统接口、信息交换规范等物流信息交换标准，物流业务流程等物流信息管理标准。

(2)推广传感器、条形码、射频识别技术等智慧物流中枢技术在物流订单处理、客户服务、装配、仓储、运输等各项业务中的应用标准，推动我国城镇化建设下农村和城市物流在汽车轮船及其零部件、农产品、医药品、冷链物流食品等重点行业的物流信息化标准体系建设。

(3)促进应用层、通信层、感知层等物流信息化标准的衔接，推动物流信息化标准体系建设。

(二)制定物流发展规划，完善相关政策法规

由于我国存在物流资源在全国范围内分布不平衡、物流企业规模偏小且管理相对混乱等问题，需要中央政府制定物流产业发展规划，出台物流产业发展政策，应用新的传感技术、移动计算技术、无线网络传输技术等，建立产品智能可追溯网络系统、物流过程可视化智能管理网络体系、智能化企业物流配送中心和企业智慧供应链，培育一批信息化水平高、示范带动作用强的智慧物流示范企业，同时将一批优秀示范企业转化为第三方物流企业，从而带动同行业其他企业发展。除此之外，与物流紧密相关的交通运输基础设施和货运通道网络规划，今后也需进一步完善。制定相关法律规范，营造一个公平有序的市场环境，有利于消除各地区之间的市场障碍，使生产要素能自由流动，从而优化资源配置，形成统一、开放、有序的市场，更好地保护经营者的合法权益，维护物流用户的正当利益，实现物流产业法制化、规范化和制度化。

(三)突破核心信息技术，建立物流信息化平台

智慧物流信息技术可以实现物品的可视化追溯，在物品自下单之日起即可对汽车实施智能监控、自动分拣和存储。对贵重物品实时追踪监管，可以有效杜绝货品的丢失或损坏带来的损失。

因此，要集中力量部署一批技术研发重大专项，制定技术发展路线图，对现代物流关键技术进行研究开发，包括信息采集、快速反应、管理监控及双向通信等技术，降低关键技术普遍适用的整体成本，只有通过自主研制开发，才能拥有自主知识产权，才能保护物流信息安全。随着物联网技术的不断发展，激光、卫星定位、智能交通、机器对机器通信(M2M)等多种技术已更多集成应用于现代物流领域，用于现代物流作业中的各种感知与操作。例如，温度的感知用于冷链物流，侵入系统的感知用于物流安全防盗,视频的感知用于各种控制环节与物流作业引导等。

(四)加强智慧物流专业人才的培养

建设智慧物流管理是智慧物流得以正常运作的中枢系统。截至目前,由我国政府主导设立的不少部门和大中专院校均开设了专业化的物流管理科目和科研项目的普及课程,以培养适应现代化智慧物流的创新型人才为目标,依托高等院校和专业培训机构同步物流教育与物流行业发展相匹配,培养现代化物流专业人才。智慧物流人才开发包括挖掘、培养人才和提高从业人员的业务技术和能力,面对智慧物流行业日新月异的发展趋势,人才开发成为一个迫切需要研究的课题,对此我们应优化企业职场氛围,形成良好的行业内竞争环境,对员工个人发展实时测评及考核,另外相关部门应出台措施,形成良好的行业竞争态势,支持大中专职业院校的技能培训工程。

此外,可以借鉴先进国家的经验,不断完善吸引国外物流专业人才的机制,建立人才激励机制,加大高端人才引进力度,有针对性地引进物联网、云计算、信息技术服务、智慧物流管理等领域的高端人才,进一步完善人才服务的市场机制,促进人才的合理流动与优化配置。

知识链接

智慧物流发展趋势

1.在物联网技术商业化的背景下,智慧物流产业链全面发展,形成设备、应用、平台、数据产品服务多层级、多维度发展态势,产业规模巨大。

2.物流中最散小环节将最先被智慧化,然后再逐步瓦解互联程度低、组织化程度高的环节。

3.共享经济在物流发展中逐步占据主导地位,将催生颠覆性物流组织模式和商业模式。

项目小结

本项目主要对智慧物流的概念、产生和作用进行认知和学习。通过学习,理解物流信息服务交换的概念,掌握智慧物流信息交换所涉及的对象和内容,理解我国智慧物流发展的现状和存在的问题。本项目的学习难点是对智慧物流信息交换对象和内容的理解。建议结合企业实际案例帮助学生理解智慧物流的基本概况,掌握不同类型的企业在智慧物流信息交换方面的实际内容。树立学生对智慧物流的基本意识,掌握正确的学习方法。

教学分享

1.学习课时

本项目建议学习 4 个课时。

2.教学方法

建议采用讲解、体验式教学(包括视频资料学习、参访物流企业、网络平台的资源学习等)、小组讨论、案例教学等方法。应把握的知识重点包括:智慧物流的认知和智慧物流信息交换的对象与内容。

3.学习环境要求

(1)学习场地:①多媒体教室;②典型物流企业。

(2)学习资料:①视频资源;②课程网络资源。

课后习题

一、单项选择题

1.物联网的概念最早是在(　　)年正式提出的。

A. 2005　　B. 2006　　C. 2007　　D. 2008

2.以下哪项不是道路运输信息的交换对象?(　　)

A.发货人　　B.收货人　　C.道路运输企业　　D.船公司

3.水路运输信息交换以(　　)为核心。

A.港口　　B.船公司　　C.货代　　D.仓库

4.以下哪项不是航空运输信息的主要交换对象?(　　)

A.发/收货人　　B.货代　　C.航空公司　　D.海关

5.以下哪项不是机场货运站和航空公司之间信息交换的内容?(　　)

A.航空公司舱单　　B.航空公司运单　　C.主舱单　　D.分舱单

二、多项选择题

1.智慧物流的应用层包括(　　　)。

A.物流执行层　　B.物流管理层　　C.物流决策层　　D.物流操作层

2.以下哪几项属于智慧物流系统的“神经中枢”?(　　　)

A.网络层　　B.应用层　　C.通信层　　D.感知层

3.机场货运站和海关之间的信息交换内容包括(　　　)。

A.空运出口理货报告申报　　B.空运出口运抵报告申报

C.空运进口分流运抵报告申报　　D.报关单放行回执

4.物流信用信息的信用对象可以分为(　　　)。

A.基本信用信息　　B.动态信用信息

C.企业信用信息　　D.车辆信用信息

5.物流跟踪的基本模式包括（　　　　）。

A.集中式仓库型　　B.集中式索引型

C.集中式流程型　　D.跟踪供应链型

三、简答题

1.什么是智慧物流？

2.简述智慧物流的功能。

3.简述智慧物流的基本体系框架。

4.简述道路运输物流信息的交换对象。

5.简述我国智慧物流发展面临的问题。

四、案例分析题

互联网＋物流：罗计物流催生的信息生态圈

在我国，传统物流由于技术手段、运行规模、运行模式、标准化等方面发展滞后，存在诸多弊端。中国物流成本占中国国内生产总值的18％，不仅远远高于发达国家，也高于亚太和南美国家的平均值。在发达国家中，物流成本占成品最终成本的10％～15％，发展中国家大约在15％～25％之间，而中国的物流成本占生产成本比重达30％～40％。物流需要占用大量的土地、车辆、油气、人力等诸多生产要素，物流成本居高不下，是对社会资源的极大浪费。

互联网物流模式优势明显

经过近年的行业摸索，目前形成了三大互联网物流模式。

信息平台服务模式移植了打车软件的模式，实现货车司机与货源实时、高效的直接对接，代表企业如罗计物流、运满满等。在该模式上，罗计物流面向货主和车主推出了两款不同的软件——“罗计找车”“罗计找货”。货车司机打开“罗计找货”，点击“货源一览”，就能看到货源地理位置、货物类型、重量、发货时间、车辆需求，车主可根据要求对接发货方。

该物流模式，具有明显的优势：打破传统物流信息不对称的劣势，通过整合线下运力与线上发货需求，运营方能够实现全国货源信息与车源信息的互联互通，迫切解决了中国物流行业互联互通的关键问题与痛点。提高了物流运行效率，通过信息的匹配，极大节约了发货方的时间成本，提高了企业运转效率，同时也使司机更容易找到返程货源，降低了司机的成本，提高其收入。平台运营类企业更容易以此为切入点，建立未来物流生态圈。物流业是融合运输、仓储、货代、信息等产业的复合型服务业，是支撑国民经济发展的基础性、战略性产业。物流市场庞大，涵盖运输、仓储、货代、信息、金融、保险、车后市场等多个业务内容，平台运营类企业更容易促成该生态圈的尽快建立。

技术平台模式主要面向企业提供TMS技术服务（运输管理系统，transportation

management system 服务)及相关配套增值服务。以 TMS 为例,其以软件为主导,是行业信息技术服务提供商,基于系统改造传统的运输交接方式,通过“SaaS 平台+移动 App”的模式将企业运输环节中的各相关方,包括货主、第三方物流公司、专线运输公司、司机和收货方等汇聚在一个平台上并彼此互联,通过信息的同步完成各方协同。

该模式下,用户一旦使用该管理系统就很难转化至其他系统或平台,用户黏性相对较高。从企业端入手,货源也有所保障。但通过某一软件或系统改变现有业务流程,相当于改变用户的工作习惯,过程相对缓慢。该服务对于中小型企业适用,对于大型企业,该模型无法满足其端口需求。

信息交易平台模式是信息平台的衍生模式,当货主与车主信息进行匹配后,下一步的动作就是交易。由于整车交易价格过高以及信用评价机制尚未完全建立,该模式主要在同城货运、快递,以及零担货运应用较广。比如,罗计物流“运立方”产品,打造一站式的物流发货平台。货主可以通过该平台,对物流平台品牌物流商运费进行比价、选择,实现网络下单、线上支付、线下提货或货到付款等多种服务。为专线公司提供的 TMS 运单管理系统操作简单,也能让专线物流更高效地处理订单。

该服务实现了货运线上业务的所有闭环,之前的模式在线上交易环节都遭遇了各种困难而实施缓慢,该模式可以解决互联网物流“最后一公里”的问题。

互联网物流未来机会在哪?

对于互联网物流行业而言,接下来应该按照朝着信用评价体系建立、线上支付闭环实现、物流生态圈建立等方向努力。

信用不足一直是困扰物流行业的一大顽疾,物流企业跑路、司机跑路以及货主克扣货款等现象屡见不鲜。未来应该围绕物流企业、司机、货主等相关方面,建立相应的信用评价体系。物流企业、物流平台、信用评价企业应该共享信用数据,建立信用数据共享平台,实现数据的实时共享。

另外,政府部门之间也应该向企业开放相应数据接口,公安身份证系统、交通车辆管理系统、银保监会数据系统等应该向物流平台企业开放,方便平台企业进行相应认证监督及大数据跟踪。

线上支付实现是物流货运闭环的重要环节,然而央行《非银行支付机构网络支付业务管理办法》意见征求稿规定:“单个客户所有支付账户单日累计金额应不超过 5000 元,超过这一限额的付款必须通过客户的商业银行账户进行。”该政策对于该目标的实现影响重大,如何实现成了摆在行业面前的重要问题。

物流行业涵盖运输、仓储、货代、信息、金融、保险、车后市场等多个业务内容。在解决了信息、信用、支付等问题后,互联网物流企业最终应该向融资租赁、保险、车后市场进军,最终建立起完善的物流生态圈。

思考题

1.互联网物流模式有哪些？

2.互联网物流未来机会有哪些？

3.互联网物流是否就是智慧物流？为什么？

技能训练

一、实训目标

通过实训能够将理论与实践相结合，使学生进一步了解智慧物流企业及其运作方式，掌握智慧物流的主要应用。

二、组织安排

将学生分为5～10人一组，按小组完成实训任务。

三、实训内容：掌握企业概况

1.按小组考察，了解某智慧物流企业运作模式；

2.了解该物流企业智慧物流方面应用的基本情况；

3.通过观察该物流企业的智慧物流运作流程，增加对智慧物流的感性认识。

四、实训要求

根据具体情况，选择有一定代表性的智慧物流企业，分析该企业的智慧物流应用在哪些方面，使用了哪些智慧物流的相关技术。

◆ 模块十二 ◆
走向国际物流

学习任务

1.认识国际物流,理解国际物流的概念与特点;

2.认识国际货物运输的各种方式,掌握各种货运方式的选择。

技能目标

1.理解国际物流与国际贸易;

2.在正确理解各种国际货运方式的基础上,能够根据实际情况选择合适的国际货运方式。

任务一　认识国际物流

学习内容

1.国际物流的概念和成因;

2.国际物流的特点;

3.国际物流和国际贸易。

学习目标

完成本学习任务后,你应当能:

1.准确把握国际物流的概念和特点;

2.根据实际情况,会分析国际物流与国际贸易的关系。

案例导入

林德特巧克力的国际物流

林德特巧克力公司(Swiss Lindt Chocolate Company)的巧克力加工制造厂除了瑞士本土外,还遍布欧洲地区的法国、德国、英国、意大利、奥地利等国,欧洲公司年产品销售总额达 12 亿 3000 万美元,是世界上生产巧克力最负盛名的企业。

瑞士林德特巧克力加工制造厂的巧克力最近几年的年产量达到5584吨,分装为20英尺集装箱250只和40英尺集装箱250只,全部都是冷藏集装箱设备。林德特巧克力公司以"林德特"(Lindt Chocolate)命名的绝大部分巧克力产品从欧洲出口到美洲、澳大利亚、亚洲和中东海湾地区,通常使用远洋班轮冷藏集装箱运输,其国际物流中心的仓储实力强大,仅仅托盘就有11500套,规格全部是1.8米,主要职责除了负责从荷兰鹿特丹港进口原料运送到瑞士阿尔腾道夫加工厂之外,还对所有的配送物流公司实施严格的质量管理。

林德特巧克力公司的巧克力产品的出口贸易总量大约60%是以工厂交货条款(EXW)或者离岸价格条款(FOB)成交,即船上交货价格,卖方在合同规定的装运港负责将货物装上买方指定的船上,并且负责货物装到船上为止的一切费用和风险。出于林德特巧克力质量保证的考虑,奥德贝杰仓德物流中心在为买方选择远洋承运人、班轮订舱和安排码头泊位的时候必须与瑞士苏黎世湖附近的阿尔腾道夫镇的林德特巧克力公司物流中心保持全面沟通,根据双方签订的协议,前者必须向后者报告有关集装箱船舶及其冷藏集装箱舱位信息和承运条款,并且必须取得后者同意,否则一旦发生林德特牌号巧克力质量问题,林德特巧克力公司就不会承担经济赔偿或者补偿责任。

瑞士原产的巧克力在全球广大消费者心目中无异于"棕褐色黄金",其赖以生存和发展的秘密就是严守产品质量100多年不变,国际物流中心配送程序的严格规范操作,归根结底是"质量"原则高于一切并贯穿于其全过程,其中包括林德特巧克力公司的国际物流体系,没有完善的国际物流服务支撑,所谓瑞士林德特巧克力名扬天下只会变成泡影。

课前学习思考

1.什么是国际物流?

2.林德特巧克力公司成功的国际贸易发展与其国际物流有什么联系?

知识学习

一、国际物流的概念

随着国际分工的日益专业化和细化,任何国家都无法包揽一切专业分工,因此必须开展国际间的合作和交流。随之而来的国际间商品、物资的流动便成了国际物流。国际物流正是随着国际贸易和跨国经营的迅猛发展而迅速发展起来的,是社会化大生产和网络经济发展的产物。国际贸易中物品实体的移动,除了依赖双边的内陆运输外,还通过空运或海运连接,构成一条完整的国际物流供应链。

我国国家标准《物流术语》对国际物流(international logistics)的定义是"跨越不同国家或地区之间的物流活动,也就是组织货物在国际(两个或两个以上的国家或地区)的合理流动,即发生在不同国家(或地区)之间的物流"。

国际物流概念可以从广义与狭义两个角度进行理解。广义的国际物流指的是国际贸易性货物(进出口货物、暂时进出口货物、转运货物等)与国际非贸易性货物(捐赠物资、行李物品、会展物品等)在国际间的合理流动;狭义的国际物流主要针对贸易性的物资而言,是指和一国进出口贸易相关的物流活动。

二、国际物流形成的动因

企业进入国际物流领域的主要目的是生存与发展,促使企业发展国际物流的动因有许多方面,概括来说,驱动国际物流形成的动因有五个方面,分别是经济发展、供应链思想成熟、区域化发展、通信技术及管制解除[①],它们之间的相互关系如图 12-1 所示。

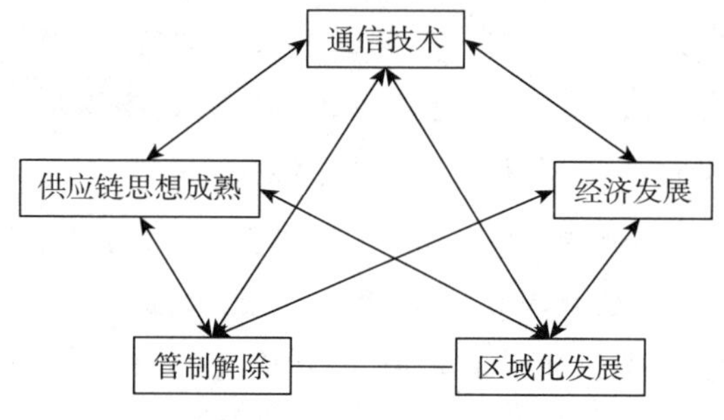

图 12-1 国际物流形成的动因

(一)经济发展

随着经济发展与新技术的开发,制造业和物流业的生产率得到了大幅提高,企业必须通过全球化向其他地区扩展业务,才能增加企业的收入与利润。但这类扩展需要把全球化制造与全球化营销结合起来,并需要综合物流服务的支撑才能实现。因此,对经济发展与利润的追求迫使企业进入国际市场,发展国际物流。

(二)供应链思想成熟

供应链思想的日益成熟是国际物流形成的第二大动力。以往企业主要通过内部承担必要的活动来控制物流成本,而这往往会导致自营仓库、运输车队、物流信息系统等的产生。这些内部活动虽然可以实现对物流成本的最大控制,但同时也增加了企业支持物流作业所需的资金。随着供应链思想的成熟,企业开始利用外部资源来承担更多的物流活动,以此来减少资金配置,加快企业的全球化进程。

(三)区域化发展

随着国内市场的日益饱和,企业的发展视角逐步转向海外市场。为了促进地区贸易的发展,各国开始通过各种条约的方式使合伙形式组织化。在区域化的进程中,国家间的行政区域设定阻碍了国际贸易的发展,跨国企业的时间成本与物流成本增多,消费者预期的增值服务亦没有得到保障。因此,尽管区域化的努力旨在促进国与国之间的贸易发展,但政府的限制与要求在一定程度上削弱了区域化努力的效果,而纯区域化的努力仍然推动着国际物流的发展。

---

① 白世贞.国际物流学[M].北京:科学出版社,2016.

知识链接

国际知名的六大自由贸易区

1.北美自由贸易区

1989 年，美国和加拿大两国率先签署了《美加自由贸易协定》，这使身为发展中国家的墨西哥在北美经济大格局中面临被边缘化的危险。为了不在日益激烈的竞争中落后，墨西哥开始加入谈判。1991 年 2 月 5 日，美、加、墨三国总统同时宣布，三国政府代表从同年 6 月开始就一项三边自由贸易协定正式展开谈判。经过 14 个月的艰苦谈判，在 1992 年 8 月 12 日，美国、加拿大和墨西哥三国签署了一项三边自由贸易协定——《北美自由贸易协定》(North America Free Trade Agreement，NAFTA)。1994 年 1 月 1 日，该协定正式生效。协定决定，自生效之日起 15 年内三国应逐步消除它们之间的贸易壁垒，实现商品和劳务的自由流通，从而形成了一个世界上最大的自由贸易集团。

2.欧盟

欧洲联盟(EU)是世界三大自由贸易区之一，其实质是一个集政治实体和经济实体于一身、在世界上具有巨大影响力的区域一体化组织。欧盟的诞生使欧洲的商品、劳务、人员、资本自由流通，欧洲的经济增长速度快速提升。

3. 中国—东盟自由贸易区

中国—东盟自由贸易区(CAFTA)，是中国与东盟十国组建的自由贸易区。2010 年 1 月 1 日，贸易区正式全面启动。自贸区建成后，东盟和中国的贸易占到世界贸易的 13%，成为一个涵盖 11 个国家、19 亿人口、GDP 达 6 万亿美元的巨大经济体，是目前世界人口最多的自贸区，也是发展中国家间最大的自贸区。

4. 欧盟与墨西哥自由贸易区

1999 年 11 月 24 日，欧盟与墨西哥正式签署了建立双边自由贸易区的协定。欧盟希望加强与墨西哥空贸合作的愿望始于 1994 年墨西哥加入北美自由贸易区。欧盟的主要目的是通过与墨西哥建立自由贸易区，与美、加争夺墨西哥市场，扭转北美自由贸易区的建立使欧盟对墨西哥出口大幅下降的局面，并通过墨西哥进入美国和加拿大市场。

5. 美洲自由贸易区

1994 年，美国迈阿密西半球首脑会议提出美洲自由贸易区(FTAA)的设想，目的是于 2005 年年初在西半球建立一个世界上面积最大、年 GDP 总值达 14 万亿美元、拥有 8 亿人口的自由贸易区。然而到目前为止，国际国内政治形势的变化使这谈判放慢了步伐，美洲自由贸易区的目的是建立一个从加拿大到阿根廷的自由贸易区。

6. 巴拿马科隆自由贸易区

巴拿马科隆自由贸易区位于巴拿马运河大西洋入海口处，是西半球最大的自由贸易区，同时也是仅次于中国香港的世界第二大自由贸易区。科隆自由贸易区成立于 1948 年，与迈阿密共列为中南美洲的转口中心，同时也是全球第二大转口站，仅次于香港。

（资料来源：http://jingji.cntv.cn/2013/09/27/ARTI1380275553029519.shtml）

（四）通信技术

通信技术是国际物流发展的第四大动力，企业依靠通信技术将各种产品展示给国际消费者，刺激了国际物流的形成。互联网的普及加快了订货需求的传输速度、生产速度、装运速度、清关速度等，缩短了整个国际物流作业的周期，提高了国际物流作业的效率。

（五）管制解除

许多国家曾对国际货物的所有权与经营权进行管制，承运人在作业上普遍受到约束，在外国进行收货或交付货物时受到的限制尤其明显。如今，对部分领域的管制仍然存在，但是各国间的营销安排与联盟安排已大大提高了国际物流的灵活性。

此外，为了尽可能完善国际物流的服务水平，各国政府已对大部分承运人进行私有化，在竞争性的市场环境中运营，承运人必须改善服务、言行一致并进行竞争定价。

三、国际物流的特点

（一）以海洋运输为主，国际多式联运为辅

国际间流通的货物具有运输距离长、运量大的特点，综合考虑物流成本，国际物流以海洋运输方式为主，以铁路运输、公路运输、航空运输以及由这些运输方式有机结合所构成的国际多式联运为辅。国际物流的一个重要特征即是运输方式选择的多样性与组合性。

（二）国际物流环境的差异大

与国内物流相较而言，国际物流所面对的环境差异较大。不同国家物流所适用的法律法规不同、经济发展水平参差不齐、技术水平相差较大，全球物流活动难以协调。因此，国际物流环境的差异常常导致物流系统水平的降低。

（三）国际物流涵盖的范围广

国际物流突破了一国的范围，地理范围大，辐射的空间和地域范围广，跨越海洋和大陆，运输距离长，运输方式多样。一国的国际物流水平的高低直接决定了一国的国际贸易发展水平。

（四）国际物流的风险高

国际物流所面对的地域范围广，且涉及的内外因素多，这就导致国际物流所需的时间更长、操作的难度与复杂性更高，即风险高。这些风险主要包括经济风险、政治风险、自然风险等。

（五）需要国际信息系统的支撑

国际物流的差异性与高风险决定了国际物流的发展需要国际信息系统的支撑，国际信息系统越完善，国际物流的发展越有保障。目前国际物流信息系统面临着投资

大、管理难度高、不同国家间标准不一致等问题，可以通过电子数据交换以及物流领域中的“互联网＋”、公共信息系统联机等途径解决。

对点案例

沃尔玛全球扩张的成功很大部分归功于强大的国际信息系统支撑，沃尔玛在全球拥有3000多家商店、40多个配销中心。它们分布在美国、阿根廷、巴西、加拿大、中国、法国、墨西哥等国家。公司总部与全球各家分店和各个供应商通过相同的国际信息系统进行联系。它们有相同的补货系统、EDI条形码系统、库存管理系统、会员管理系统、收银系统。这样的国际信息系统能从一家商店了解全世界的商店的资料。

思考题

沃尔玛国际信息系统对其的全球扩张战略起到什么作用？

四、国际物流和国际贸易

(一)国际贸易的概念

国际贸易(international trade)是指世界各个国家(或地区)在商品与劳务等方面所进行的交换活动，包括进口和出口两个方面。从一个国家的角度看待这种交换活动，国际贸易又被称为对外贸易，从国际角度来看，世界各国(或地区)对外贸易的总和就是世界贸易。

知识链接

国际贸易的分类如表12-1所示。

表12-1　国际贸易的分类

分类方法	国际贸易的分类名称
按商品的形式	有形贸易、无形贸易
按商品移动的方向	出口贸易、进口贸易(直接过境贸易、间接过境贸易)

续表

分类方法	国际贸易的分类名称
按进出口国境与关境	总贸易、专门贸易
按有无第三方参加	直接贸易、间接贸易、转口贸易
按货物运送方式	陆路贸易、海路贸易、空运贸易、邮购贸易
按贸易方式	一般贸易、包销、寄售、拍卖、加工贸易、合作生产、易货贸易

（资料来源：肖亮，等.国际物流[M].北京：高等教育出版社，2013：6.）

（二）国际物流与国际贸易的关系

1.国际贸易提高了物流的国际化水平

近年来，世界各国积极研究和应用新技术、新方法，提高生产力，世界经济持续稳定发展，国际贸易发展极为迅速。同时，由于一些国家和地区的资本积累达到了一定的程度，本国（或本地区）的市场已不能满足其进一步发展的需要，加之交通运输、信息技术、经营管理水平的提高，出现了众多规模扩张迅速的跨国企业，进一步促进了商品和信息在世界范围内的大规模流通与交换，大大提高了物流的国际化水平。

2.国际贸易发展对国际物流提出新的要求

世界经济的发展和人类需求层次的提高，一方面促使国际贸易取得飞速的发展，另一方面极大地改变了国际贸易的结构。国际贸易的发展对国际物流提出了质量、效率、安全、经济等方面的新要求。

3.国际物流是国际贸易发展的重要支撑

国际贸易的发展与国际物流的高效运作有着必然联系。在国际贸易的迅速发展过程中，只有国际物流工作做好了，才能将国外客户的需求适时、适地、适量，并以最低的成本送达顾客手中，从而提高本国商品在国际市场的综合竞争力，促进国际贸易的发展。因此，国际物流作为国际贸易的桥梁，是开展国际贸易的重要支撑，国际物流在国际贸易中的桥梁作用如图 12-2 所示。

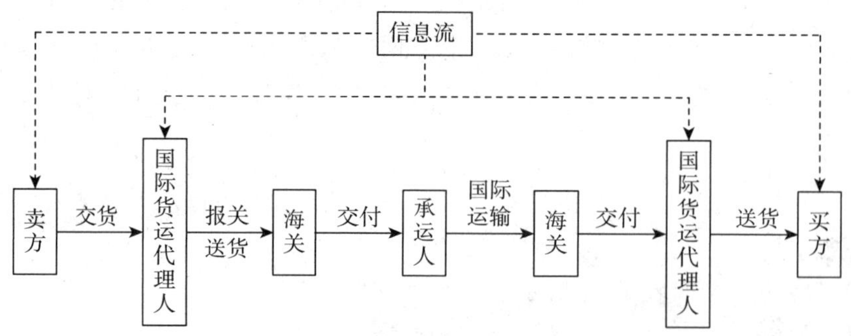

图 12-2 国际物流在国际贸易中的桥梁作用

任务二　国际货物运输

学习内容

1.国际货运方式；

2.国际货运方式的选择；

3.国际复合运输；

4.国际货运代理。

学习目标

完成本学习任务后，你应当能：

1.熟悉各种国际货运方式；

2.根据企业的实际情况，为企业选择合适的国际货运方式。

案例导入

物流缔造运动商品王国——耐克公司的世界工厂

耐克公司非常注重其物流系统的建设，跟踪国际先进的物流技术的发展，及时对其系统进行升级，其物流系统是一个国际领先的、高效的货物配送系统。

美国：耐克公司在亚太地区生产出的产品，通过海运经西海岸送达美国本土，再利用火车经其铁路专用线运到孟菲斯，最后运抵耐克的配送中心。所有的帽子、衬衫等产品都从孟菲斯发送到美国各地。每天都要发送 350000 到 500000 单位的衣物。

欧洲：耐克最早只在比利时的梅尔豪特(Meerhout)建造一个配送中心，这里是一港口城市，海运比较便利，并且在地理上也位于欧洲中心。随着生产规模的扩大，耐克与 Deloitte 公司共同制定了欧洲配送中心建造、设计和实施的运营计划。其配送中心有着一流的物流设施、物流软件及 RF 数据通信，从而使耐克能将其产品迅速运往欧洲各地。

中国：在中国境内生产的耐克鞋 95%返回美国市场销售。在中国销售的耐克鞋 90%是在中国境内生产的。在中国运输方式主要是公路运输，还有少部分涉及航空运输。境外生产的产品委托第三方物流公司通过航空运输直接运往设在中国主要城市的耐克公司办事处的仓库，如北京、上海。在中国境内生产的产品也同样委托第三方物流公司以公路货运的方式运往设在中国主要城市的耐克公司办事处的仓库。

课前学习思考

请你分析，耐克在美国、欧洲、中国分别采用了什么国际货运方式？

知识学习

一、国际货运的各种方式

（一）国际海洋运输

国际海洋运输是指使用船舶通过海上航道在不同国家或地区的港口之间运送货物的一种运输方式。目前，国际海洋运输的货运量已经突破了60亿吨，占国际贸易总运量的2/3以上，中国约90%的进出口货运总量是通过海洋运输进行的，因此，海洋运输是国际物流中最主要的运输方式。国际海洋运输按照船舶经营方式的不同，可以分为班轮运输（图12-3）和租船运输（图12-4）。

图12-3 集装箱班轮运输

图12-4 散货租船运输

1.班轮运输

班轮运输又称定期船运输，是指船舶沿固定的航线、经固定的港口，以事先公布的固定船期表航行，并按事先公布的费率收取运费的船舶运输方式。班轮运输比较适合一般杂货、小批量、多批次、到港分散的货物。

班轮运输的特点如下：

(1)“四定”。固定航线、固定港口、固定船期和固定的运费率。

(2)“一负责”。由承运人负责配载装卸并负担装卸费用。托运方不再另付装卸费，承托双方不再计算滞期费与速遣费。

(3)承运人和托运人双方的权利、义务和责任豁免，以船方签发的提单条款为依据。

(4)要承运国际贸易中品种、数量比较灵活的货物，货运质量比较有保证。

2.租船运输

租船运输又称为不定期船运输，是指没有固定的航线、港口、船期表、运费率，需要按照租船双方签订的租船合同来安排运输服务的船舶运输方式。租船运输比较适合大宗货物的运输，如煤炭、矿砂、粮食、化肥、木材、石油等，租船运输一般采用整船装运，运输量大。租船运输的运价较低，运价随市场行情波动，运量占全部海洋货运量的

80%左右。

租船运输的特点如下：

(1)没有固定的运价、航线、航期、装卸港。

(2)租船运输中的提单不是一个独立的文件，要受租船契约的限制。

(3)租船运输中的船舶港口使用费、装卸费与滞期费按租船合同规定进行计算。

(4)主要承运国际贸易中的大宗货物。

对点案例

A公司是以出口自行车为主要业务的国际外贸公司，目前公司的业务特点是成交量小、批次多、批量小，交货港口分散。A公司欲将其出口海运业务交给B租船货代公司承担，但是双方在选择班轮运输方式还是租船运输方式的问题上争论不休。

思考题

1.班轮运输和租船运输各适合什么业务特点？

2.你认为A公司应该选择哪一种运输船舶经营方式？

(二)国际航空运输

国际航空运输是指由跨国航空承运人办理两国之间空运的全程运输，并承担运输责任的运输方式。尽管国际航空运输货运量仅占全球总贸易运输量的2%，但其货物总价值超过全球总贸易运输量的40%。国际航空运输具有运输速度快、运输质量高、不受地面条件限制、运价高等特点。在国际运输中，适合鲜活易腐商品的运输。如图12-5所示。

图 12-5 国际航空运输

国际航空运输的主要方式有班机运输、包机运输、集中托运、联合运输。

1.班机运输

班机运输(scheduled airline)是指在固定的航线上定期飞行的航班,有固定的始发站、途经站和目的站。一般航空公司使用较多的是客货混合型飞机,既可搭载旅客,又可承载小批量货物。随着航空运输规模的日益扩大,一些大型的航空公司专门开辟了航空货运业务,在一些航线上开展定期货运航班,开始使用全货机进行运输。

2.包机运输

包机运输(chartered carrier)是指包租整架飞机或由发货人联合包租一家包机来运送货物,通常可以分为整机包机和部分包机两种方式。当货物运量较大时,适合采用整机包机方式,而当运输量虽大但又达不到整机包机的规模时,则适合采用部分包机方式。包机运输的运输费用比班机运输低,承租双方可以议定航程的起止点与经停点。

3.集中托运

集中托运(consolidation)是指托运人将若干批单独发运的货物组成一整批,向航空公司办理托运,采用一份航空总运单发往同一目的地,然后由航空货运代理公司在目的站的代理人负责收货、报关,最终根据集中托运人签发的航空分运单分拨给各实际收货人手中的航空运输方式。集中托运的运费比班机运输低,特种货物(活动物、贵重物品、尸体骨灰、危险品等)不能办理集中托运业务。

4.航空快递

航空快递(air courier)不同于一般的航空货运方式,是由专门从事这项业务的公司与航空公司合作,设专人用最快的速度在货主、机场、用户之间进行货物、物品传递的一种快速运输方式。航空快递具有运输快捷、服务安全可靠、查询快递、费用较高等特点。

知识链接

世界四大快递公司

1.联邦快递公司(FedEx)

联邦快递总部在美国,美国国内快递业务的80%由该公司承揽。该公司主要经营美洲和亚洲之间的快递业务。

2.美国联合包裹运送服务公司(UPS)

美国联合包裹运送服务公司总部在美国,是目前世界上最大的快递承运商与包裹递送公司。有飞机直飞中国,停靠北京和上海。

3.敦豪国际快递公司(DHL)

敦豪国际快递公司总部在比利时布鲁塞尔,该公司被德国邮局控股,同中外运合资。主要经营亚洲和欧洲之间的快递业务。

4.天地国际快递公司(TNT)

天地国际快递公司总部在荷兰,创建于澳大利亚,被荷兰邮局控股,同中外运合资。主要经营欧洲市场。

(三)国际公路运输

国际公路运输是指借助一定的运载工具,沿着公路在两个或两个以上的国家或地区之间进行的移动过程。国际公路运输具有机动灵活、直达性能好,可以实现"门到门"运输、适应性较强、运输量较少等特点。目前世界各国的国际货物运输一般以汽车为主要运载工具,公路运输可以广泛地参与到其他运输方式的联运,既是一个独立的运输体系,也是车站、港口和机场等主要运输节点之间集散物资的重要手段。如图12-6所示。

图 12-6　国际公路运输

国际公路运输在国际货物运输中所起的作用如下:

(1)国际公路运输可以将两种或多种运输方式灵活地衔接起来,实现多种运输方式的联运,实现国际货物运输的"门到门"运输。

(2)国际公路运输可以配合船舶、火车、飞机等运输工具完成国际货物运输的全过程,尤其对于鲜活产品的运输,可以起到非常重要的作用。

(3)国际公路运输是一种独立的运输体系,可以独立完成国际货物运输的全过程,国际公路运输是欧洲大陆国家之间进出口货物运输的主要方式之一。

(4)集装箱货物通过国际公路运输实现国际多式联运。集装箱由交货点通过公路运输的方式运至港口装船,反之亦然。

(四)国际铁路运输

国际铁路运输是国际货物运输中仅次于国际海洋运输的一种运输方式。国际铁路运输具有连续性强、运输速度快、成本低、安全可靠、运输量大、风险小等特点,在国际货物运输中,尤其是内陆接壤的国家之间的国际贸易中,起着重要的作用。如图12-7所示。

图 12-7 国际铁路运输

当前我国国际铁路运输的主要方式是中欧班列。中欧班列是指中国开往欧洲的快递货物班列，是适合装运集装箱的货运编组列车。截至 2017 年 5 月，依托新亚欧大陆桥和西伯利亚大陆桥，已形成西、中、东三条中欧铁路运输通道，中国铁路已铺划了中欧班列运行线 51 条，国内开行城市达到 28 个，到达欧洲 11 个国家 29 个城市。[①] 中欧班列具有运输距离短、运行速度快、安全性高等特点，已经成为国际货物运输中的主要运输方式，在"一带一路"倡议中将丝绸之路从原先的"商贸路"变成产业和人口集聚的"经济带"起到重要作用。

对点案例

2015 年 8 月 16 日，全国自贸区唯一的中欧班列——中欧(厦蓉欧)班列从福建自贸试验区厦门片区海沧园区出发，这是厦门海关高效验放的首条厦门直达欧洲的国际货物班列。中欧(厦蓉欧)班列在速度上优于海运，较传统海运运输节省 20～25 天，在价格上又较空运低廉，比空运节省 80%的费用。超高性价比使厦蓉欧班列迅速成为深受沿线国家和地区青睐的"黄金通道"。

厦门海陆枢纽城市建设，应抓住中欧(厦蓉欧)班列的重大机遇，让厦门在参与国际产能合作中发挥重要的桥梁纽带作用。厦门正抓紧推进冷链物流加工、跨境电商、供应链金融等平台的建设，运用物联网等现代技术手段，抢占发展先机，提供整体服务，进一步做大厦蓉欧国际物流通道的辐射面和影响力。中欧(厦蓉欧)班列线路示意简图如图 12-8 所示。

---

① 王自勤.现代物流管理[M].北京：电子工业出版社，2018.

图 12-8　中欧(厦蓉欧)班列线路示意简图

(五)国际管道运输

国际管道运输是利用高压气泵的压力等方式将原油、天然气、成品油、矿浆、煤浆等介质送达目的地的运输方式,在世界各国、各地区的油田、油港和炼油中心之间起着纽带作用。如图 12-9 所示。

图 12-9　国际管道运输

国际管道运输与其他运输方式相比,具有以下特点:

(1)运输通道和运输工具合二为一,管道既是运输通道,又是运输工具。

(2)运输量大。一条输油管线可以源源不断地完成输送任务。根据其管径的大小不同,其每年的运输量可达数百万吨到几千万吨,甚至超过亿吨。一条管径为 720 毫米的管道就可以每年运送易凝高黏原油 2000 多万吨,一条管径 1200 毫米的原油管道年运输量可达 1 亿吨。

(3)占地少。运输管道通常埋于地下,其占用的土地很少;运输系统的建设实践证明,运输管道埋藏于地下的部分占管道总长度的95%以上,因而对于土地的永久性占用很少,分别仅为公路的3%、铁路的10%左右,对于节约土地资源,意义重大。

(4)管道建设周期短、费用低。国内外交通运输系统建设的大量实践证明,管道运输系统的建设周期与相同运量的铁路建设周期相比,一般来说要短1/3以上。

(5)安全可靠、连续性强。管道运输方式可以大大减少挥发损耗,减少由于泄露导致的对空气、水和土壤污染,也就是说,管道运输能较好地满足运输工程的绿色化要求,此外,由于管道基本埋藏于地下,其运输过程受恶劣多变的气候条件影响小,可以确保运输系统长期稳定地运行。

(6)管道运输耗能少、成本低、效益好。管道运输是一种连续工程,运输系统不存在空载行程,因而系统的运输效率高,管道口径越大,运输距离越远,运输量越大,运输成本就越低,以运输石油为例,管道运输、水路运输、铁路运输的运输成本之比为1∶1∶1.7。

(7)灵活性差。管道运输不如其他运输方式(如汽车运输)灵活 ,除承运的货物比较单一外,它也不容随便扩展管线。

(六)国际多式联运

国际多式联运是在集装箱运输的基础上产生与发展起来的一种综合性的连贯运输方式,以集装箱运输为基础,将海、陆、空等各种单一的运输方式有机结合起来。国际多式联运能集中发挥各种运输方式的优点,使国际货物运输既快捷又安全,同时简化了中间环节及相应的手续,降低了运输成本,提高了货运质量,为实现国际货物的"门到门"运输创造了有利条件。如图12-10所示。

图12-10 国际多式联运

构成国际多式联运必须满足以下条件:

(1)承托双方必须订立一份国际多式联运合同,明确规定多式联运经营人和托运人的合同关系和多式联运的性质。

(2)全程运输必须使用一张国际多式联运单据。

(3)全程必须至少包括两种运输方式的连贯运输，这是确定该票货物是否为国际多式联运的主要特征。

(4)必须是国际间的货物运输，这是区别于国内运输与是否符合国际法规的限制条件。

(5)必须由一个多式联运经营人对全程负责。

(6)全程运输使用单一的运费费率。

二、国际货运方式的选择

国际货运方式多种多样，除了一般的国际海洋运输、航空运输、公路运输、铁路运输之外，还有国际管道运输、多式联运等。组织国际物流，必须要选择正确的运输工具和运输方式，组织最佳的运输路线及方案，实现国际物流的实体转移。国际货运方式的选择，可以从以下几个方面进行考虑：

(一)运输成本

国际物流运输成本是国际货运方式选择的首要考虑因素。因为国际物流的运距一般较长，运费负担较重，特别是对于价值较低的货物，如煤炭等，其物流费用占出口货价的比值较高，所以选择合适的货运方式对控制运输成本起着重要作用。

在国际物流中，国际海洋运输的成本最低，航空运输的成本最高。在国际海洋运输中，大型专用船舶的运输成本较低，班轮运输的成本较高，包船运输的成本更高。但如果海运有大迂回时，采用大陆桥运输方式比全程海运更具有优势。

(二)运行速度

运行速度是国际货运方式选择的又一考虑因素。国际贸易中市场行情瞬息万变，竞争激烈，运行速度慢，货物则无法及时抵达目的地，造成经济损失。如果运行距离长，运输速度慢，需要的运输时间更多，资金占用时间更长，资金成本增加。因此提高运行速度，缩短运输时间能提高经济效益。在众多国际货运方式中，国际航空运输的运行速度最快，国际多式联运方式也可以通过发挥综合优势，提高物流运行速度。

(三)货物的数量

国际货物运输的距离较长，使大数量货物的运输受到了限制。因为国际物流流通距离往往超出了汽车等运输工具的经济里程，而如果使用航空运输方式，一方面运载能力无法满足数量较大的货物，另一方面，航空运输方式的运价过高。因此，这种情况下，货主往往偏向选择铁路运输方式。

(四)货物的性质

货物的性质有时候是决定货运方式选择的重要因素。有些货物经常会由于国际货运方式的限制而无法进入国际市场。一般而言，各种包装杂货对货运方式的可选性较高，但石油、水泥、危险等特种货物而言，对货运方式的选择范围较窄。

（五）不同国家之间的物流基础设施条件

由于国家之间发展的不平衡，在一个国家里可以使用的货运方式在另一个国家不一定能使用，其中一个原因就是国际货运标准不统一，国家与国家之间的物流基础设施条件存在差异，这就制约了国际货运方式的选择。

三、国际复合运输

国际复合运输是一种以实现货物整体运输的最优化效益为目标的联运组织形式，它通过海上运输或航空运输连接向内陆最终目的地进行输送，是在国际间通过多种运输方式的组合来输送货物的运输形式。国际复合运输与传统的国际货物运输的区别在于，传统的国际货物运输虽然也是多种运输方式连续地使用，但是，它是单一的个别运输方式的简单连接，目的是实现运输的顺利进行，即通过实现各个运输方式的效率化来追求全体的效率。而国际复合运输则是在流通过程的综合价值链中来追求效率，不再是对各种运输方式的简单衔接，更重要的是追求整体系统的效率化，目的是在运输技术发展以及交通规制缓和的过程中，将国内物流与国际物流协调起来，以求实现流通过程整体成本最优。从具体形式上说，现代国际复合运输方式主要有航空运输、海空联运、海陆联运以及海上运输等几种形式。推行国际复合运输方式应做到以下几点：

（一）认识运输时间的重要性

影响运输时间的重大要素除了运输工具运行的速度，还包括港口、货物集散地的运营效率，货物集散、中转的时间等，换句话说，虽然顾客信赖性的构筑主要依靠出发时间、运输时间以及货物让渡的确定性，但是，这种确定性受到各个集散、中转地效率化经营的影响。因此，充分重视运输时间，有效地运营港口、中转集散地是成功推行国际复合运输的重要手段。

（二）有效地组织运输网络

传统的运输网络主要是将分散在各地的站点连接起来而形成的网络。而现在多数企业所采用的网络则是指“集散轮式系统”，即从地方到地方的货物运输通过中央货物集配、分拣中心来进行，原来站点之间复杂的路线网络被以集散地为中心的放射性路线网络所取代，这样不仅解决了货物运输过程中总路线的迂回现象，而且可以借助集散中心的管理，加强主要干线运输工具的力量，提高利用率，实现货物转移的集装化，最终达到整体成本节约的目的。当然，由于这种集散地要发挥规模经济的作用，实际上要求对运输网络系统进行大量投资，以通过对这种网络系统的建立和完善加速货物周转，缩短运输时间，提高物流企业的竞争力。

（三）构筑高效的运输系统

从货主的角度来看，重视运输时间、构筑高度信赖性的运输系统可以大大缩减货物的库存量，减少在库时间。尽管商品库存能够缓冲生产和销售之间的时间间隔，但是为了降低库存成本，必须尽可能地将库存降低到最低水平。构筑高效率的运输系统的主要目的就在于库存成本的最小化。

（四）保证高附加值的产品物流

现代物流系统的原则是充分保证高附加值产品的物流，即对于附加值较低的产品，由拥有大规模网络的流通中心实现保有库存，而对于高附加值的产品，则在流通中心小规模地集中，然后为缩短运输、在库时间，采用航空运输满足顾客需求。由于不同产品具有不同的附加值，物流系统也变得日益复杂。另外，在货主企业追求规模效益的状况下，应该尽可能地减少对生产设施的投资，而这又容易产生市场供给线和运输时间延长，为解决该问题，就需要通过选择最佳的生产地点以此实现物流成本最小化。

四、国际货运代理

（一）国际货运代理的概念

国际货运代理协会联合会（FIATA）将国际货运代理定义为“根据客户的指示，并为客户的利益而揽取货物运输的人，其本身不是承运人”。货运代理也可以依据这些条件，从事与运输合同有关的活动，如储货（也含寄存）、报关、验收、收款等。

《中华人民共和国国际货物运输代理业管理规定》对国际货运代理的定义是接受进出口货物收货人、发货人的委托，以委托人的名义或者以自己的名义，为委托人办理国际货物运输及相关业务并收取服务报酬的行业。

知识链接

国际货运代理协会联合会（FIATA）

国际货运代理协会联合会（International Federation of Freight Forwarders Associations，FIATA）是一个非营利的世界性行业组织，代表了由大约 4 万家货运代理企业、800 万至 1000 万从业人员组成的国际货运代理行业，具有广泛的国际影响力。该会于 1926 年 5 月 31 日在奥地利的维也纳成立。总部设在瑞士的苏黎世，并分欧洲、美洲、亚太地区、非洲和中东等四个区域设立了地区办事处。

我国对外贸易运输总公司作为一般会员的身份，于 1985 年加入该组织。目前在中国，FIATA 共拥有四个一般会员，除中外运外，还包括中国国际货运代理协会（2001 年加入）、中国香港及台湾的货运代理协会。FIATA 在我国还拥有联系会员 170 多个，其中我国大陆有 20 多个联系会员，香港特区有 105 个联系会员，台湾地区有 48 个联系会员。

（二）国际货运代理的业务范围

按照《中华人民共和国国际货运运输代理业管理规定》第十七条规定，国际货运代理不仅能够以代理人或当事人的身份签发运输单证、履行国际运输合同等相关业务，还可以从事与运输合同有关的活动，具体的活动可以概括为以下几个方面：

(1)揽货、订舱(含租船、包机、包舱)、托运、仓储、包装；

(2)货物的监装、监卸、集装箱的拆箱、分拨、中转及相关的短途运输服务；

(3)报关、报检、报验、保险；

(4)缮制签发有关单证、交付运费、结算及交付杂费；

(5)国际展品、私人物品及过境货物运输代理；

(6)国际多式联运、集运(含集装箱拼箱)；

(7)国际快递(不含私人信函)；

(8)咨询及其他相关国际货运代理业务；

(9)运送速度和时效。

但是，这些经营范围并不是每个国际货运代理企业都具有的经营范围。由于各个国际货运代理企业的具体情况不同，商务主管部门批准的国际货运代理业务经营范围也有所不同。

(三)国际货运代理的作用

1.组织运作作用

国际货代的核心作用就是为委托人组织货物运输，将委托人的货物快速、保质、低成本地运至收货人手中。在此过程中，国际货代所起的主要作用是为委托人设计运输线路，组织货物运输，选择承运人，办理仓储、保险、报关、报检等运输事宜，起到组织运作的作用。

2.专业服务作用

国际货代主要依靠精通国际贸易的运作规则及流程、熟悉货运的法律法规、各国习惯、掌握有关的运输技术等技能来发展。当国际货运代理作为托运人的货运代理时，其委托人往往是以生产与经营出口产品为主要业务的企业，对国际货运规则及流程不熟悉，此时，货运代理人能否提供专业化的服务起着至关重要的作用。

3.节省成本作用

委托人在选择国际货运代理人时考虑的一个重要因素就是成本问题。对于委托人而言，只有在购买货运代理服务所花费的成本远远低于自身从事相关活动所需的成本时，才会选择货运代理人代理其业务。而对于国际货运代理人而言，由于其长期从事货运业务，对运输市场行情熟悉，并且与货运业务的关系人保持密切联系，能够为委托人提供更低的成本服务，办事效率高的同时起到节省成本的作用。

4.资金融通作用

国际货运代理人与货运业务的关系人(如仓储保管人、装卸作业人、海关、银行等)之间长期合作，相互了解，国际货运代理人可以替委托人支付有关费用、税金，提前和仓储保管人、装卸作业人、海关等结算有关费用，凭借货代自身的信誉和实力向这些货运业务的关系人提供费用、税金担保，帮助委托人融通资金、减少资金占用，提高资金的有效利用率，整体的运作过程如图 12-11 所示。

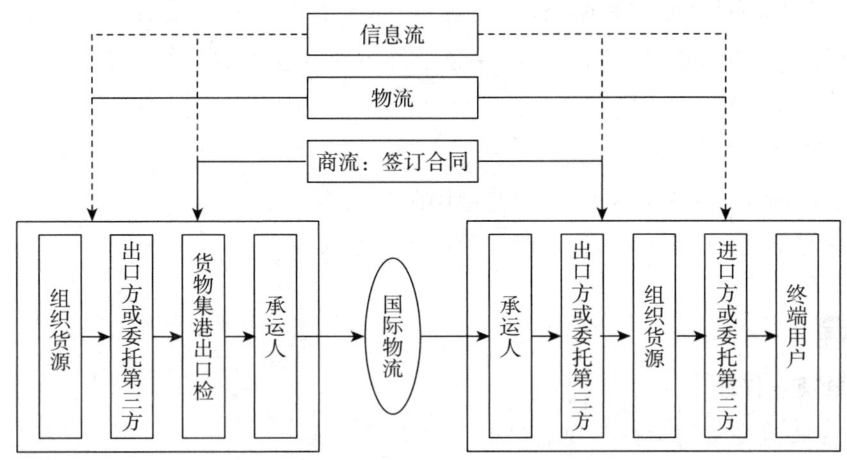

图 12-11　国际货运代理运作流程图

5.沟通控制作用

货运代理人作为当事人之间的纽带与桥梁，对当事人各方的运输业务起着沟通控制的作用，可以为当事人提供交换信息、传递文件、转告疑惑等功能。此外，国际货运代理在货运业务过程中可以实现对货物运输整个过程的监控与跟踪，保证货物及时、安全、准确地运抵目的地。由此可见，国际货运代理可以为委托人提供全程信息服务。

6.咨询顾问作用

国际货运代理人对国际贸易流程熟悉，精通各种运输业务，熟悉各国的有关法律法规，信息来源准确，因此可以就货物运输的包装、储存、装卸、保管，货物运输方式的选择，货物保险，进出口单证和价款结算等方面的业务向委托人提出明确的咨询意见，帮助委托人设计、选择合适的方式，减少不必要的风险和浪费。

项目小结

本项目主要对国际物流的概念、国际货物运输进行认知和学习。通过学习，了解国际物流的概念和特点，认识国际物流与国际贸易之间的相互关系，掌握各种国际货运方式，理解国际复合运输与国际货运代理的基本情况。本项目的学习难点是掌握各种国际货运方式的特点，并能够根据实际情况，综合考虑各种因素，选择合适的国际货运方式。建议结合企业实际案例进行强化训练，强化学生对国际物流与国际物流各种货运方式的理解。

教学分享

1.学习课时

本项目建议学习 4 个课时。

2.教学方法

建议采用讲解、体验式教学(包括视频资料学习、参访国际物流企业、网络平台的资源学习等)、小组讨论、案例教学、图片教学等方法。应把握的知识重点包括:国际物流的认知和国际货运方式的选择。

3.学习环境要求

(1)学习场地:①多媒体教室;②典型国际物流企业。

(2)学习资料:①视频资源;②课程网络资源。

课后习题

一、单项选择题

1.国际物流的货物运输主要通过(　　)方式完成。

A.海洋运输　　B.航空运输　　C.陆路运输　　D.多式联运

2.运用自己的或自己经营的船舶,提供国际港口之间的班轮运输服务,并依据法律规定设计的船舶航运企业称为(　　)。

A.船舶代理人　　B.班轮公司　　C.海上货运代理　　D.外轮理货

3.国际物流对运输方式的选择上,首先要考虑的因素是(　　)。

A.运输成本　　B.运行速度　　C.货物数量　　D.货物性质及特点

4.国际多式联运是在(　　)的基础上发展起来的一种运输方式。

A.海洋运输　　B.公路运输　　C.集装箱运输　　D.铁路运输

5.在世界各国的油田、油港和炼油中心之间起纽带作用的运输方式是(　　)。

A.国际海洋运输　　B.国际铁路运输　　C.国际管道运输　　D.国际公路运输

6.(　　)是国际货运代理协会联合会的法文缩写,并被用作该组织的标志。

A.FIITA　　B.FIATT　　C.FIATA　　D.FAITA

7.国际物流相较于国内物流而言,多了(　　)环节。

A.运输　　B.仓储　　C.网络　　D.报关与报检

二、多项选择题

1.以下属于国际多式联运应具备的条件是(　　　　)。

A.必须订立一份国际多式联运合同

B.必须使用一张包括全程的国际多式联运单据

C.采用一种运输方式

D.至少涉及两个国家

2.班轮运输适用于(　　　　)的运输。

A.批量小　　B.批量大　　C.批次少　　D.批次多

3.班轮运输中的"四固定"指(　　　　)是固定的。

A.航线　　B.停靠港口　　C.船期　　D.运费率

4.国际物流的风险性包括(　　　　)。

A.政治风险　　　　　　　　B.经济风险

C.不定期储存风险　　　　　D.自然风险

5.海洋运输按照船舶经营方式不同,分为(　　　　)。

A.近海运输　　B.班轮运输　　C.租船运输　　D.远洋运输

三、简答题

1.什么是国际物流？国际物流广义和狭义的定义分别是什么？

2.简述国际物流的主要特点。

3.简述国际物流与国际贸易的关系。

4.简述国际货运的主要方式。

5.简述国际货运代理的作用。

四、案例分析题

2018年6月,满载着鞋帽、服装、休闲背包等轻工业产品的中欧班列从福建自贸试验区厦门片区海沧站出发,驶往俄罗斯莫斯科。这趟中欧班列共装载41个集装箱货柜,其中11个货柜中装有经FIFA国际足联认证的“中国制造”球鞋,在2018年世界杯期间销售。

厦门建发保税物流有限责任公司运营总监介绍,受世界杯影响,2018年5月以来,该公司接受询问中欧班列的电话接连不断,货运量较平时增加2至3倍,不光出口货物增加,返程的货物也有明显的上升趋势。截至2018年6月,2018年从莫斯科返程抵达厦门的中欧班列就已达到19列,共装载集装箱货柜786柜,比2017年全年还多出4列、215柜。

中国铁路南昌局集团有限公司漳州车务段海沧站站长介绍,海沧站开出的中欧班列行驶线路,由最初的1条发展到目前的5条,车站作业量已经达到日均20辆车,如今中欧班列在海沧站已经形成了一站直达、固定时间、固定线路、固定停站的客车式运输模式。

据统计,自2015年开行中欧班列以来,截至2018年6月10日,中欧班列(厦门—莫斯科)已开行286列。

思考题

1.请简单描述中欧班列的线路情况。

2.中欧班列对我国的国际贸易发展会产生什么影响？

技能训练

一、实训目标

通过实训能够将理论与实践相结合,使学生进一步了解国际物流的基本情况,掌握国际物流货运方式的选择方法。

二、组织安排

将学生分为5～10人一组,按小组完成实训任务。

三、实训内容：掌握国际货运方式选择

1.联系一家从事国际货代的企业或从事国际物流的企业；

2.按小组考察，了解该企业国际物流运作情况；

3.了解该企业在国际货运方式选择上存在的问题；

4.针对上述问题以小组为单位制定该企业国际货运方式的选择方案。

四、实训要求

根据具体情况，选择有一定代表性的国际货代企业或国际物流企业，制定国际货运方式的选择方案。

参考文献

[1]白兰，杨春河.物流信息管理系统[M].天津:南开大学出版社,2015.

[2]白世贞.国际物流学[M].北京:科学出版社,2016.

[3]蔡淑琴.物流信息系统[M].北京:中国财富出版社,2010.

[4]陈彩凤.国际货运代理[M].北京:北京交通大学出版社,2013.

[5]陈晖.现代物流管理[M].郑州:郑州大学出版社,2010.

[6]陈民伟,林朝朋,陈香莲.供应链管理实务[M].哈尔滨:哈尔滨工业大学出版社,2017.

[7]程艳霞.现代物流管理概论[M].武汉:华中科技大学出版社,2009.

[8]戴定一.物联网与智能物流[J].中国物流与采购,2010(8):34-36.

[9]宫内义彦.抓住好风险[M].北京:东方出版社,2016.

[10]关善勇.流通加工与配送实务[M].北京:北京师范大学出版社,2011.

[11]郭科芬,陈军须.现代物流概论[M].北京:人民邮电出版社,2013.

[12]孙浩.现代物流管理[M].上海:复旦大学出版社,2014.

[13]洪平.仓储与配送实务[M].厦门:厦门大学出版社,2014.

[14]胡建波.现代物流基础(第三版)[M].北京:清华大学出版社,2014.

[15]黄伟明.航运物流从业第一课[M].厦门:厦门大学出版社,2018.

[16]姬中英.物流运输实务[M].北京:中国人民大学出版社,2014.

[17]季永清,江建达.物流运输管理[M].大连:东北财经大学出版社,2012.

[18]蒋啸冰.物流江湖自我修炼之道[M].北京:电子工业出版社,2016.

[19]蒋雅静.国际物流原理与实务[M].北京:北京交通大学出版社,2013.

[20]李育蔚.仓储精细化管理全案[M].北京:人民邮电出版社,2013.

[21]林俐.国际贸易实务[M].上海:立信会计出版社,2013.

[22]刘会福,黄本新.现代物流基础[M].北京:中国人民大学出版社,2018.

[23]刘伟,王文,高志军.供应链管理教程[M].上海:格致出版社,2017.

[24]刘筱霞.包装机械与设备[M].北京:化学工业出版社,2012.

[25]罗文龙.物流信息系统分析与设计实践教程[M].成都:西南财经大学出版社,2017.

[26]马士华.供应链管理[M].武汉:华中科技大学出版社,2014.

[27]欧健.现代物流配送理论与实务[M].北京:中国出版集团,2013.

[28]钱静.包装管理[M].北京:中国纺织出版社,2008.

[29]任翔,杨晓楼.物流学基础[M].杭州:浙江大学出版社,2013.
[30]沈文,邓爱民.国内外物流经典案例[M].北京:人民交通出版社,2010.
[31]宋文官.物流基础[M].北京:高等教育出版社,2014.
[32]孙鸿.运输管理实务[M].大连:大连理工大学出版社,2011.
[33]孙秋菊.现代物流概论[M].北京:高等教育出版社,2010.
[34]谭利其.配送与流通加工实务[M].北京:科学出版社,2011.
[35]汤云,张志建.商品学实务[M].大连:大连理工大学出版社,2015.
[36]王斌义.物流学[M].北京:机械工业出版社,2011.
[37]王道平.物流管理信息系统[M].北京:机械工业出版社,2015.
[38]王国文.仓储规划与运作[M].北京:中国财富出版社,2009.
[39]王先庆.仓储作业与管理[M].哈尔滨:哈尔滨工业大学出版社,2017.
[40]王先庆等.物流基础[M].哈尔滨:哈尔滨工业大学出版社,2017.
[41]王欣兰.现代物流管理概论[M].北京:清华大学出版社,2018.
[42]王自勤.现代物流管理[M].北京:电子工业出版社,2018.
[43]魏凤,刘志硕.物联网与现代物流[M].北京:电子工业出版社,2012.
[44]吴健.现代物流学[M].北京:北京大学出版社,2010.
[45]吴清一.现代物流概论[M].北京:中国财富出版社,2005.
[46]肖亮.国际物流[M].北京:高等教育出版社,2013.
[47]徐国权.物流基础[M].哈尔滨:哈尔滨工业大学出版社,2017.
[48]张建明.现代物流管理[M].武汉:武汉大学出版社,2013.
[49]张利分.物流学基础[M].上海:上海交通大学出版社,2013.
[50]张念.仓储与配送管理[M].大连:东北财经大学出版社,2012.
[51]张翼英等.智能物流 [M].北京:中国水利水电出版社,2012.
[52]张余华.现代物流管理[M].北京:清华大学出版社,2017.
[53]赵苏.物流管理工具箱[M].北京:机械工业出版社,2010.
[54]赵智锋,叶祥丽,施华.供应链运作与管理[M].重庆:重庆大学出版社,2016.
[55]郑若函,陈栋.现代物流基础[M].上海:上海交通大学出版社,2016.
[56]邹安全.现代物流信息技术与应用[M].武汉:华中科技大学出版社,2017.
[57]张春霞,彭东华.我国智慧物流发展对策[J].中国流通经济,2013,27(10):35-39.
[58]国务院.物流业发展中长期规划(2014—2020年)[R].2014.